夫が

妻が

自分が

親が

「まさかのときに備える」

知っておきたい

遺族年金

特定社会保険労務士
脇 美由紀

ビジネス教育出版社

はじめに

「遺族年金」を知っていますか？

当然にご存じですよね。

家族が亡くなり、遺族となったときに受ける年金で、国から支給されるお金です。

では、遺族年金は、家族が亡くなったとき、当然に受けることができると思いますか。

実は皆が受けられるわけではありません。

遺族年金にはいくつかの条件があり、そのすべてをクリアしなければ、1円も受けることのできないしくみなのです。

遺族年金のしくみは、知っておいて絶対に損はありません。亡くなってからではなく、元気なうちに知っておくべきなのです。

私は社会保険労務士として、これまで1万人以上の人からの相談を受けてきました。

老齢年金や障害年金などの相談もありますが、遺族年金について聞かれることも多いです。

そして、多くの人が遺族年金制度について知らないことで、後悔してきた様子をたくさん見ています。

遺族年金が受けられなかった人

本来の金額より少ない額の遺族年金を受けている人

あらかじめ遺族年金制度を知っていれば違った結果になったかもしれません。

あるご家族の話を紹介しましょう。

「父が亡くなりました」

そう話を切り出しだしたのは、50代の女性でした。

お父様が亡くなったという悲しみ以上に、怒りを含んだ表情と口調でした。

彼女は話を続けます。

「父はこれまで、税金とか、保険料とか、たくさん払ってきたんですよ。なのに遺族年金がもらえないなんて、そんなことあり得ますか?」

彼女が苛立っていたのは役所の対応です。

父親が亡くなったため、母親の代理として、遺族年金の手続きをしたところ、「遺族年金は支給しない」との通知が届いたというのです。

彼女の父親は長年会社員をしていました。

母親は専業主婦として、彼女を含む三人の子育てに専念していたそうです。

子煩悩な父、いつも笑顔の母。

何でもないけれど、幸せな日常が、そこにありました。

時代が流れ、子供たちは独立し、地元から離れていきました。

そして、晩年は夫婦二人で穏やかに過ごしていました。

しかし、穏やかな生活は永遠には続きませんでした。

父親が突然に倒れたのです。脳梗塞でした。

命に別状はなかったのですが、右半身に麻痺が残り、介護が必要な状態となりました。

母親は、自宅で介護するといいましたが、周囲の勧めもあり、父親は自宅からほど近い施設に入所しました。

母親は一人暮らしを続けながら、父親がいる施設に足繁く通い、父親の好物などを持っていくのが日課となりました。

しばらくすると母親に異変がありました。

物忘れが増えてきたのです。

年をとればよくあることと気にしていなかったのですが、実は認知症の初期症状でした。

一人で暮らす母親が心配になった彼女は、母親を呼び寄せ、同居することにしました。

彼女の兄が父親を、彼女が母親を、役割分担して面倒をみる生活になり、両親が直接会うことが難しくなりました。両親は子たちを通して、互いの近況を知るという状態になりました。

そのような生活が数年続いたあと、父親が他界したのです。

「父が亡くなれば、母が遺族年金を受けられるはず」

彼女は、遺族年金の手続きをするために、役所に行きました。

母親が受ける老齢年金額は少なく、生活費は彼女がすべて賄っていました。

家計の負担も大きかったので、遺族年金があれば少しは楽になると思っていたのです。

役所では「両親の住民票の住所が違っている」といわれたので、その理由を説明しました。

たくさんの書類に記入をして、遺族年金の手続きが終わりました。

「あとは、遺族年金が振り込まれるのを待つだけだ。やれやれ」

ところが、数カ月後に、「遺族年金は支給しません」との通知が送られてきたのです。

そして、血相を変えて私のところに相談に来た、というわけです。

なぜ、母は遺族年金をもらえないのか。

父はたくさん税金も納めてきたのに。

そして母は長年父を支えてきたのに。

納得がいかないのも無理はありません。

「遺族年金は受けることができて当たり前」と思っていたのであれば、なおさらです。

遺族年金という制度があることは、誰もが知っているでしょう。

しかし、その実態を知る人は意外と少ないのです。

遺族年金は、いくつかの条件をすべてクリアしなければ、1円も受けることのできないしくみになっています。

彼女のご両親のケースでは、まさにクリアできていない条件があったのです。

条件のひとつに、「亡くなった人と遺された人が生計を同じくすること」があります。

本書の中では「生計同一要件」として説明をしていますが、彼女の母親が遺族年金を受けられない原因はここにありました。両親の「生計（＝家計）が別々」と判断されてしまったのです。

同じ家で暮らしていなくても、生計を同じくしている家族は多くあります。例えば、単身赴任だったり、このケースと同様に施設に入所しているときもあるはずです。このようなときには、別居していても生計が同じと認められることも多いです。

しかし、彼女の両親のケースでは、いろいろな事情が重なり、ひとつ屋根の下で生活していないことを理由に生計が別々と判断されてしまったのでしょう。実際に、彼女の両親が直接連絡を取り合ったり、父親が母親の生活費を賄ったりすることは長年ありませんでした。

彼女は納得しませんでした。

「40年以上も一緒に暮らしていたのよ。そんなのおかしい」

言いたいことは十分に理解できます。

ただ、40年以上もの間、一緒に生活をしていた事実があったとしても、生計同一は、「亡くなった日」の直近に、どのような状態だったかで判断されるのが原則です。

一緒に暮らした長さではなく、亡くなった直近の状態が重要なのです。

「もし、家族が亡くなったら……」

と将来のことを考えていれば、このような事態にはならなかったかもしれません。

やむを得ずに離れて暮らすようになったとき、対応方法があったように思います。

ご紹介した「生計同一要件」は、遺族年金を受けるための条件の中の、ほんの一部です。

実際には、もっとたくさんの決まりがあります。

ちょっとしたことで、遺族年金がもらえなくなる可能性があるのです。

「保険料を納めるのが、あと1日早かったら、遺族年金がもらえたのに」

「会社を退職する前に、病院にかかっていたら、遺族年金がもらえたのに」

「退職時期をあと1カ月ずらしていたら、遺族年金がもらえたのに」

このようなこと、言いたくないですよね。

また、ちょっとしたことで、遺族年金の金額が大きく違ってきます。

これは、遺族年金を受けるためのいくつかの条件のうち、どれに当てはまるかによって年金額が違ってくることがあるからです。

本来受け取れたはずの金額から、なんと年100万円近くも少ない遺族年金を受けていた人もいるのです。

現在でも、受けられるはずの遺族年金を「受けられない」と思い込んでいる人や、本来より少ない遺族年金を受けている人がいるかもしれません。

本人や家族が気づかない限りは、一生そのままです。

遺族年金のしくみは、知っておいて絶対に損はありません。元気なうちに知っておけば、避けられる不利益があるかもしれないのです。

家族が元気なうちに、家族が亡くなったときのことを考えるなんて縁起でもないと思う人もいるかもしれませんが、家族が元気なうちだからこそ、知っておいてほしいのです。元気なうちでないと、遺族年金について考えることが難しいともいえます。

ある事実婚の夫婦のエピソードです。

夫が余命1年と宣告を受けたことにかかる年金についてのご相談でした。複雑な状況だったため、将来に遺族年金が受けられるように、住民登録などについてのアドバイスを行ったのですが「夫が亡くなるなんてこと、考えたくもない」とおっしゃいました。

家族が余命宣告をされるような大病を患ったとき、遺族年金のこと、すなわち亡くなったときを想定して、物事を考え、動くことができるでしょうか。

将来を考え行動できる人もいれば、「回復を願っているのに、亡くなる前提で考えたくない」と思う人もいます。家族の死についての準備はデリケートな問題であり、高いハードルが存在します。

元気なうちであれば、どうでしょうか。例えば夫婦がいて、「どちらが先に逝くかわからないけれど、今のうちに考えておこう」というのであれば、可能なのではないでしょうか。

「夫が、妻が、自分が、親が、まさか……」ということは起こり得ます。だからこそ、元気なうちに遺族年金のことを考えておいてほしいのです

遺族年金の制度については、大切なことなのに、知っている人はとても少ないです。

事前に制度を知っておくことで、対応できることがあるにもかかわらず、知ろうとしていないように思えてなりません。

言葉というコミュニケーションツールがあっても使わないと意味がないように、遺族年金という制度があっても使わないと意味がありません。

まさかのときに備えることで、自分の人生、家族の人生が大きく変わることもあるのです。

本書を読むだけで、すぐに遺族年金が受けられるようになったり、増えたりするわけではありませんが、将来に起こり得ることを知ることで、対応できることがあるかもしれません。

「年金は100人いれば100通り」という言葉があります。

どの家庭ひとつとして、同じ遺族年金はありません。

本書にある遺族年金制度の概要とポイントを参考にして、自身の年金、家族の年金についてご確認ください。

この本が、遺族年金を知るきっかけになれば幸いです。

おことわり

本書では、公的年金（社会保険）の遺族給付について説明しています。具体的には、遺族基礎年金、遺族厚生年金、寡婦年金、死亡一時金があり、総称して「遺族年金」と表記することがあります。

また、「障害」という言葉に抵抗を感じる方もいると思いますが、国の制度を解説する本書においては、混乱を避けるため「障害」と表記しています。

夫が、妻が、自分が、親が「まさかのときに備える」知っておきたい遺族年金

目次

はじめに
遺族年金の主な相談窓口……xv
遺族年金の型を見極めるフローチャート……xvi

第1章 遺族年金制度を知る

1 遺族年金を知っておくことが大事な理由……2
2 知っておきたい遺族年金の種類……4
3 遺族年金は誰もが受けられる年金ではない……5
4 遺族年金は変化していく……6
5 自分や家族が受ける遺族年金を知る手順……8

第2章 支給の可能性のある遺族年金の型16タイプ

Ⅰ 子を養育する世帯の遺族年金
子を養育する世帯が受ける可能性のある遺族年金……12
【タイプ1】国民年金期間のみの夫が亡くなったとき……14
【タイプ2】厚生年金期間のある国民年金加入中の夫が亡くなったとき……16
【タイプ3】厚生年金加入中の夫が亡くなったとき……18
【タイプ4】国民年金期間のみの妻が亡くなったとき……20
【タイプ5】厚生年金期間のある妻が亡くなり夫が55歳未満のとき……22
【タイプ6】厚生年金期間のある妻が亡くなり夫が55歳以上のとき……24
【タイプ7】ひとり親の父または母が亡くなったとき……26

Ⅱ 子を養育しない世帯の遺族年金
子を養育しない世帯が受ける可能性のある遺族年金……28
【タイプ8】国民年金期間のみの夫が亡くなったとき……30
【タイプ9】厚生年金期間のある国民年金加入中の夫が亡くなったとき……32
【タイプ10】厚生年金加入中の夫が亡くなったとき……34
【タイプ11】妻が亡くなり夫が55歳未満のとき……36
【タイプ12】妻が亡くなり夫が55歳以上のとき……38

Ⅲ 高齢期の世帯の遺族年金
高齢期の世帯が受ける可能性のある遺族年金……40
【タイプ13】老齢基礎年金を受けている夫が亡くなったとき……42
【タイプ14】老齢厚生年金を受けている夫が亡くなったとき……44
【タイプ15】老齢基礎年金を受けている妻が亡くなったとき……46
【タイプ16】老齢厚生年金を受けている妻が亡くなったとき……47

第3章 遺族基礎年金のしくみ

Ⅰ 遺族基礎年金の要件
1 遺族基礎年金の亡くなった人の四つの要件とは?……50

2　保険料納付要件が必要なときは？……52
3　遺族基礎年金を受けられる遺族とは？……54
4　遺族基礎年金の要件をチャートで確認……56

Ⅱ　配偶者が受ける遺族基礎年金の額

1　配偶者の遺族基礎年金の額は？……58
2　配偶者の遺族基礎年金の額が変わるときは？……60
3　配偶者の遺族基礎年金がなくなるときは？……62

Ⅲ　子が受ける遺族基礎年金の額

1　子の遺族基礎年金の額は？……64
2　子の遺族基礎年金の額が変わるときは？……66
3　子の遺族基礎年金が支給停止になるときは？……68
4　子の遺族基礎年金がなくなるときは？……70

第4章　遺族厚生年金のしくみ

Ⅰ　遺族厚生年金の要件

1　遺族厚生年金の亡くなった人の四つの要件とは？……72
2　厚生年金加入中に亡くなったとき……74
3　厚生年金加入中の初診日から5年以内に亡くなったとき……76
4　2級以上の障害状態の障害厚生年金を受けている人が亡くなったとき……78
5　老齢厚生年金を受けている人等が亡くなったとき……80
6　遺族厚生年金を受けられる遺族とは？……82
7　父母が遺族厚生年金を受けられるときは？……84
8　孫が遺族厚生年金を受けられるときは？……85
9　遺族厚生年金の要件をチャートで確認……86

Ⅱ　遺族厚生年金の額

1　遺族厚生年金の額の計算方法は？……88
2　遺族厚生年金の額の特別な計算とは？……90
3　中高齢寡婦加算が加算されるときは？……92
4　経過的寡婦加算が加算されるときは？……94
5　遺族厚生年金がなくなるときは？……96
6　30歳未満の妻の特別な要件とは？……98
7　遺族厚生年金が支給停止になるときは？……100

第5章　寡婦年金と死亡一時金のしくみ

Ⅰ　寡婦年金のしくみ

1　寡婦年金の亡くなった夫の要件とは？……102
2　寡婦年金の妻の要件とは？……104
3　寡婦年金の支給期間と年金額は？……106
4　他の遺族年金も受けられるときは？……108

Ⅱ　死亡一時金のしくみ

1　死亡一時金の要件とは？……110
2　死亡一時金を受けられる人と支給額は？……112
3　寡婦年金と死亡一時金をチャートで確認……114

第6章 遺族年金を受けるために必要な「生計維持要件」

Ⅰ 生計維持要件とは
1 生計維持要件とは？……116
Ⅱ 生計同一要件
1 生計同一要件の認定方法とは？……118
2 同一世帯のときは？……120
3 同住所別世帯のときは？……121
4 別住所別世帯のときは？……122
5 やむを得ない事情による別居とは？……124
6 生活基盤となる経済的な援助とは？……126
7 DV被害者のときは？……128
8 行方不明のときは？……130
Ⅲ 収入要件
1 収入要件の認定方法とは？……132
2 将来の収入減少が推認できるときとは？……134
3 前年の収入を認定する資料とは？……136
4 生計維持要件をチャートで確認……137

第7章 元気なうちに知っておきたい「家族の要件」

Ⅰ 亡くなった人との続柄
1 相続人と遺族年金の遺族は同じなの？……140
2 再婚後は養子縁組をしたほうがいいの？……141
Ⅱ 生計維持要件
1 別居のときの経済的援助と音信・訪問とは？……142
2 収入要件に合わせて報酬を見直す方法とは？……144
3 離婚後に支給される遺族年金はあるの？……146

第8章 元気なうちに知っておきたい「事実婚関係の遺族年金」

1 事実婚関係は遺族年金の対象になるの？……148
2 事実婚関係を証明する方法とは？……150
3 事実婚の住民票が別住所のときは？……152
4 事実婚関係を証明する書類とは？……154
5 離婚後に内縁関係にあるときは？……156
6 事実婚関係が認められないときとは？……157
7 重婚的内縁関係は遺族年金の対象になるの？……158
8 重婚的内縁関係を判断するときの調査とは？……160

第9章 元気なうちに知っておきたい「遺族厚生年金の要件」

I 保険料の未納が多ければ要件を満たさない

1 未納期間が多いとどうなるの？……164
2 国民年金保険料の免除制度とは？……165
3 亡くなった人の年齢によって要件が違うの？……166

II 「受給資格期間25年以上の老齢厚生年金の受給権者等が亡くなったとき」の要件

1 厚生年金期間が長ければ遺族厚生年金は受けられる？……168
2 遺族厚生年金を受けるために今からできることは？……170

III 「厚生年金加入中に亡くなったとき」の要件

1 休職中に亡くなったときは？……172
2 子を養育する世帯が厚生年金に加入したら？……174
3 子を養育しない世帯が厚生年金に加入したら？……176
4 高齢期世帯が厚生年金に加入したら？……178
5 親世帯の遺族厚生年金の額を知る方法は？……180

IV 「厚生年金加入中に初診日がある傷病により5年以内に亡くなったとき」の要件

1 退職後すぐに病院にかかったときは？……182
2 厚生年金加入中の初診日とは？……184
3 傷病の初診日を証明する方法とは？……186
4 相当因果関係を証明する方法とは？……188

V 「1級または2級の障害状態にある障害厚生年金の受給権者が亡くなったとき」の要件

1 3級の障害厚生年金を受ける人は対象外？……190
2 3級の障害厚生年金を2級にする方法とは？……192
3 遺族厚生年金につながる障害厚生年金とは？……194
4 遺族厚生年金につながる障害厚生年金の要件とは？……196
5 障害基礎年金を受けている人が亡くなったときは？……198
6 遺族厚生年金につながる障害厚生年金の請求方法とは？……200
7 亡くなった後でもできることとは？……202

VI 複数の要件に当てはまるとき

1 二つの要件に当てはまるときは？……204
2 二つの要件に当てはまるときの年金額は？……206

第10章 元気なうちに知っておきたい「他年金等との併給や遺族年金不支給のときの対応」

1 60歳前に遺族年金と異なる年金を受けられるときは？……210
2 65歳前に遺族年金と異なる年金を受けられるときは？……212
3 65歳前に受ける特別支給の老齢厚生年金とは？……214
4 65歳以降に遺族年金と異なる年金を受けられるときは？……216
5 65歳以降に受ける老齢基礎年金と老齢厚生年金とは？……218

6 65歳以降に受ける老齢厚生年金の優先支給とは?……220
7 受ける年金の選択のポイントとは?……222
8 労働基準法による遺族補償を受けられるときは?……224
9 損害賠償金を受けられるときは?……225
10 労災の遺族(補償)年金が受けられるときは?……226
11 遺族年金が不支給になったときは?……228
さくいん……230

本書は2023年1月現在の情報に基づいています。年金法は改正が頻繁に行われるため、ご利用時には内容が変更されている場合がありますので、あらかじめご了承ください。本書の内容に対して、著者および出版社が何らかの保証をしたり、責任を負うものではありません。

遺族年金の主な相談窓口

■日本年金機構

ねんきんダイヤル　電話0570-05-1165

（IP電話　PHS電話　03-6700-1165）

※全国の年金事務所、街角の年金相談センターでも対応しています。相談予約が必要なところが多いので、事前に確認してください。

■国家公務員共済組合連合会

〒102-8082 東京都千代田区九段南1-1-10 九段合同庁舎

電話0570-080-556　または　03-3265-8155

■地方公務員共済組合連合会

〒100-0011 東京都千代田区内幸町2-1-1 飯野ビル11階

電話03-6807-3677

■日本私立学校振興・共済事業本部

〒113-8441 東京都文京区湯島1-7-5

電話03-3813-5321（代表）

共済加入期間（共済年金加入期間・厚生年金加入期間）のみ有するときは、加入していた共済組合が相談窓口です。共済加入期間と他の期間（国民年金加入期間や、民間会社に勤めた分の厚生年金加入期間）を有するときは、日本年金機構と共済組合の両方が相談窓口になります。

平成27年10月に年金制度が大きく変わり、共済組合等の期間がある人が亡くなったときには、民間の会社に勤める人と同じ遺族厚生年金が支給されるようになりました。ただし、平成27年9月までの共済組合等の期間がある人が一定の要件を満たすときには、遺族共済年金（経過的職域加算）が支給されるなど、異なる部分もあります。そのため、共済組合等の期間がある人については、本書の内容を基本とした上で、詳しくは各共済組合等でご確認ください。

めるフローチャート

Ⅰ　子を養育する世帯の遺族年金

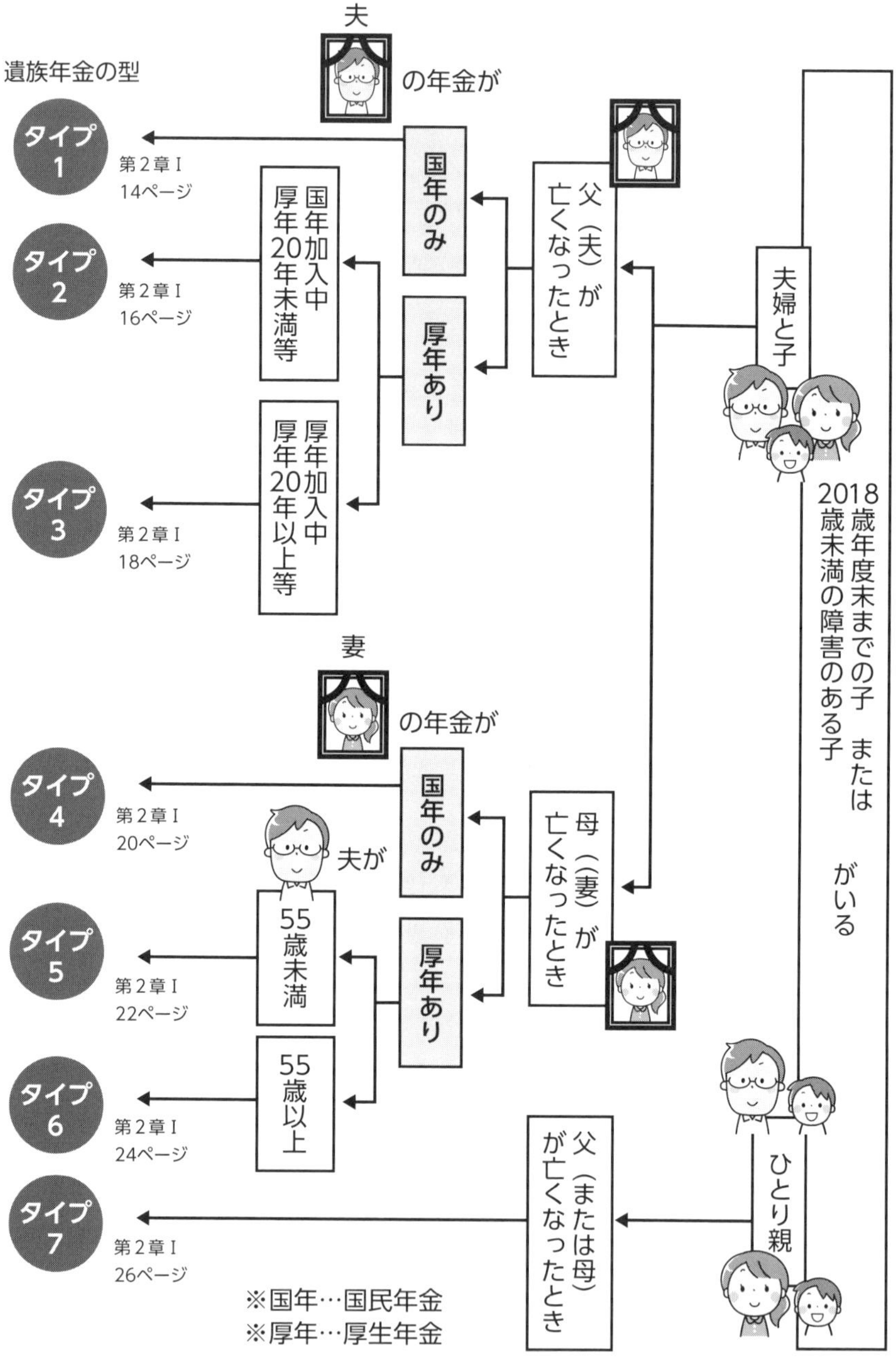
遺族年金の型
夫
の年金が
タイプ1
第2章Ⅰ
14ページ
タイプ2
第2章Ⅰ
16ページ
タイプ3
第2章Ⅰ
18ページ
国年のみ
厚年あり
国年加入中
厚年20年未満等
厚年加入中
厚年20年以上等
父（夫）が亡くなったとき
夫婦と子
2018年度末までの子　または
歳未満の障害のある子
がいる
妻
の年金が
タイプ4
第2章Ⅰ
20ページ
タイプ5
第2章Ⅰ
22ページ
タイプ6
第2章Ⅰ
24ページ
タイプ7
第2章Ⅰ
26ページ
国年のみ
厚年あり
夫が
55歳未満
55歳以上
母（妻）が亡くなったとき
父（または母）が亡くなったとき
ひとり親
※国年…国民年金
※厚年…厚生年金

遺族年金の型を見極

Ⅱ　子を養育しない世帯の遺族年金

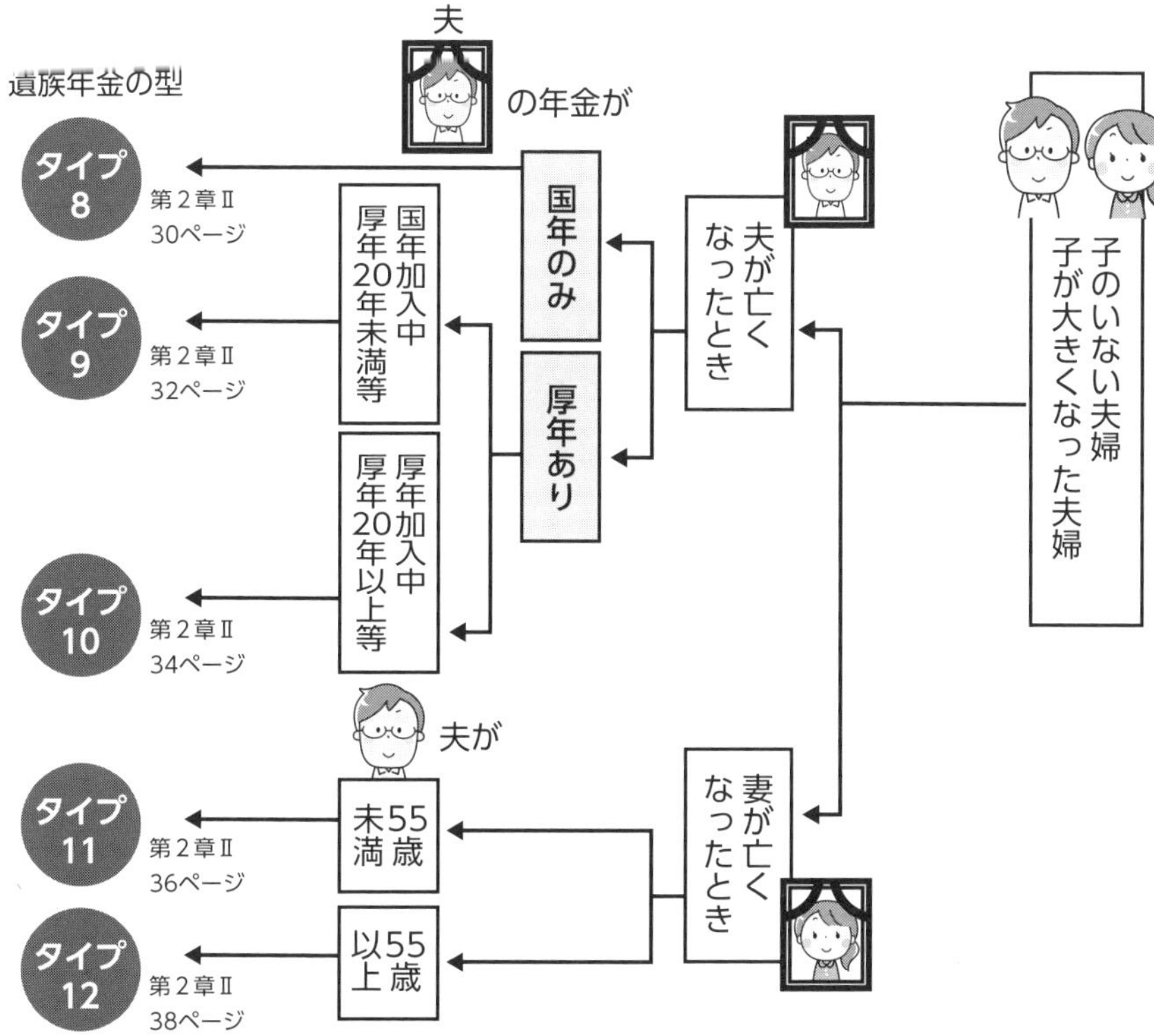

Ⅲ　高齢期の世帯の遺族年金

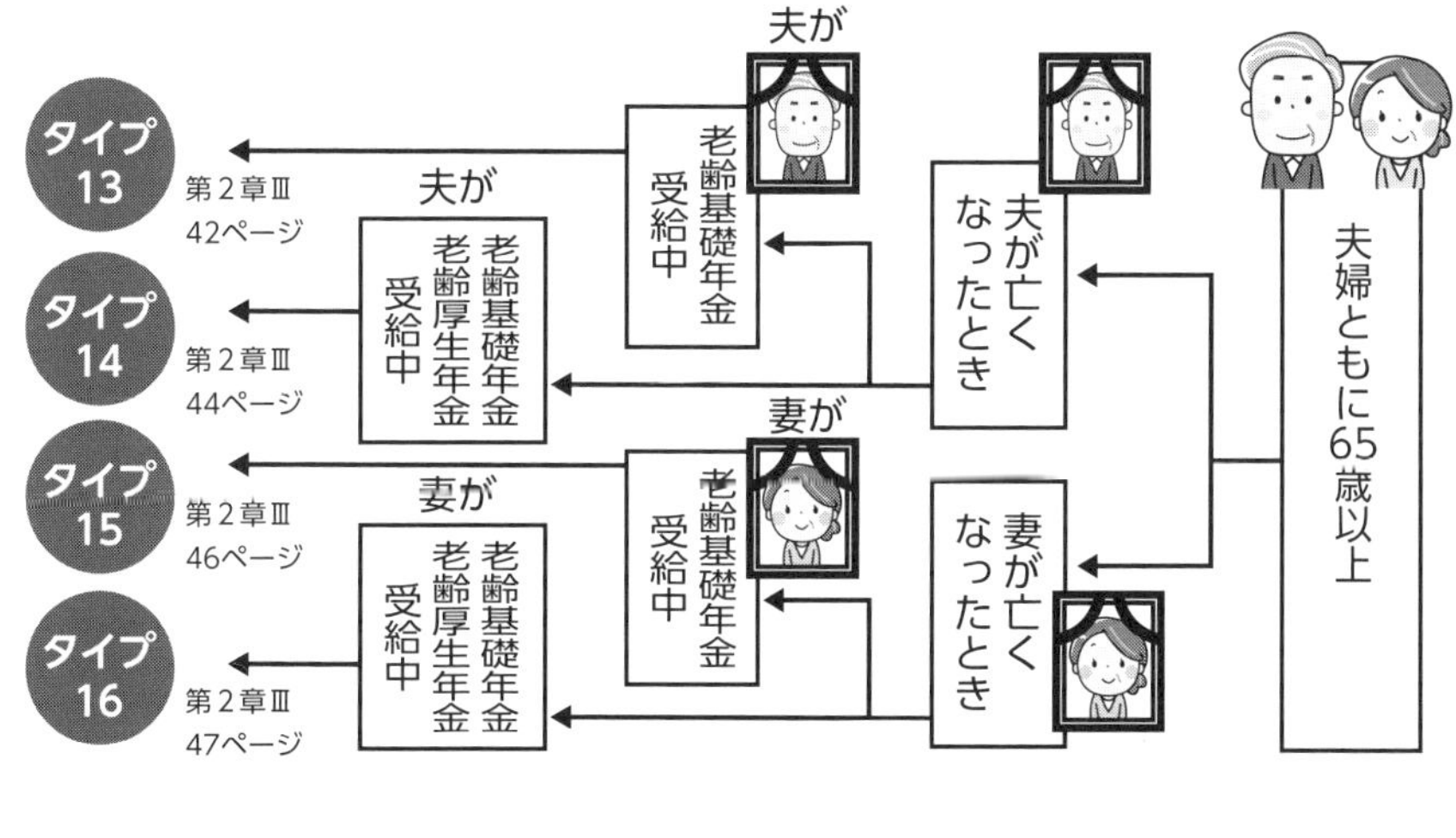

第１章

遺族年金制度を知る

遺族年金は、100 人いれば 100 通りの受け方があります。
それぞれの家庭によって、
受ける年金、受ける期間、受ける年金額が違います。
自分たち家族には、いったいどのような遺族年金が支払われるのか、
まずは、遺族年金の全体像をとらえることです。

第１章では、遺族年金制度の概要をお伝えします。

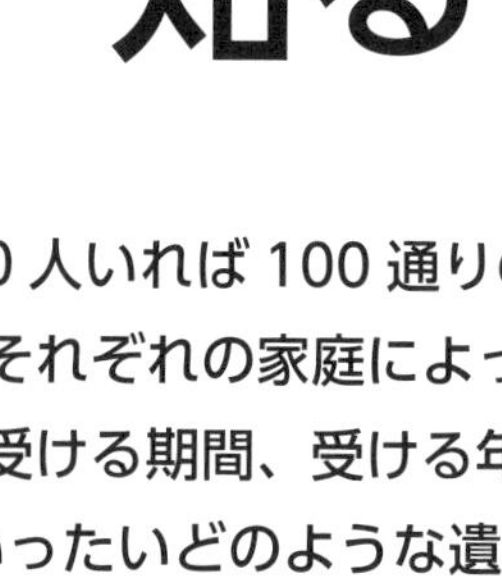

1 遺族年金を知っておくことが大事な理由

遺族年金は、家族が亡くなったとき、誰もが受けられるものではないことをご存じですか？

遺族年金は受けられるのか

もし、いまあなたの家族が亡くなったら……。その後の生活は大丈夫ですか。

家族が元気なうちに、遺族年金について考える人は、多くないでしょう。亡くなったときに初めて、遺族年金の手続きが必要だといわれ、役所に行って手続きをするという人がほとんどです。これからの生活を支えるお金である遺族年金なのに、おおよその金額すらわからない状態です。

想像してみてください。家計を支える家族が亡くなって、遺族年金の手続きに行った役所で、次のようにいわれたら……。

「あなたには、遺族年金は支給されません」

「あなたに支給される遺族年金は年間2万円です」

家族が亡くなったら、生活できるくらいの遺族年金が受けられると思っていたのに……と絶句してしまう人も少なくありません。

遺族年金制度を知っておくことが大事な理由

元気なうちに、おおまかでもよいので、遺族年金について知っておくことは大切です。いくつかの理由があります。

▼現状を知っておくこと

現状で遺族年金を受けられるのかを確認しておくことです。現状というのは、家族の関係性や年金の加入状況などの多くを含みます。

いまは、いろいろな家族の在り方があります。何かしらの理由で別のところに住んでいたり、ライフステージには離婚や再婚などもあり得ます。現状で家族が亡くなったとき、遺族年金は支給されるのか。支給されないのであれば、何か「行動」することによって支給されるように変えていくことはできないのかを考えることができます。必要な「行動」についてはそれぞれに異なりますが、共通していえるのは、家族が亡くなる前でなければできないことがあるということです。亡くなった後にできることはあまり多くありません。

遺族年金の概算を知っておくこと

家族が亡くなったときに遺族年金が支給されるとして、どのくらいの金額の遺族年金を、どのくらいの期間、受けられるのかを知っておくことで、将来の生活設計を考えることができます。1カ月当たりの年金額が1万円なのか10万円なのかはとても大きな差です。

ただし、現時点で亡くなったときと、10年後に亡くなったときでは、受けられる遺族年金の種類や金額が変わってくる可能性があります。家族構成に変化があれば、なおさらです。定期的な見直しが必要になります。

親と子の将来の生活を考える

あなたの親が亡くなったとき、もう一人の遺された親が遺族年金を受けることができるのか、できるとしたらどのくらいの金額なのかを考えたことがあるでしょうか。事前に知っておくことが子世代の将来の生活設計を考えることにつながります。自分たちの家族は若いし、遺族年金なんて現実味がないと思っていても、親の年齢を考えれば、知っておいたほうがよいこともあります。

いまは両親が健在だが、どちらか一方が亡くなったとき、親が施設に入ることになったとき、親の年金だけで賄えるのか、事前に考えておくことです。「自分には収入もあるし、親の生活費用くらいなら負担できる」と思い、援助を始める子世代の人たちもいますが、お金の負担が何年も何十年も続くことも多いようで、中には子世代が破綻してしまうケースも出てきています。親の介護費用を親自身の年金で賄えるかは、重要なポイントです。

もしも、家族が
亡くなったら、
遺族年金を受けることが
できるだろうか?
知っておいて
損はありません。

2 知っておきたい遺族年金の種類

亡くなったときに遺族に支給される給付には4種類あり、そのうち年金は3種類であることをご存じですか？

四つの遺族給付

家族の構成や年齢、亡くなった人が加入した年金制度や期間などによって、受けられる遺族給付の種類が決まります。公的年金の遺族給付の種類は次の四つです。

- 遺族基礎年金
- 遺族厚生年金
- 寡婦年金

（以上）「遺族年金」として支給

- 死亡一時金……「一時金」として支給

▼遺族基礎年金と遺族厚生年金

このうち、元気なうちに特に考えておきたいのは、遺族基礎年金、遺族厚生年金の二つです。他と比べて年金額が多く、中でも遺族厚生年金は生涯受けられる可能性があります。

▼寡婦年金

寡婦年金は、国民年金に加入する夫が亡くなったときに妻に支給される遺族年金です。支給される期間は最大で5年間であり、老齢年金を受けるまでのつなぎの役割として知っておきたい年金です。

▼死亡一時金

死亡一時金は、その他の年金が受けられないときに支給される一時金です。

四つの遺族給付を理解しておく

将来の生活を考える上で重要と思われる遺族基礎年金と遺族厚生年金、次いで寡婦年金の概要を理解しておきましょう。また、死亡一時金はもらい忘れのないようにしなければならないので、概要を知っておくとよいです。

定期的に支払われる
「遺族年金」といえるのは、
遺族基礎年金、
遺族厚生年金、
寡婦年金の３つです。

3 遺族年金は誰もが受けられる年金ではない

遺族年金を受けるには、決められた「要件」をすべて満たす必要があることをご存じですか？

公的年金に必ず存在する「要件」

家計を支える家族が亡くなったとき、遺族年金を受けられるか否かは重要な問題です。

遺族年金を受けることができれば、生活のためのお金が定期的に振り込まれます。その後の人生を安定させるためにも、遺族年金は必要不可欠です。

しかし、皆が遺族年金を受けられるとは限りません。家族が亡くなっても遺族年金が支給されない人がいます。そこには、年金を受けるための「要件」というものがあるからです。

「要件」とは、遺族年金を受けるために「必要な条件」のことであり、法律でいくつもの項目が定められています。必要な条件に合っていることを「要件を満たす」という言い方をします。つまり「遺族基礎年金の要件を満たしているため、遺族基礎年金が支給される」となります。

「要件」を満たさないと遺族年金は受けられない

公的年金には、遺族年金の他に老齢年金と障害年金があり、いずれにも「要件」があります。それぞれの年金にそれぞれの複数の要件があり、すべてを満たしていないと、年金は支給されないしくみです。

遺族年金には「亡くなった人の要件」「遺族の要件」「亡くなった人と遺族との関係性の要件」などがあります。そして、本書で紹介している、遺族基礎年金、遺族厚生年金、寡婦年金、死亡一時金は、それぞれに要件が定められています。満たす要件により、受けられる年金や年金額が決まります。

「要件」は法律用語であり馴染みがないかもしれませんが、遺族年金を考える上での重要なポイントになりますので、本書においては「要件」という言葉を使って説明をしていきます。

4 遺族年金は変化していく

遺族年金を受けられるようになっても、実際には支給されなかったり、減額になったりすることがあるのをご存じですか？

遺族年金を受ける権利を得る

要件を満たせば、遺族は遺族年金を受ける権利を得ることができます。権利を得た遺族を「遺族年金の受給権者」といいます。

遺族年金の支給停止

遺族年金を受ける権利を得たとしても、実際にお金が支払われない「支給停止」という状態があります。例えば、次のようなケースです。

- 一定の年齢に到達するまで
- 同居する人の有無等によって
- 他の年金を受けることにより

} 遺族年金が支給停止される

遺族年金を受ける権利があっても、支給停止になれば、遺族年金は支給されません。

したがって、遺族年金については、受ける権利を得られるかとともに、支給停止も視野に入れる必要があります。

遺族年金の額の改定

遺族年金を受ける権利を得ると年金額が決まります。ただし、決まった年金額が生涯にわたり受けられるわけではありません。一定の事由に当てはまったときには年金額が変わります（「年金額の改定」といいます）。

「遺族年金額が急に減らされた」と慌てふためく人がいますが、生活に直結することなので、前もって知っておく必要があります。

遺族年金の失権

一定の事由に当てはまったときは、遺族年金を受ける権利を失います（「失権」といいます）。権利を失うと、以後、遺族年金が支給されることはありません。

遺族年金をいつまで受けることができるのかを気にしない人は多いのですが、将来の生活を考える上では大切なポイントです。

遺族年金は変化していく

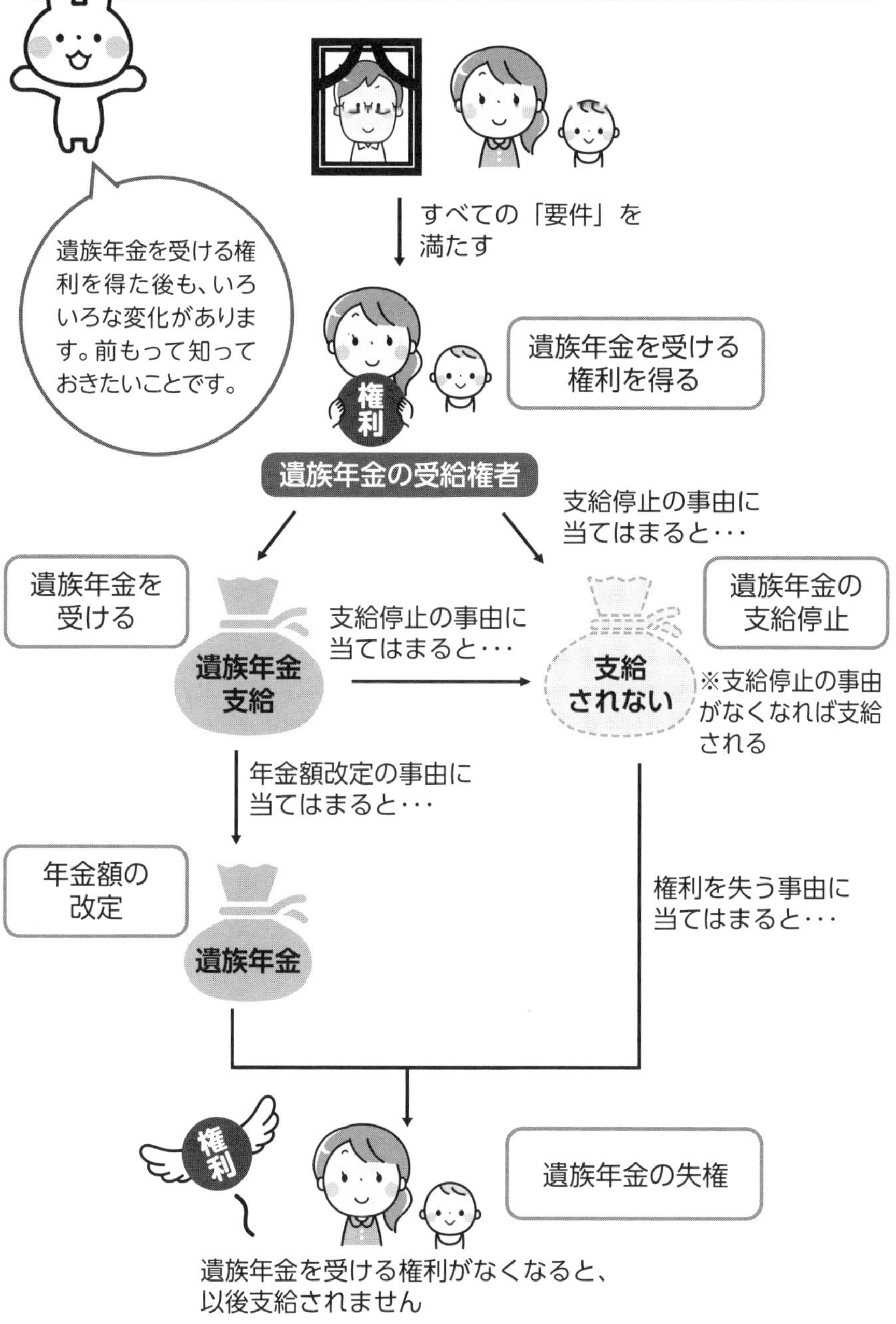

遺族年金を受ける権利を得た後も、いろいろな変化があります。前もって知っておきたいことです。
すべての「要件」を満たす
遺族年金を受ける権利を得る
権利
遺族年金の受給権者
遺族年金を受ける
遺族年金支給
支給停止の事由に当てはまると・・・
遺族年金の支給停止
支給されない
※支給停止の事由がなくなれば支給される
年金額改定の事由に当てはまると・・・
年金額の改定
遺族年金
権利を失う事由に当てはまると・・・
遺族年金の失権
権利
遺族年金を受ける権利がなくなると、以後支給されません

5 自分や家族が受ける遺族年金を知る手順

自身や家族が受けるかもしれない遺族年金を知る方法をご存じですか？

遺族年金を知る手順

①受ける可能性のある遺族年金の型を知る

現在加入している年金制度（国民年金、厚生年金保険）やこれまで加入してきた年金制度によって、受ける可能性のある遺族年金の種類が決まります。

例えば、国民年金の期間しかない人が亡くなったときには、遺族基礎年金と寡婦年金が支給される可能性はありますが、遺族厚生年金は支給されません。

厚生年金の期間しかない人が亡くなったときには、遺族基礎年金と遺族厚生年金が支給される可能性はありますが、寡婦年金が支給される可能性はゼロです。国民年金と厚生年金の両方に加入した人は、遺族基礎年金、遺族厚生年金、寡婦年金が支給される可能性があります。

また、死亡一時金が支給される可能性があるのは、国民年金の第1号被保険者期間のある人だけです。

第2章では、年金の加入状況によって、支給される可能性のある遺族年金のタイプを示してあります。例えば、【タイプ1】は子を養育する世帯において国民年金の期間のみを有する夫が亡くなったときに支給される可能性のある遺族年金を図解しています。受給の可能性があるのは、遺族基礎年金と寡婦年金であることが確認できます。そして、今後の夫の年金の加入状況によっては【タイプ2】や【タイプ3】の年金の受け方になる可能性があることが確認できます。

②その遺族年金の要件を満たすか

第2章のタイプ分けは、あくまでも可能性を示しているに過ぎません。実際に遺族年金を受けるためには、要件を満たす必要があります。要件には、亡くなった人の要件、遺族の要件、婚姻期間の要件（寡婦年金）などがあり、すべての要件を満たしたときに、遺族年金を受けることができます。それぞれの遺族年金の要件については、第3章以降に記載しています。

③遺族年金の要件を満たさないとき

要件を満たさず遺族年金が支給されそうにないときには、将来的に要件を満たすための方法がないかを考えます。年齢等によっては変えようがないときもありますが、今後の行動によっては、要件を満たすことができるかもしれません。また、現時点で要件を満たしていたとしても、数年後には満たさなくなる可能性もありますので、時系列での確認も大切です。この点については、主に第7章以降に記載しています。

④受けた後はどのように変わっていくのか

遺族年金を受けられるようになったら一安心と思いたいところですが、遺族年金は生涯の支給が約束されたものではありません。遺族の状況が変化すると、遺族年金も変化していきます。受けられなくなることもあります。

また、年金には「一人一年金の原則」があり、複数の遺族年金や、他の年金を受けるようになったときには、どちらか一方を選んで受けるという決断も必要になってきます。

自分や家族の遺族年金を知る

1 加入している年金制度の種類などから、支給される可能性のある遺族年金の型を知る。

第2章　タイプ1～タイプ16を確認

2 支給される可能性のある遺族年金の要件を満たしているのかを知る。

第3章から第6章まで

3 要件を満たさないときは、満たす方法がないかを考える。
また、遺族年金額を増やす方法がないかも考える。

第7章以降でさまざまな視点から検討しています

4 遺族年金は家族の状況に応じて変化していくことを知る。
また、他の年金からの影響があることを知る。

全体の章を通して記載(他の年金との調整は第10章)

遺族年金の「要件」

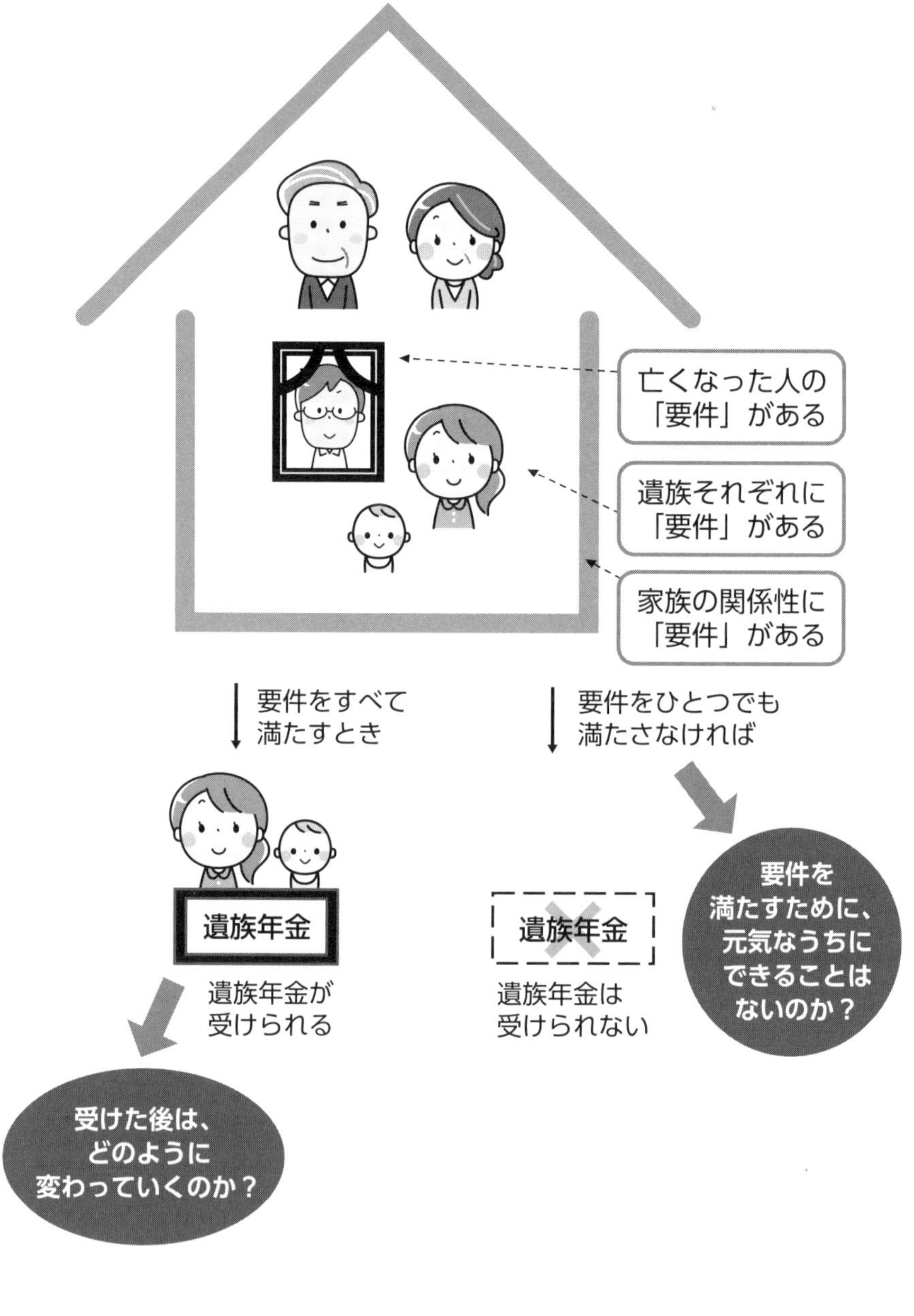

亡くなった人の「要件」がある
遺族それぞれに「要件」がある
家族の関係性に「要件」がある
要件をすべて満たすとき
要件をひとつでも満たさなければ
遺族年金
遺族年金が受けられる
遺族年金
遺族年金は受けられない
要件を満たすために、元気なうちにできることはないのか？
受けた後は、どのように変わっていくのか？

第２章

支給の可能性のある遺族年金の型16タイプ

家族が亡くなったとき、遺族年金や一時金を受けられるかは、
それぞれの家族の状況によって、全く異なります。

まずは、現在加入している年金制度の種類や、過去の加入状況などから、
支給される遺族年金や一時金があるかを知ることです。

第２章では、受ける可能性のある遺族年金の型として
16のパターンをお伝えします。
将来の年金の加入状況によっては、タイプが変わっていきます。

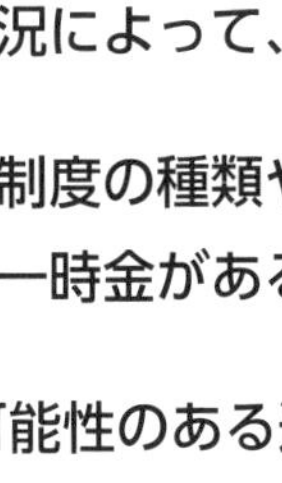

子を養育する世帯が受ける可能性のある遺族年金

子を養育する世帯の「子」には要件があることをご存じですか？

子を養育する世帯とは

子を養育する世帯とは、「子」がいる家族をいい、「子」には要件があります。

遺族年金制度における「子」とは、18歳に達する日以後の最初の3月31日までの間にある子（以下「18歳年度末までの子」という）をいいます。障害基礎年金の1級または2級に相当する程度の障害のある20歳までの子（以下「障害のある20歳未満の子」という）も対象です。「婚姻していない子」であることも要件です。

亡くなった人の「子」であること

遺族年金でいう「子」は、亡くなった人の子でなければなりません。例えば、再婚した夫が亡くなったとき、妻の連れ子と夫には、事実上の親子関係はあっても、法律上の親子でないため、遺族年金でいう「子」には当てはまりません。このような場合は、養子縁組の有無が影響します（第7章Ⅰ・2）。

また、亡くなった人に生計を維持されていた「子」である必要があります。離婚して別々に暮らしていても、生計維持関係にある子であれば、遺族年金でいう「子」に該当することがあります（第7章Ⅱ・3）。

子を養育する世帯には遺族基礎年金

子を養育する世帯では、夫婦の一方が亡くなったとき、要件を満たせば、遺族基礎年金が支給されます（第3章Ⅰ・1）。夫婦が同時に亡くなったときや、ひとり親が亡くなったときも同様です。また、寡婦年金が支給される可能性もあります（第5章Ⅰ）。

亡くなった人に厚生年金の加入期間があれば、遺族厚生年金も支給される可能性があります（第4章Ⅰ・1）。

子を養育する世帯とは

夫婦と子　　父子世帯　　母子世帯
など

遺族年金制度における「子」の年齢

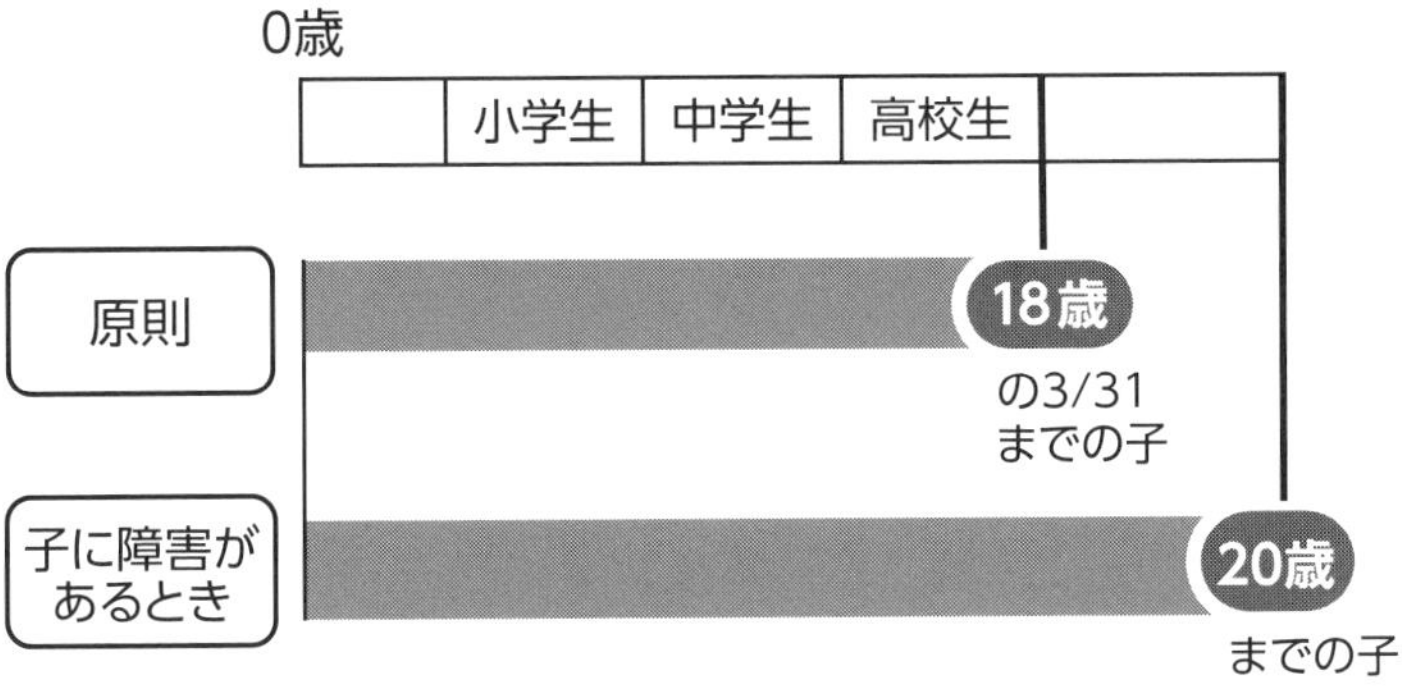

※それぞれ婚姻していないこと

子を養育する世帯に支給される可能性のある遺族給付

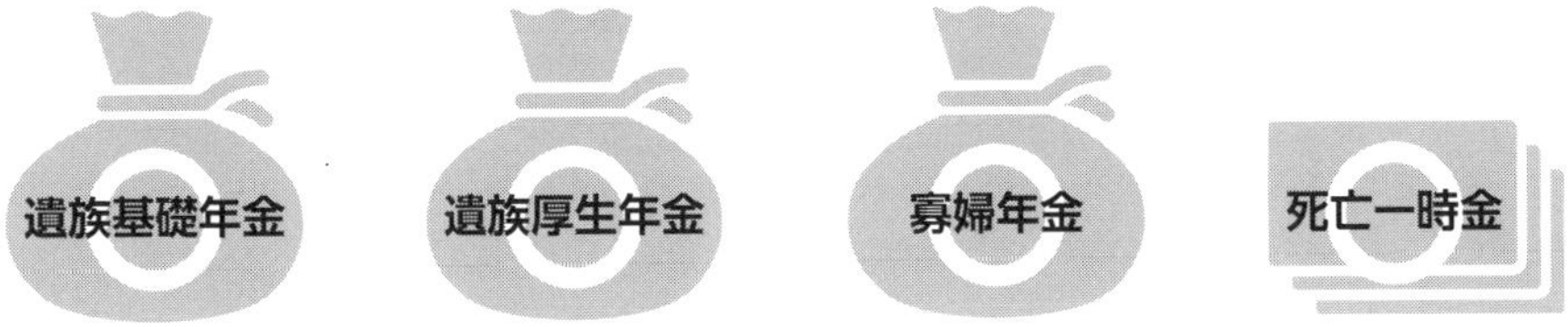

それぞれの年金に要件があります。

タイプ1

国民年金期間のみの夫が亡くなったとき

国民年金の期間のみを有する夫が亡くなり、妻と子が遺されたときの遺族年金をご存じですか？

子を養育する世帯には遺族基礎年金

子のある世帯において、国民年金の期間のみを有する夫が亡くなったとき、要件を満たせば妻に遺族基礎年金が支給されます（第3章Ⅰ・1）。遺族基礎年金の年金額は、子が一人なら年約100万円です。子の人数によって年金額が増えます（第3章Ⅱ・1）。

子が一定年齢になると

18歳年度末までの子（障害のある20歳までの子）がいることが要件のひとつなので、子が一定年齢を迎えると遺族基礎年金はなくなります（第3章Ⅱ・3）。

子が二人以上いるときには、子が18歳年度末（障害のある子は20歳）を迎えるたびに年金額が減額され、一番下の子がその年齢を迎えたときになくなります（第3章Ⅱ・2）。以後、遺族基礎年金が支給されることはありません。

遺族厚生年金は支給されない

亡くなった夫に厚生年金の加入期間がなければ、遺族厚生年金は支給されません（第4章Ⅰ・1）。

寡婦年金が支給されることがある

亡くなった夫に国民年金の第1号被保険者期間が10年以上あれば、妻が60歳から65歳になるまでの間に、寡婦年金が支給される可能性があります（第5章Ⅰ・1）。

寡婦年金を受けられる期間に、老齢年金や障害年金、遺族基礎年金などが支給されるときは、いずれかひとつの年金を選択します（第5章Ⅰ・4）。

死亡一時金は支給されない

遺族基礎年金を受けるときには死亡一時金は支給されません。死亡一時金は掛け捨て防止が目的だからです。

妻が65歳になると

遺族年金が支給されないため、自身の老齢基礎年金と老齢厚生年金を受けることになります（第10章5）。

子を養育する世帯 タイプ1

国民年金期間のみの夫が亡くなったとき

支給される可能性のある
年金と一時金

遺族基礎年金	寡婦年金
(第3章I・1、50ページ〜) ・子が一定年齢になるまで妻に支給(50ページ) ・子1人なら年約100万円(第3章II・1、58ページ)	(第5章I・1、102ページ〜) ・60〜65歳になるまでの妻に支給 ・寡婦年金額は夫の年金加入状況によって異なる

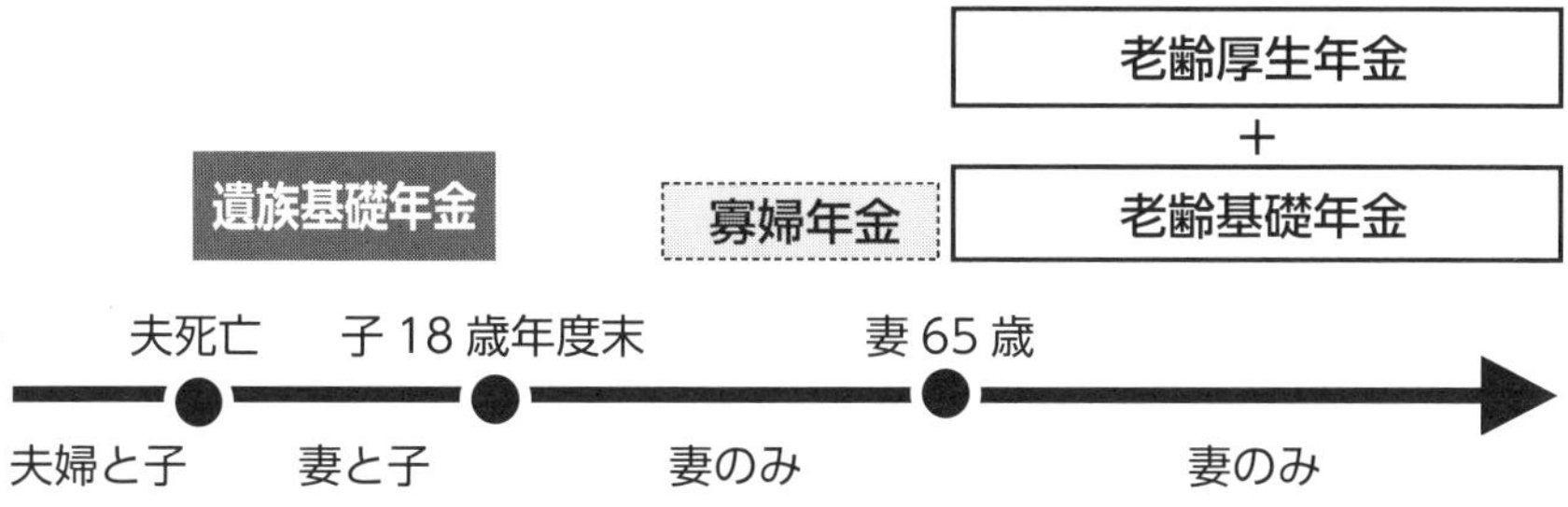

子が18歳年度末(障害のある子は20歳)を迎えると、遺族基礎年金を受ける権利を失う(第3章II・3、62ページ)

60〜65歳になるまでの間に、寡婦年金と他の年金を受けることができるときは、どちらかを選択(第5章I・4、108ページ)

妻は、65歳になると、自身の老齢基礎年金を受ける。厚生年金の加入期間があるときは、老齢厚生年金も受ける(第10章5、218ページ)

年金には「要件」があるので詳しくは、各々の項目において確認してくださいね。

タイプ2 厚生年金期間のある国民年金加入中の夫が亡くなったとき

厚生年金の期間のある国民年金加入中の夫が亡くなり、妻と子が遺されたときの遺族年金をご存じですか？

子を養育する世帯には遺族基礎年金

要件を満たせば妻に遺族基礎年金が支給されます。子が一人なら年約１００万円です（第３章Ⅱ・１）。

厚生年金期間があれば遺族厚生年金

夫に厚生年金の加入期間があるときは、要件を満たせば遺族厚生年金が支給されます（第４章Ⅰ・１）。夫が亡くなったときに厚生年金加入中でなければ、次の遺族厚生年金の要件のうち、②③④のいずれかの要件です。

①厚生年金加入中に亡くなったとき
②厚生年金加入中に初診日がある傷病が原因で初診日から5年以内に亡くなったとき
③1級または2級の障害状態にある障害厚生年金を受ける人が亡くなったとき
④厚生年金加入期間があって、年金保険料の納付や免除が25年以上ある人が亡くなったとき

遺族厚生年金の年金額

亡くなった夫の厚生年金加入中の報酬などを基に計算されます。①②③は【タイプ３】のようなしくみで計算され、④は【タイプ３】の25年加入とみなした計算ではなく、実際に加入した期間が基になります。

子が一定年齢になると

子が18歳年度末（障害のある子は20歳）を迎えると、遺族基礎年金はなくなりますが、遺族厚生年金は引き続き妻に支給されます。夫の厚生年金の加入期間が20年以上等の要件を満たしていれば、中高齢寡婦加算が約58万円加算されることがあります（第４章Ⅱ・３）。

寡婦年金が支給されることがある

夫の国民年金の第1号被保険者期間が10年以上あれば、妻が60歳から65歳になるまでの間に寡婦年金が支給される可能性があります（第５章Ⅰ・１）。

子を養育する世帯 タイプ2

厚生年金期間のある国民年金加入中の夫が亡くなったとき

支給される可能性のある年金と一時金

遺族基礎年金
(第3章I・1、50ページ～)
・子が一定年齢になるまで妻に支給(50ページ)
・子1人なら年約100万円(第3章Ⅱ・1、58ページ)

遺族厚生年金
(第4章I・1、72ページ～)
・年金額は夫の年金加入状況によって異なる(第4章Ⅱ・1、88ページ)

寡婦年金
(第5章I・1、102ページ～)
・60～65歳になるまでの妻に支給
・寡婦年金額は夫の年金加入状況によって異なる

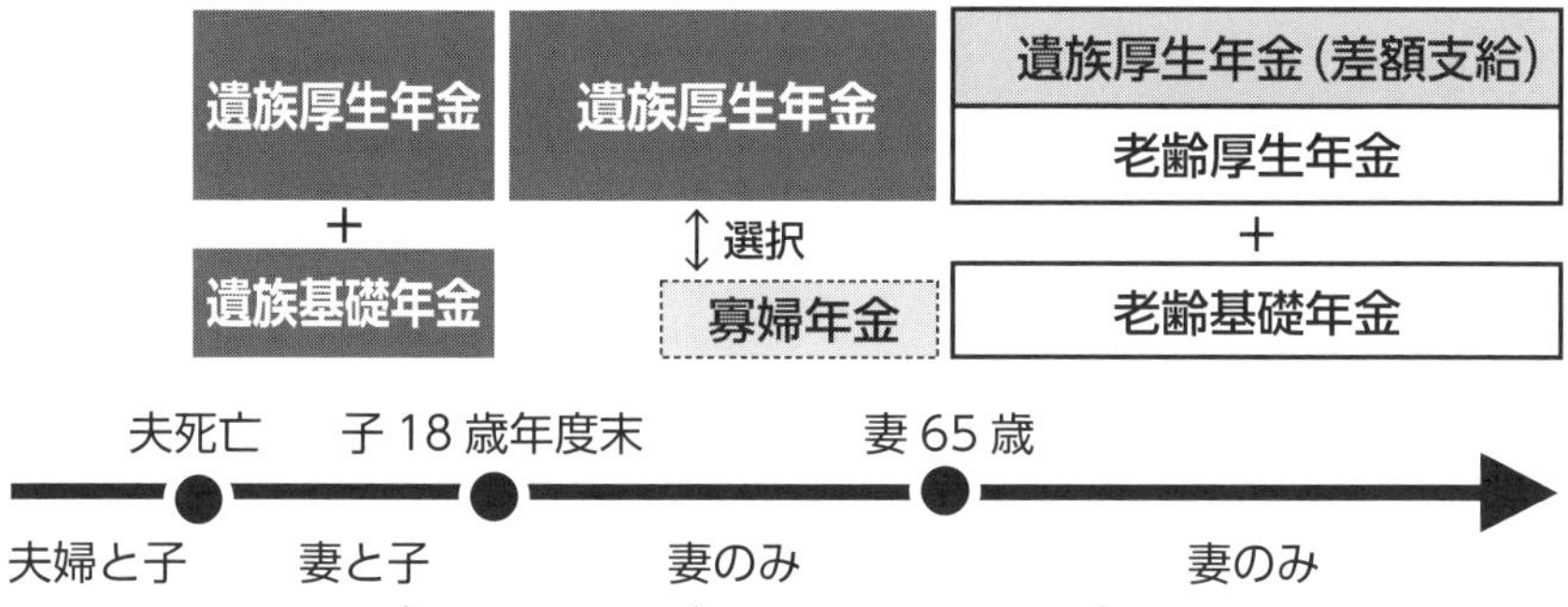

子が18歳年度末(障害のある子は20歳)を迎えると、遺族基礎年金を受ける権利を失う(第3章Ⅱ・3、62ページ)

寡婦年金が受けられるときは、遺族厚生年金との選択(第5章Ⅰ・4、108ページ)

妻が65歳になると自身の老齢基礎年金を受ける。厚生年金の加入期間があるときは老齢厚生年金も受ける。遺族厚生年金は老齢厚生年金額より多いときに、その差額が支給(第10章6、220ページ)

遺族厚生年金は、長期要件(前ページ④)に当てはまれば、実際に加入した厚生年金の加入期間で年金額が計算されるので、加入期間が短いときは年金額が少なくなります。短期要件(前ページ①②③)に当てはまれば、【タイプ3】(次ページ)のような年金の型になり「25年みなし計算」が行われます(長期要件と短期要件は第4章I・1、72ページ)。

タイプ3 厚生年金加入中の夫が亡くなったとき

厚生年金加入中の夫が亡くなり、妻と子が遺されたときの遺族年金をご存じですか？

子を養育する世帯には遺族基礎年金

要件を満たせば妻に遺族基礎年金が支給されます。子が一人なら年約100万円です（第3章Ⅱ・1）。

厚生年金加入中であれば遺族厚生年金

厚生年金加入中に亡くなったときは、保険料納付要件等の要件を満たせば、遺族厚生年金が支給されます（第4章Ⅰ・2）。厚生年金加入中に初診日がある傷病により初診日から5年以内に亡くなったとき（第4章Ⅰ・3）や、1級または2級の障害厚生年金を受ける人が亡くなったとき（第4章Ⅰ・4）も【タイプ3】に該当します。三つを遺族厚生年金の短期要件といいます（第4章Ⅰ・1）。

遺族厚生年金の年金額

亡くなった夫の厚生年金加入中の報酬などを基に計算されます（第4章Ⅱ・1）。また、短期要件に当てはまるときは、厚生年金の加入期間が短くても、25年加入したとみなして計算されます（第4章Ⅱ・2）。

子が一定年齢になると

子が18歳年度末（障害のある子は20歳）を迎えると、遺族基礎年金はなくなりますが、遺族厚生年金は引き続き支給されます。妻が年齢等の要件を満たしていれば、中高齢寡婦加算が約58万円加算されます（第4章Ⅱ・3）。

寡婦年金を受けることはない

寡婦年金の要件を満たしても、実質受けることはありません。遺族厚生年金との選択になるからです。

妻が65歳になると

65歳になると中高齢寡婦加算はなくなり、妻の生年月日によっては経過的寡婦加算が加算されます（第4章Ⅱ・4）。妻に厚生年金の加入期間があるときは、老齢厚生年金より遺族厚生年金額が多ければ、差額が遺族厚生年金として支給されます（第10章6）。

子を養育する世帯
タイプ3

厚生年金加入中の夫が亡くなったとき

支給される可能性のある年金と一時金

遺族基礎年金
(第3章Ⅰ・1、50ページ～)

・子が一定年齢になるまで妻に支給(50ページ)
・子1人なら年約100万円(第3章Ⅱ・1、58ページ)

遺族厚生年金
(第4章Ⅰ・1、72ページ～)

・年金額は夫の年金加入状況によって異なる(第4章Ⅱ・1、88ページ)
・厚生年金加入中に亡くなったときは、年金額計算の特例(25年のみなし計算)がある(第4章Ⅱ・2、90ページ)

遺族厚生年金
＋
遺族基礎年金

遺族厚生年金
中高齢寡婦加算

遺族厚生年金(差額支給)
経過的寡婦加算
老齢厚生年金
＋
老齢基礎年金

夫死亡　子18歳年度末　妻65歳

夫婦と子　妻と子　妻のみ　妻のみ

子が18歳年度末(障害のある子は20歳)を迎えると、遺族基礎年金を受ける権利を失う(第3章Ⅱ・3、62ページ)

40歳以上の妻に、65歳になるまで、中高齢寡婦加算が加算される
遺族基礎年金が支給されている間は支給停止(第4章Ⅱ・3、92ページ)

65歳から、妻の生年月日によっては、経過的寡婦加算が加算(第4章Ⅱ・4、94ページ)される
妻に厚生年金の加入期間があるときは老齢厚生年金が優先支給される。遺族厚生年金は老齢厚生年金額より多いときに、その差額が支給(第10章6、220ページ)

中高齢寡婦加算は年間約58万円もあるので、【タイプ2】の夫の厚生年金の加入期間が20年未満のときと比較すると、遺族厚生年金の金額に大きな違いがあります。

タイプ4 国民年金期間のみの妻が亡くなったとき

国民年金の期間のみを有する妻が亡くなり、夫と子が遺されたときの遺族年金をご存じですか？

子を養育する世帯には遺族基礎年金

子がある世帯において、国民年金の期間のみを有する妻が亡くなったとき、要件を満たせば夫に遺族基礎年金が支給されます。平成26年の改正により、「子のある夫」にも遺族基礎年金が支給されるようになりました（第3章Ⅰ・3）。

例えば、会社員の夫の扶養に入っている妻は、国民年金の第3号被保険者です（103ページ）。第3号被保険者であった妻が亡くなったときは、遺族基礎年金の「国民年金加入中に亡くなったとき」という要件を満たします（第3章Ⅰ・1）。子が一人いれば、夫に対して年約100万円の遺族基礎年金が支給されます。子が二人なら、年約122万円の支給です（第3章Ⅱ・1）。

遺族厚生年金は支給されない

亡くなった妻に厚生年金の加入期間がなければ、遺族厚生年金は支給されません。

子が一定年齢になると

子が18歳年度末（障害のある子は20歳）を迎えると、遺族基礎年金はなくなります（第3章Ⅱ・3）。子が二人以上いるときには、子が18歳年度末（障害のある子は20歳）を迎えるたびに、遺族基礎年金の額は減額され、一番下の子が18歳年度末（障害のある子は20歳）を迎えたときになくなります（第3章Ⅱ・2）。

寡婦年金と死亡一時金は支給されない

寡婦年金は夫には支給されません。また、遺族基礎年金を受けられるときは、死亡一時金は支給されません。死亡一時金は掛け捨て防止が目的だからです。

夫が65歳になると

遺族基礎年金の権利がなくなれば、自身の老齢基礎年金と老齢厚生年金を受けることになります（第10章5）。

子を養育する世帯 タイプ4

国民年金期間のみの妻が亡くなったとき

支給される可能性のある
年金と一時金

遺族基礎年金
(第3章Ⅰ・1、50ページ～)

・子が一定年齢になるまで夫に支給(50ページ)
・子1人なら年約100万円(第3章Ⅱ・1、58ページ)

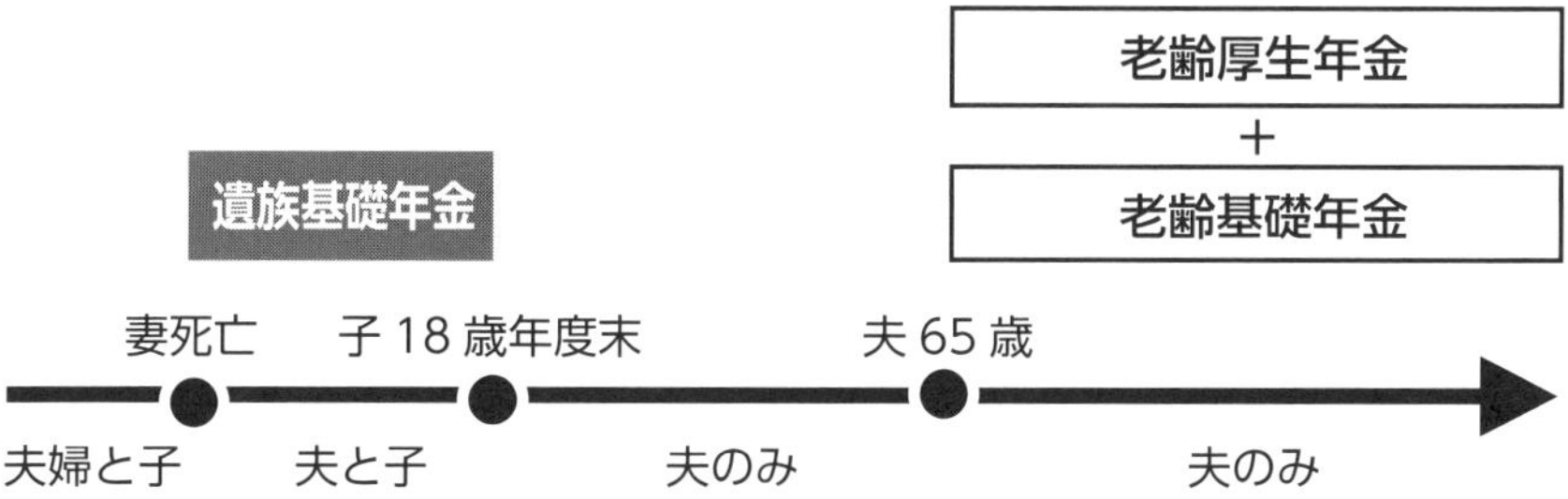

子が18歳年度末(障害のある子は20歳)を迎えると、遺族基礎年金を受ける権利を失う(第３章Ⅱ・３、62ページ)

夫が65歳になると、自身の老齢基礎年金を受ける。厚生年金の加入期間があるときは、老齢厚生年金も受ける(第10章５、218ページ)

遺族基礎年金は、「子のための年金」という位置付けなので、子が一定の年齢を超えると、受けられなくなります。

タイプ5

厚生年金期間のある妻が亡くなり夫が55歳未満のとき

厚生年金の加入期間のある妻が亡くなり、55歳未満の夫と子が遺されたときの遺族年金をご存じですか？

子を養育する世帯には遺族基礎年金

要件を満たせば夫に遺族基礎年金が支給されます。子が一人なら年約１００万円です（第３章Ⅱ・１）。

厚生年金加入中であれば遺族厚生年金

妻が次のいずれかに当てはまり、夫が55歳未満のときは、子に遺族厚生年金が支給されます（第４章Ⅰ・１）。

①厚生年金加入中に亡くなったとき
②厚生年金加入中に初診日がある傷病が原因で初診日から5年以内に亡くなったとき
③1級または２級の障害状態にある障害厚生年金を受ける人が亡くなったとき
④厚生年金加入期間があって、年金保険料の納付や免除が25年以上ある人が亡くなったとき

①②③を短期要件、④を長期要件といいます。短期要件に該当すれば、厚生年金の加入期間が短くても、25年加入したとみなして計算されます。例えば、厚生年金に1年しか加入していなくても、厚生年金加入中に亡くなったのであれば、25年間働いたとみなして遺族厚生年金額が計算されます（第４章Ⅱ・２）。

遺族厚生年金には夫の年齢要件がある

夫が55歳未満であれば、遺族厚生年金は夫ではなく子に支給されます。したがって、夫が遺族基礎年金を、子が遺族厚生年金を受けることになります。

子が一定年齢になると

子が18歳年度末（障害のある子は20歳）を迎えると、遺族基礎年金と遺族厚生年金はなくなります（第３章Ⅱ・３、第４章Ⅱ・５）。

寡婦年金と死亡一時金は支給されない

寡婦年金は夫には支給されません。遺族基礎年金を受けられるときは、死亡一時金は支給されません。

子を養育する世帯 タイプ5

夫55歳未満で厚生年金加入期間のある妻が亡くなったとき

支給される可能性のある年金と一時金

遺族基礎年金
(第3章Ⅰ・1、50ページ〜)

・子が一定年齢になるまで夫に支給(50ページ)
・子1人なら年約100万円(第3章Ⅱ・1、58ページ)

遺族厚生年金
(第4章Ⅰ・1、72ページ〜)

・遺族厚生年金は子に支給(第4章Ⅰ・6、82ページ)
・年金額は亡くなった妻(母)の年金加入状況によって異なる(第4章Ⅱ・1、88ページ)

遺族厚生年金
+
遺族基礎年金

老齢厚生年金
+
老齢基礎年金

妻死亡 ― 夫55歳 ― 子18歳年度末 ― 夫65歳 →

夫婦と子　夫と子　夫のみ　夫のみ

子が18歳年度末(障害のある子は20歳)を迎えると、遺族基礎年金と遺族厚生年金を受ける権利を失う(第3章Ⅱ・3、62ページ・第4章Ⅱ・5、96ページ)

夫は65歳になると、自身の老齢基礎年金を受ける。厚生年金の加入期間があるときは、老齢厚生年金も受ける(第10章5、218ページ)

夫が55歳未満のときの【タイプ5】と、夫が55歳以上のときの【タイプ6】では、受けられる遺族年金の内容が大きく異なります。

タイプ6 厚生年金期間のある妻が亡くなり夫が55歳以上のとき

厚生年金の加入期間のある妻が亡くなり、55歳以上の夫と子が遺されたときの遺族年金をご存じですか？

子を養育する世帯には遺族基礎年金

要件を満たせば夫に遺族基礎年金が支給されます。子が一人なら年約100万円です（第3章Ⅱ・1）。

厚生年金加入中であれば遺族厚生年金

妻が次のいずれかに当てはまり、夫が55歳以上のときは、夫に遺族厚生年金が支給されます（第4章Ⅰ・1）。

①厚生年金加入中に亡くなったとき
②厚生年金加入中に初診日がある傷病が原因で初診日から5年以内に亡くなったとき
③1級または2級の障害状態にある障害厚生年金を受ける人が亡くなったとき
④厚生年金加入期間があって、年金保険料の納付や免除が25年以上ある人が亡くなったとき

①②③を短期要件、④を長期要件といいます。短期要件に該当すれば、厚生年金の加入期間が短くても25年加入したとみなして計算されます（第4章Ⅱ・2）。

夫の遺族厚生年金には支給停止がある

夫の受ける遺族厚生年金は55歳から60歳になるまで支給停止されることが原則ですが、遺族基礎年金を受けている間は支給停止が解除されます。

子が一定年齢になると

子が18歳年度末（障害のある子は20歳）を迎えると、遺族基礎年金はなくなります（第3章Ⅱ・3）。この時点で夫が60歳未満であれば、遺族厚生年金は60歳まで支給停止となります。60歳になると再び支給され、他の年金を受けられるときはどちらかを選択します。

夫が65歳になると

遺族厚生年金は、自身の老齢厚生年金があれば差額支給になります。老齢厚生年金額が多ければ実質的に遺族厚生年金は支給されません（第10章6）。

子を養育する世帯 タイプ6

夫55歳以上で厚生年金加入期間のある妻が亡くなったとき

支給される可能性のある年金と一時金

遺族基礎年金	遺族厚生年金
(第3章I・1、50ページ～) ・子が一定年齢になるまで夫に支給(50ページ) ・子1人なら年約100万円(第3章II・1、58ページ)	(第4章I・1、72ページ～) ・遺族厚生年金は夫に支給(第4章I・6、82ページ) ・年金額は亡くなった妻(母)の年金加入状況によって異なる(第4章II・1、88ページ)

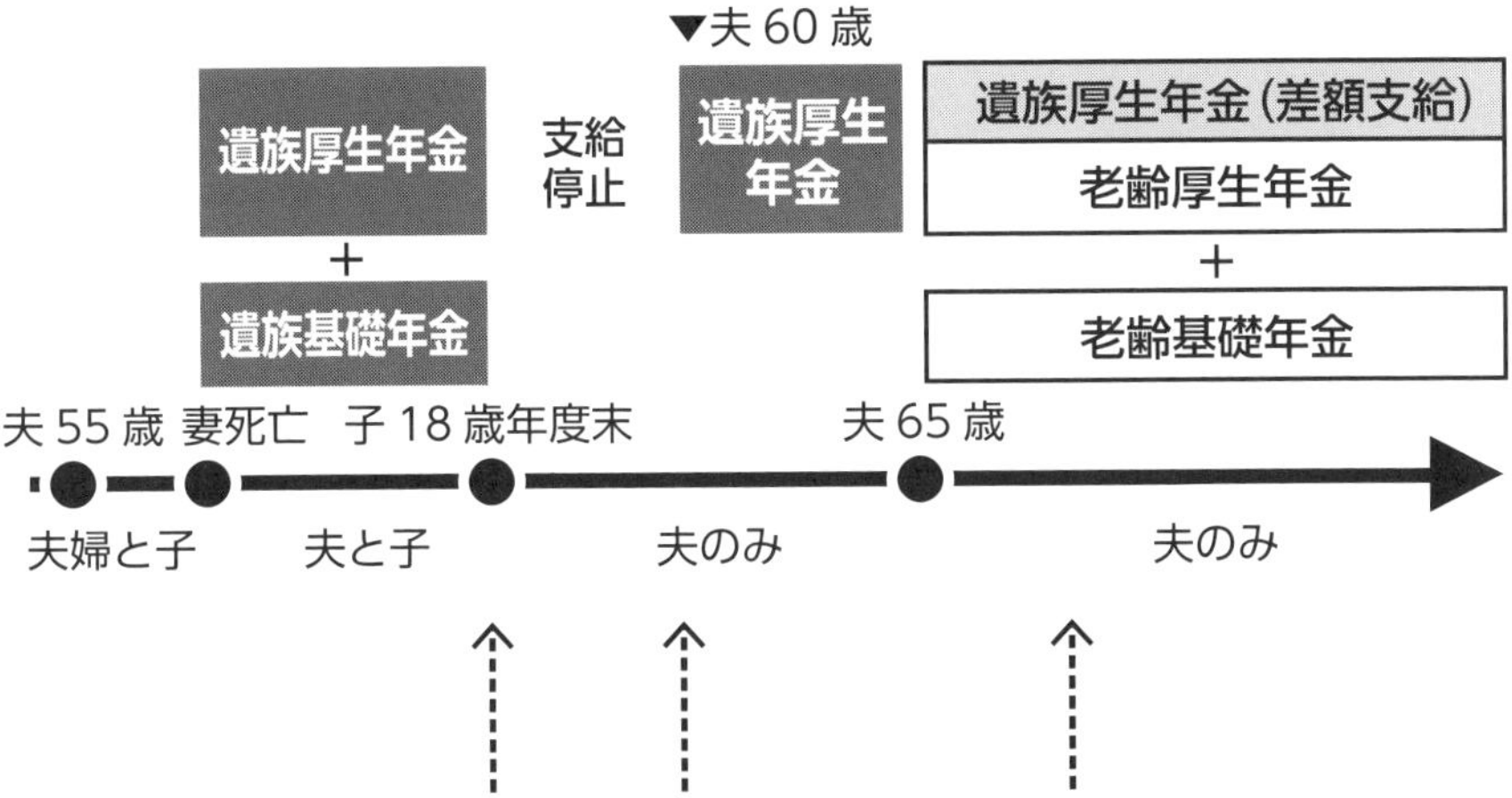

子が18歳年度末(障害のある子は20歳)を迎えると、遺族基礎年金を受ける権利を失う(第3章II・3、62ページ)

遺族基礎年金の権利を失ったときに夫が60歳未満であれば、遺族厚生年金は60歳まで支給停止(第4章II・7、100ページ)

夫は65歳になると自身の老齢基礎年金を受ける。厚生年金の加入期間があるときは老齢厚生年金も受ける。遺族厚生年金は老齢厚生年金額より多いときに、その差額が支給(第10章6、220ページ)

65歳前に他の年金を受ける権利があるときは、どれかひとつを選んで受けることになります(第10章2、212ページ)。

タイプ7 ひとり親の父または母が亡くなったとき

ひとり親世帯において、父または母が亡くなり、子だけが遺されたときの遺族年金をご存じですか？

子を養育する世帯には遺族基礎年金

両親のどちらかが亡くなったときには遺された父または母が遺族基礎年金を受けます（第3章Ⅰ・3）。一方で、ひとり親世帯の親が亡くなったときなどは、子が遺族基礎年金を受けることになります。子一人なら年約78万円、二人なら年約１００万円です（第3章Ⅲ・1）。

亡くなったひとり親が厚生年金に加入のとき

亡くなった親に厚生年金の加入期間があるときは、遺族厚生年金が支給される可能性があります。亡くなったときの状況が次のいずれかに当てはまる必要があります。

①厚生年金加入中に亡くなったとき
②厚生年金加入中に初診日がある傷病が原因で初診日から5年以内に亡くなったとき
③1級または2級の障害状態にある障害厚生年金を受ける人が亡くなったとき
④厚生年金加入期間があって、年金保険料の納付や免除が25年以上ある人が亡くなったとき

①②③を短期要件、④を長期要件といい、短期要件であれば厚生年金の加入期間が短くても、25年加入したとみなして年金額が計算されます（第4章Ⅱ・2）。

子が一定年齢になると

子が18歳年度末（障害のある子は20歳）を過ぎると、遺族基礎年金と遺族厚生年金はなくなります。子が二人以上いるときには、上の子から18歳年度末（障害のある子は20歳）を迎えるたびに、遺族基礎年金の額は減額され、一番下の子が18歳年度末（障害のある子は20歳）を迎えたときになくなります。

遺族基礎年金が停止になるとき

状況によっては遺族基礎年金が支給停止となるケースもあるので注意が必要です（第3章Ⅲ・3）。

子を養育する世帯 タイプ7-1

ひとり親世帯の国民年金期間のみの父または母が亡くなったとき

支給される可能性のある年金と一時金

遺族基礎年金
（第3章I・1、50ページ〜）

・子が一定年齢になるまで支給
・子1人なら年約78万円（第3章Ⅲ・1、64ページ）

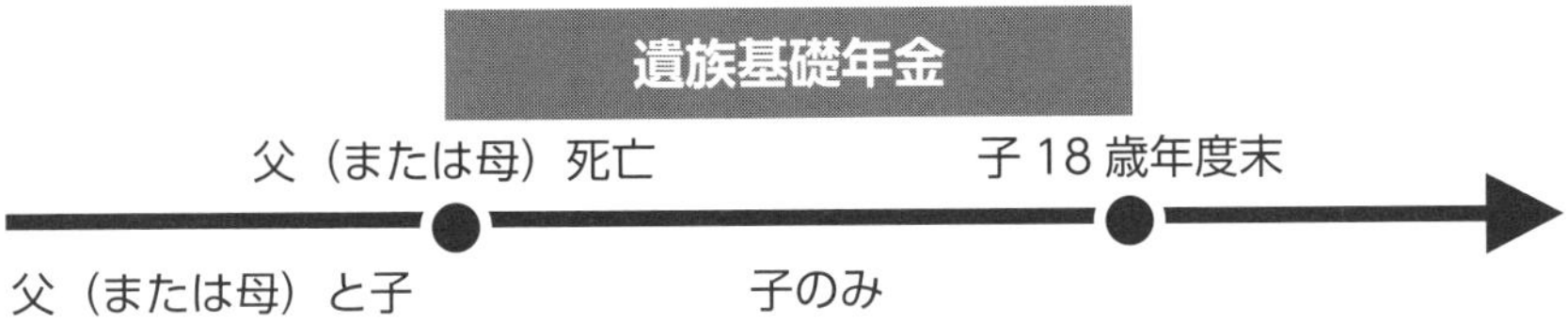

子を養育する世帯 タイプ7-2

ひとり親世帯の厚生年金加入中などの父または母が亡くなったとき

支給される可能性のある年金と一時金

遺族基礎年金
（第3章I・1、50ページ〜）

・子が一定年齢になるまで支給
・子1人なら年約78万円
（第3章Ⅲ・1、64ページ）

遺族厚生年金
（第4章I・1、72ページ〜）

・年金額は亡くなった父（または母）の年金加入状況によって異なる

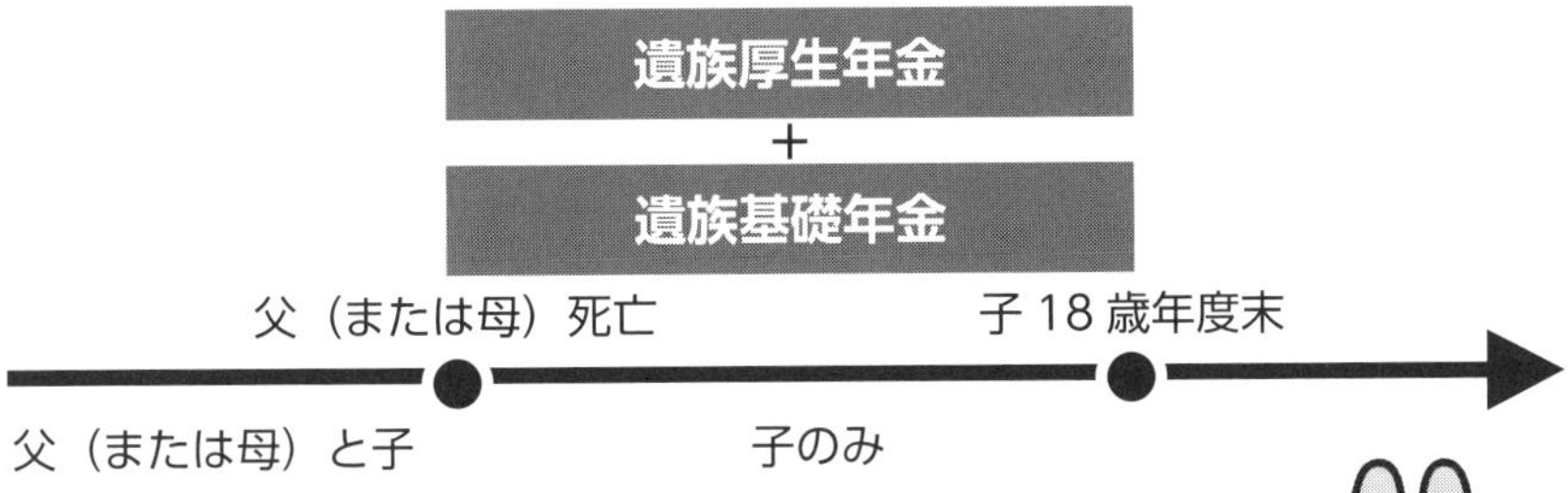

子が18歳年度末（障害のある子は20歳）を迎えると、遺族基礎年金と遺族厚生年金を受ける権利を失います（第3章Ⅲ・4、第4章Ⅱ・5）。遺族基礎年金を受ける権利はあっても、支給停止になるときもあります（第3章Ⅲ・3）。

子を養育しない世帯が受ける可能性のある遺族年金

子を養育しない世帯には、遺族基礎年金が支給されないことをご存じですか？

「子を養育しない世帯」とは

子を養育しない世帯とは、子がいない夫婦のみの世帯です。子が18歳年度末（障害のある子は20歳）を超えているとき、一定の年齢に達していなくても婚姻しているときなども、子を養育しない世帯になります。

子がいなければ遺族基礎年金は支給されない

子を養育しない世帯には、遺族基礎年金は支給されません（第3章Ⅰ・3）。一方で、亡くなった人に厚生年金の加入期間があれば、遺族厚生年金が支給される可能性があります（第4章Ⅰ・1）。

ここでは、夫婦の一方が亡くなったときを想定してタイプ分けをしていますが、配偶者がいないときには、父母、孫、祖父母に遺族厚生年金が支給されることがあります（第4章Ⅰ・6）。

寡婦年金が支給されるとき

夫が亡くなり、夫の国民年金の加入状況や婚姻期間などの要件を満たせば、遺族である妻に60歳から65歳になるまでの間、寡婦年金が支給されます（第5章Ⅰ・1）。

死亡一時金が支給されるとき

亡くなった人の国民年金の加入状況等により、死亡一時金が支給される可能性があります（第5章Ⅱ・1）。

寡婦年金と死亡一時金の両方の要件を満たすときは、どちらかを選択して受けます（第5章Ⅱ・2）。65歳前に他の年金を受ける権利があれば、それらを含めて有利な選択方法を考える必要があります（第10章2）。

30歳未満の子のない妻の遺族厚生年金

30歳未満の子のない妻が受ける遺族厚生年金は、5年有期の遺族厚生年金になります（第4章Ⅱ・6）。

子を養育しない世帯とは

元妻
音信不通

子のいない世帯　　子はいるが、一定年齢を超えている　　子はいるが、生計を維持していない

など

子を養育しない世帯が受ける可能性のある遺族給付

遺族基礎年金
遺族厚生年金
寡婦年金
死亡一時金

それぞれの年金に要件があります。遺族基礎年金は支給されません。

30歳未満の子のない妻の遺族厚生年金

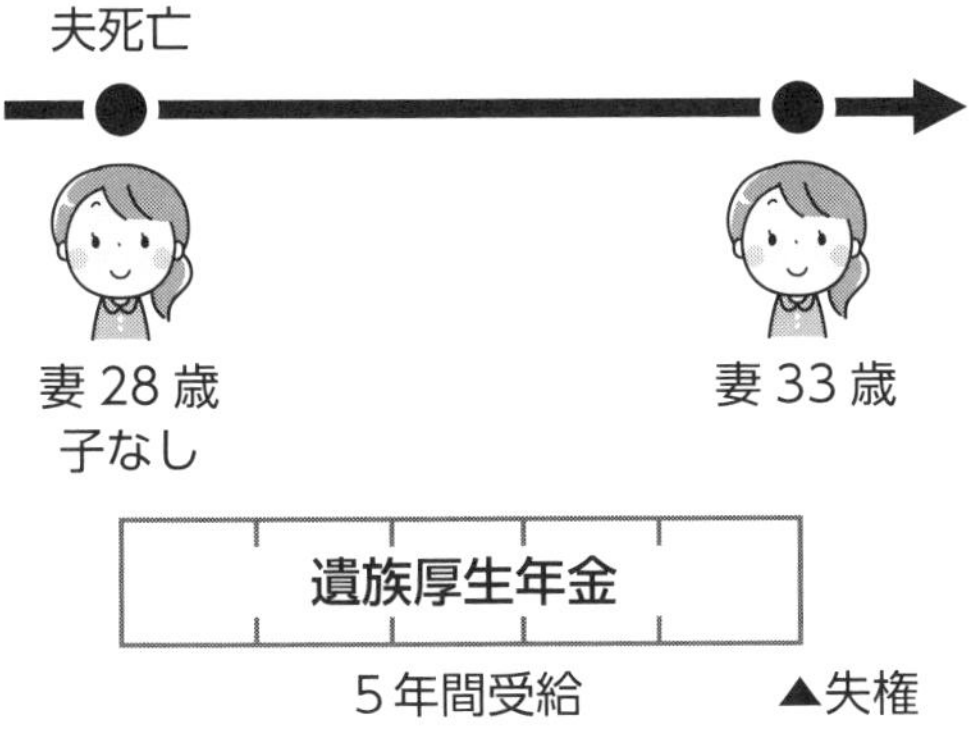
夫死亡
妻 28 歳
子なし
妻 33 歳
遺族厚生年金
5 年間受給
▲失権

30歳未満の子のない妻が受けられるのは5年有期の遺族厚生年金です（第4章Ⅱ・6）。言い方を変えれば、30歳以上の妻は、再婚などの事由がない限り、生涯、遺族厚生年金を受けることができます。

タイプ8

国民年金期間のみの夫が亡くなったとき

国民年金の期間のみを有する夫が亡くなり、妻が遺されたときに支給される遺族年金をご存じですか？

遺族基礎年金は支給されない

子を養育しない世帯に遺族基礎年金はありません。

遺族厚生年金は支給されない

亡くなった夫に厚生年金の加入期間がなければ、遺族厚生年金は支給されません（第4章Ⅰ・1）。

寡婦年金が支給されることがある

亡くなった夫に国民年金の第1号被保険者期間が10年以上あるときは、妻が60歳から65歳になるまでの間に、寡婦年金が支給される可能性があります。婚姻期間が継続して10年以上などの要件があります（第5章Ⅰ・2）。寡婦年金を受けられる期間に、老齢年金や障害年金などを受ける権利があるときは、いずれかひとつの年金を選択して受けます（第5章Ⅰ・4）。

死亡一時金が支給されることがある

死亡一時金が支給される可能性があります（第5章Ⅱ・1）。寡婦年金の要件も満たすのであれば、どちらかを選択することになります（第5章Ⅱ・2）。

妻が65歳になると

妻が65歳になると、自身の年金加入期間に基づく老齢基礎年金が支給されます。妻自身に厚生年金の加入期間があれば、老齢厚生年金も合わせて支給されます（第10章5）。夫が亡くなったことによる遺族年金の支給はありません。

将来に遺族厚生年金を受ける可能性

現時点において【タイプ8】であっても、今後、夫が厚生年金に加入することで、【タイプ9】や【タイプ10】のように、遺族厚生年金を受けられる可能性があります。あくまでも可能性であり人それぞれです。また、将来のために、妻自身の老齢基礎年金や老齢厚生年金、公的年金以外の年金などを増やすこともひとつの方法です。

子を養育しない世帯 タイプ8

国民年金期間のみの夫が亡くなったとき

支給される可能性のある
年金と一時金

寡婦年金
（第5章Ⅰ・1、102ページ～）
・60～65歳になるまで支給
・寡婦年金額は夫の年金加入状況によって異なる

死亡一時金
（第5章Ⅱ・1、110ページ～）
・寡婦年金の要件を満たすときは、どちらかひとつを選択して受ける

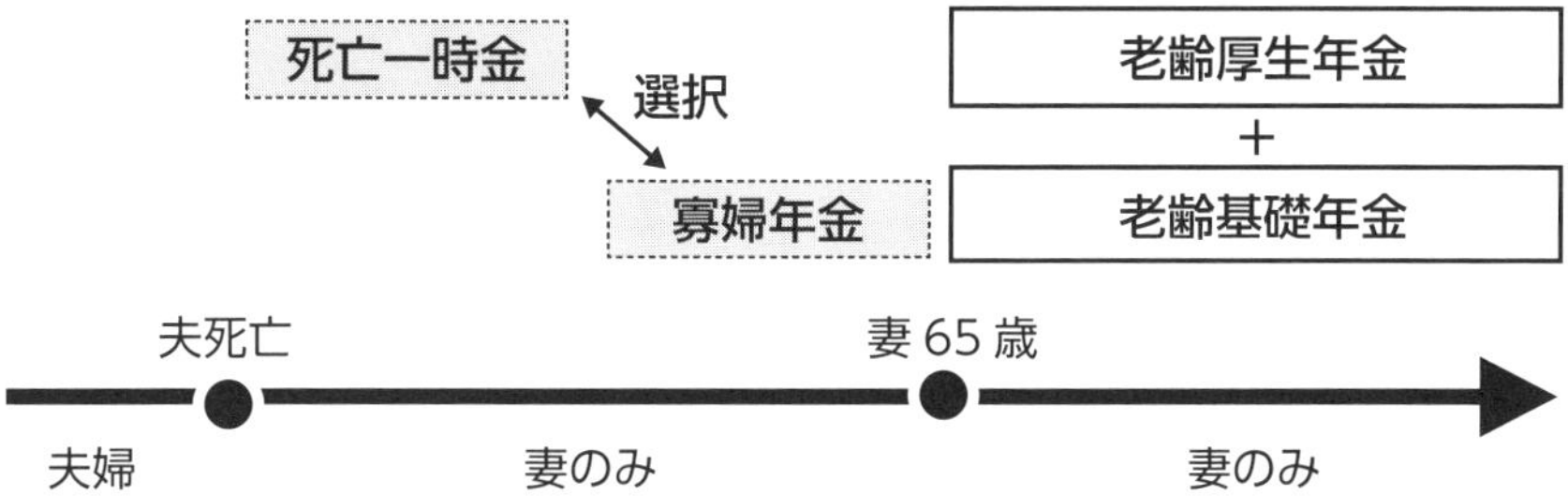

60～65歳になるまでの間に寡婦年金と他の年金を受けることができるときは、いずれかひとつを選択（第5章Ⅰ・4、108ページ）

【遺族基礎年金】
子を養育しない世帯には、遺族基礎年金は支給されない

【遺族厚生年金】
亡くなった人に厚生年金の加入期間がないので、遺族厚生年金は支給されない

寡婦年金の要件を満たさなければ、妻が受ける遺族年金はありません。仮に将来に向けて夫が厚生年金に加入できるとしたら、【タイプ9】【タイプ10】のような年金になる可能性があります（第9章Ⅲ・3、176ページ）。

タイプ9 厚生年金期間のある国民年金加入中の夫が亡くなったとき

厚生年金の期間のある国民年金加入中の夫が亡くなり妻が遺されたときの遺族年金をご存じですか？

遺族基礎年金は支給されない

子を養育しない世帯に遺族基礎年金はありません。

厚生年金期間があれば遺族厚生年金

夫に厚生年金の加入期間があるときは、要件を満たせば遺族厚生年金が支給されます（第4章Ⅰ・1）。夫が亡くなったときに厚生年金加入中でなければ、次の遺族厚生年金の要件のうち、②③④のいずれかの要件です。

①厚生年金加入中に亡くなったとき
②厚生年金加入中に初診日がある傷病が原因で初診日から5年以内に亡くなったとき
③1級または2級の障害状態にある障害厚生年金を受ける人が亡くなったとき
④厚生年金加入期間があって、年金保険料の納付や免除が25年以上ある人が亡くなったとき

遺族厚生年金の年金額

亡くなった夫の厚生年金加入中の報酬などを基に計算され、①②③は【タイプ10】（34ページ）のようなしくみで計算されます。④は【タイプ10】のように25年加入とみなした計算ではなく、実際に加入した期間が基になり、夫の厚生年金の加入期間が20年以上等の要件を満たしていれば、中高齢寡婦加算の約58万円が加算されることがあります（第4章Ⅱ・3）。

第1号被保険者期間があるとき

死亡一時金、寡婦年金が支給される可能性があります。両方の要件を満たすときは、どちらかを選択します。

妻が65歳になると

妻が65歳になると、自身の老齢基礎年金と老齢厚生年金（厚生年金期間があるとき）を受けます。老齢厚生年金より遺族厚生年金額が多ければ、差額が遺族厚生年金として支給されます（第10章6）。

子を養育しない世帯 タイプ9

厚生年金期間のある国民年金加入中の夫が亡くなったとき

支給される可能性のある年金と一時金

遺族厚生年金
(第4章Ⅰ・1、72ページ～)
・年金額は夫の年金加入状況によって異なる(第4章Ⅱ・1、88ページ)

寡婦年金
(第5章Ⅰ・1、102ページ～)
・60～65歳になるまでの妻に支給
・寡婦年金額は夫の年金加入状況によって異なる

死亡一時金
(第5章Ⅱ・1、110ページ～)
・寡婦年金の要件を満たすときは、どちらかひとつを選択して受ける

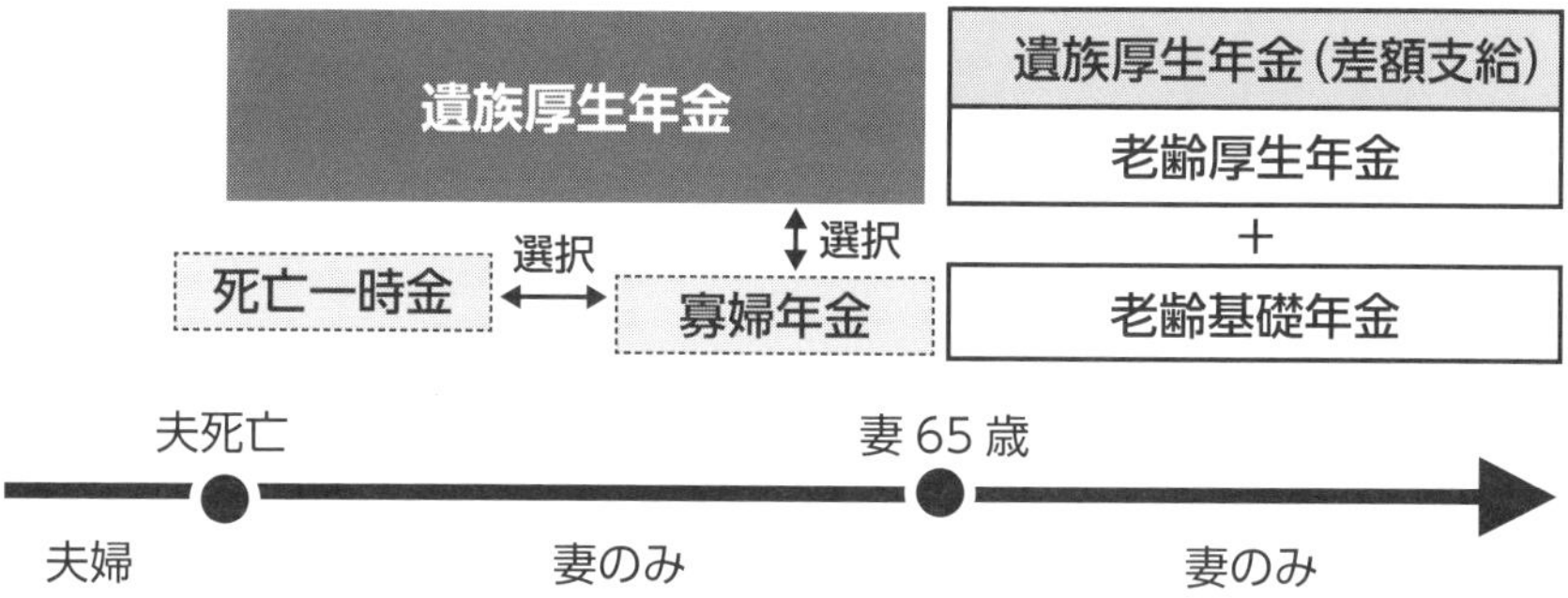

寡婦年金と遺族厚生年金は、どちらかを選んで受ける(第5章Ⅰ・4、108ページ)

妻は65歳になると自身の老齢基礎年金を受ける。厚生年金の加入期間があるときは老齢厚生年金も受ける。遺族厚生年金は老齢厚生年金額より多いときに、その差額が支給(第10章6、220ページ)

遺族厚生年金は、長期要件(前ページ④)に当てはまれば、実際に加入した厚生年金期間により年金額が計算されるので、加入期間が短いときは年金額が少なくなります。短期要件(前ページ①②③)に当てはまれば、【タイプ10】(次ページ)のような年金の型になり「25年みなし計算」が行われます(長期要件と短期要件は第4章Ⅰ・1、72ページ)。

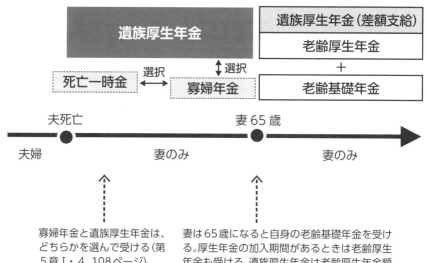

タイプ10 厚生年金加入中の夫が亡くなったとき

厚生年金加入中の夫が亡くなり、妻が遺されたときの遺族年金をご存じですか？

遺族基礎年金は支給されない

子を養育しない世帯に遺族基礎年金はありません。

厚生年金加入中であれば遺族厚生年金

厚生年金加入中に亡くなったのであれば、保険料納付要件等の要件を満たせば、遺族厚生年金が支給されます。厚生年金加入中に初診日がある傷病により初診日から5年以内に亡くなったとき（第4章Ⅰ・3）や、1級または2級の障害厚生年金を受ける人が亡くなったとき（第4章Ⅰ・4）も、このケースに該当します。三つを遺族厚生年金の短期要件といいます（第4章Ⅰ・1）。

遺族厚生年金の年金額

亡くなった夫の厚生年金加入中の報酬などを基に計算されるため、人によって年金額が異なります。短期要件に当てはまるときは、厚生年金の加入期間が短くても25年加入したとみなして計算されます（第4章Ⅱ・2）。例えば、厚生年金期間が5年、平均月収が30万円のとき、5年分の遺族厚生年金額は年間約7万円ですが、25年分で計算されるので約37万円になります。

妻が40歳以上のとき

夫が亡くなったときに妻が40歳以上であれば、中高齢寡婦加算約58万円が加算されます（第4章Ⅱ・3）。

国民年金の加入期間があるとき

死亡一時金と寡婦年金の要件を満たす可能性がありますが、寡婦年金は実質受けることはありません。金額の多い遺族厚生年金との選択になるからです。

妻が65歳になると

65歳になると中高齢寡婦加算はなくなり、妻の生年月日によっては経過的寡婦加算が加算されます（第4章Ⅱ・4）。老齢厚生年金を受けられるときは、遺族厚生年金のほうが多ければ差額が支給されます（第10章6）。

子を養育しない世帯
タイプ10

厚生年金加入中の夫が亡くなったとき

支給される可能性のある年金と一時金

遺族厚生年金
（第4章Ⅰ・1、72ページ〜）
- 年金額は夫の年金加入状況によって異なる（第4章Ⅱ・1、88ページ）
- 厚生年金加入中に亡くなったときは、年金額計算の特例（25年のみなし計算）がある（第4章Ⅱ・2、90ページ）

死亡一時金
（第5章Ⅱ・1、110ページ〜）
- 要件に合えば、死亡一時金が支給

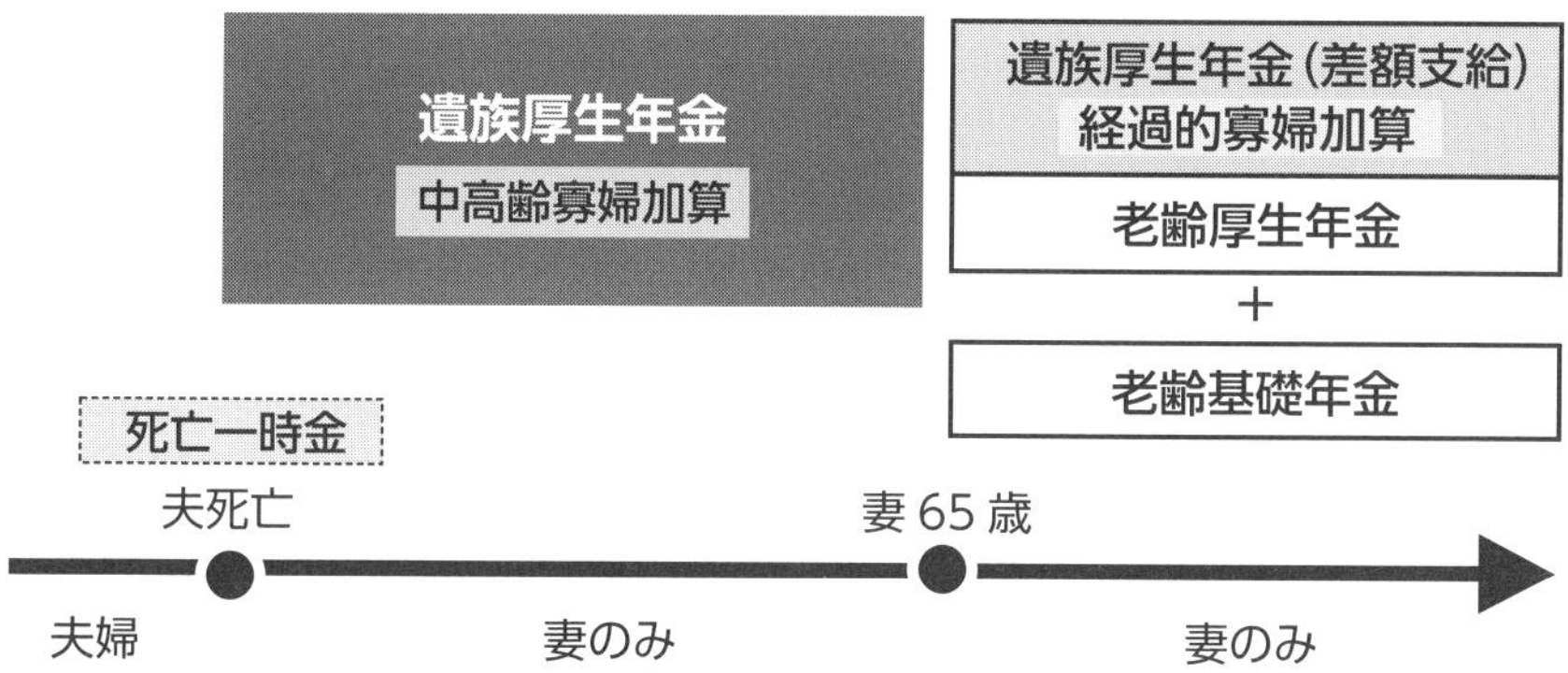

遺族厚生年金について、40歳以上の妻には、65歳になるまで、中高齢寡婦加算が加算される（第４章Ⅱ・３、92ページ）

65歳から、妻の生年月日によっては、経過的寡婦加算が加算される（第４章Ⅱ・４、94ページ）

妻は65歳になると自身の老齢基礎年金を受ける。厚生年金の加入期間があるときは老齢厚生年金も受ける。遺族厚生年金は老齢厚生年金額より多いときに、その差額が支給（第10章６、220ページ）

中高齢寡婦加算は年間約58万円もあるので、【タイプ9】要件④の夫の厚生年金の加入期間が20年未満のときと比較すると、遺族厚生年金の金額に大きな違いがあります。

タイプ11 妻が亡くなり夫が55歳未満のとき

妻が亡くなり55歳未満の夫が遺されたときの遺族年金をご存じですか?

遺族基礎年金は支給されない

子を養育しない世帯に遺族基礎年金はありません。

遺族厚生年金は支給されない

亡くなった妻に厚生年金の加入期間がなければ、遺族厚生年金は支給されません。

また、亡くなった妻に厚生年金の加入期間があったとしても、夫が55歳未満であれば、遺族厚生年金は支給されません。

寡婦年金は支給されない

寡婦年金は夫には支給されません。

死亡一時金が支給されることがある

亡くなった妻に国民年金の第1号被保険者期間が3年以上あれば、死亡一時金を受けられる可能性があります(第5章Ⅱ・1)。死亡一時金は、国民年金保険料の掛け捨て防止の目的があります。

会社員の夫の扶養に入っていた妻は、国民年金の第3号被保険者です。第3号被保険者は、実質的に国民年金保険料を支払っていませんので、その期間は死亡一時金の対象になりません。対象になるのは、第1号被保険者期間だけです。

夫が65歳になると

夫が65歳になると、自身の老齢基礎年金を受けます。厚生年金の加入期間があれば、老齢厚生年金も合わせて受けます(第10章5)。遺族年金は支給されません。

55歳未満の夫には

子を養育しない世帯において、遺族である夫が受ける可能性があるのは、遺族厚生年金と死亡一時金です。そのうち、遺族厚生年金には、夫が55歳以上という年齢要件があります。すなわち、55歳未満の夫が受けられる可能性があるのは、死亡一時金だけです。

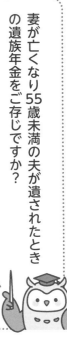

子を養育しない世帯 タイプ11

妻が亡くなり、夫が55歳未満のとき

支給される可能性のある
年金と一時金

死亡一時金
(第5章Ⅱ・1、110ページ〜)

・国民年金の第1号被保険者期間が3年以上あれば、死亡一時金が支給

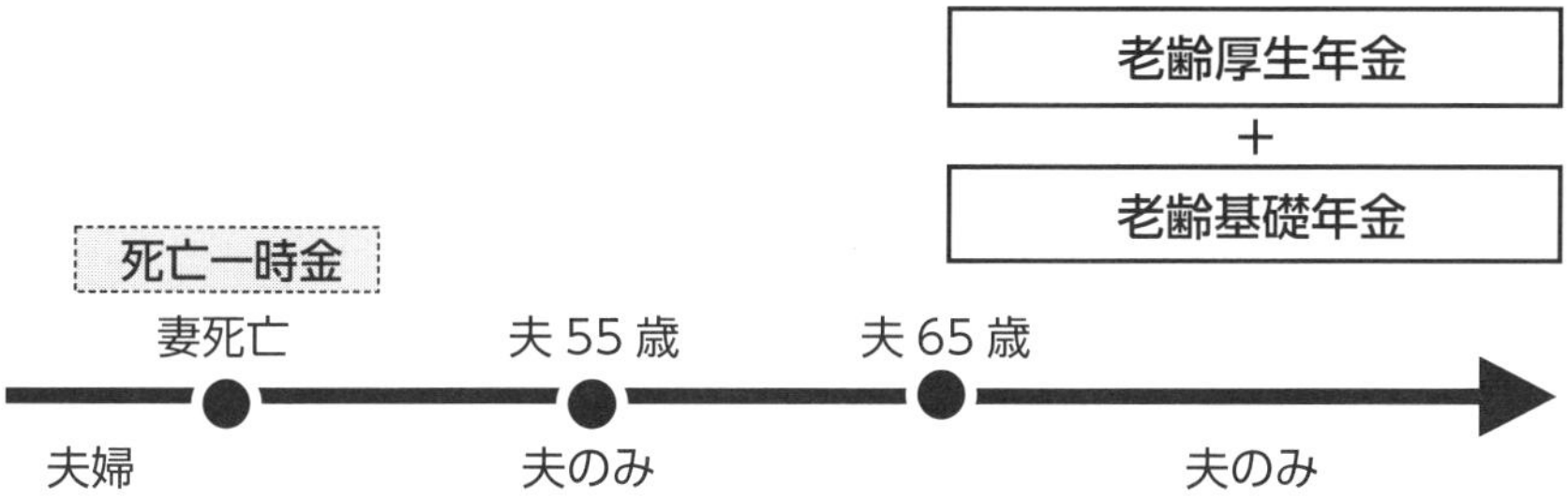

夫は、65歳になると、自身の老齢基礎年金を受ける。厚生年金の加入期間があるときは、老齢厚生年金も受ける(第10章5、218ページ)

【遺族基礎年金】
子を養育しない世帯には、遺族基礎年金は支給されない

【遺族厚生年金】
夫が55歳未満であれば、遺族厚生年金は支給されない

妻が亡くなったときに、夫が55歳未満であれば、遺族厚生年金が支給されることはありません。

受けられる可能性があるのは、掛け捨て防止目的の「死亡一時金」だけです。

タイプ12 妻が亡くなり夫が55歳以上のとき

妻が亡くなり55歳以上の夫が遺されたときの遺族年金をご存じですか？

遺族基礎年金は支給されない

子を養育しない世帯に遺族基礎年金はありません。

亡くなった妻に厚生年金期間がないとき

亡くなった妻に厚生年金の加入期間がなければ遺族厚生年金は支給されません。

亡くなった妻に厚生年金期間があるとき

妻が次のいずれかに当てはまり、夫が55歳以上のときは、夫に遺族厚生年金が支給されます（第4章Ⅰ・1）。

①厚生年金加入中に亡くなったとき
②厚生年金加入中に初診日がある傷病が原因で初診日から5年以内に亡くなったとき
③1級または2級の障害状態にある障害厚生年金を受ける人が亡くなったとき
④厚生年金加入期間があって、年金保険料の納付や免除が25年以上ある人が亡くなったとき

このうち、①②③の短期要件に該当する場合は、厚生年金の加入期間が25年に満たなくても、25年加入したとみなして年金額が計算されます（第4章Ⅱ・2）。

夫が60歳になるまでは支給停止

夫が受ける遺族厚生年金は、60歳になるまで支給停止され、60歳になると支給停止が解除されます（第4章Ⅱ・7）。他の年金を受けられるときは、いずれかを選択して受けます（第10章2）。

夫が65歳になると

遺族厚生年金は、自身の老齢厚生年金があれば差額支給になります。老齢厚生年金額が多ければ実質的に遺族厚生年金は支給されません（第10章6）。

死亡一時金が支給されることがある

妻の第1号被保険者期間等によっては、死亡一時金を受けられる可能性があります（第5章Ⅱ・1）。

タイプ12　妻が亡くなり、夫が55歳以上のとき

支給される可能性のある年金と一時金

遺族厚生年金
（第4章Ⅰ・1、72ページ〜）

- 遺族厚生年金が夫に支給（第4章Ⅰ・6、82ページ）
- 年金額は亡くなった妻の年金加入状況によって異なる（第4章Ⅱ・1、88ページ）

死亡一時金
（第5章Ⅱ・1、110ページ〜）

- 国民年金の第1号被保険者期間が3年以上あれば、死亡一時金が支給

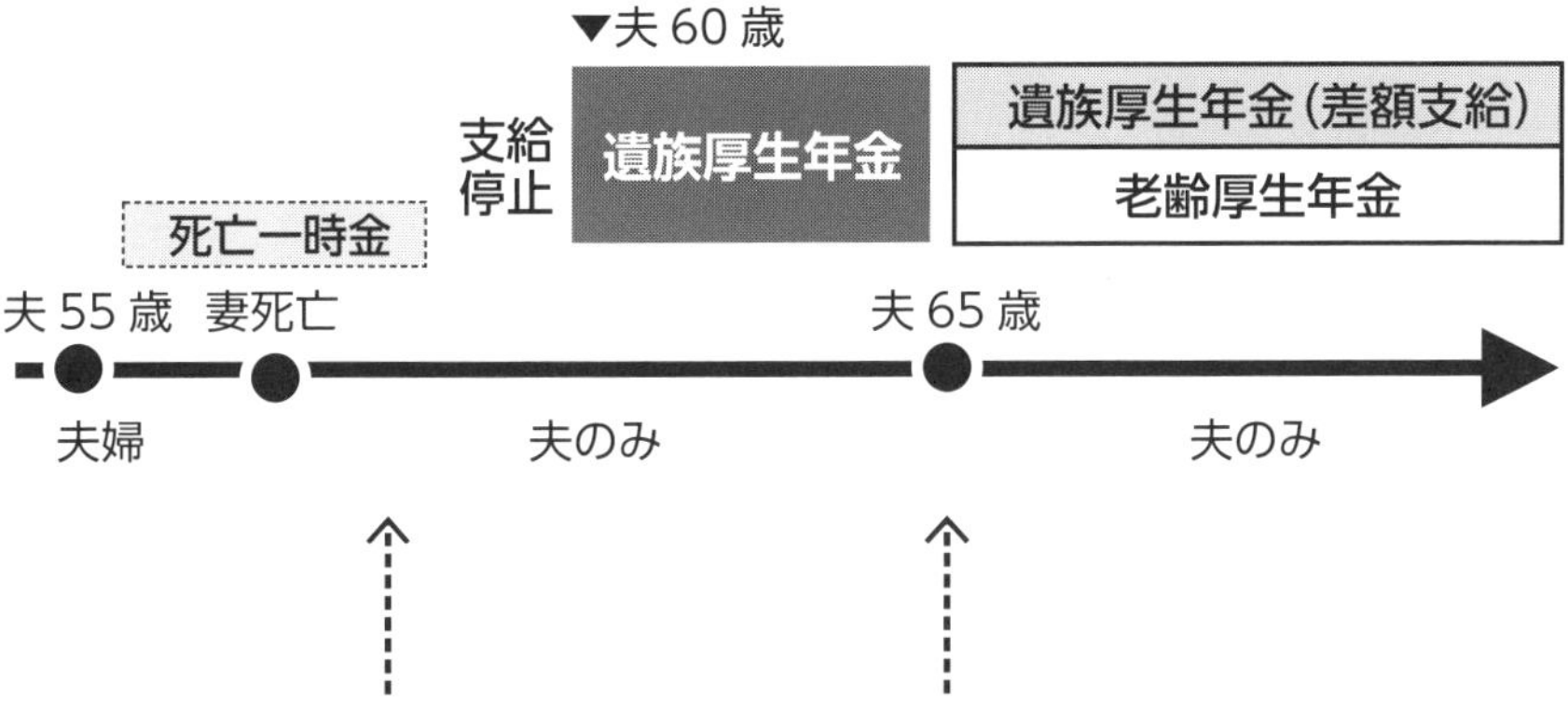

遺族厚生年金は夫60歳まで支給停止

夫は65歳になると自身の老齢基礎年金を受ける。厚生年金の加入期間があるときは老齢厚生年金も受ける。遺族厚生年金は老齢厚生年金額より多いときに、その差額が支給（第10章6、220ページ）

【遺族基礎年金】
子を養育しない世帯には、遺族基礎年金は支給されない

65歳前に他の年金を受ける権利があるときは、どれかひとつを選んで受けます（第10章2、212ページ）。

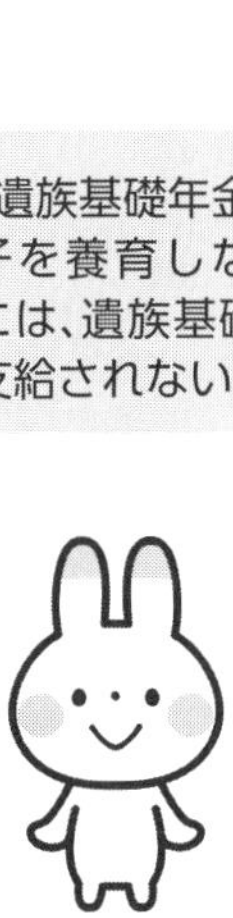

高齢期の世帯が受ける可能性のある遺族年金

高齢期世帯に支給される可能性があるのは、主に遺族厚生年金だけであることをご存じですか？

高齢期の世帯とは

高齢期の世帯とは、既に老齢年金（老齢基礎年金や老齢厚生年金）を受けている世帯です。年齢でいえば、65歳以上を想定しています。

子がいなければ遺族基礎年金は支給されない

高齢期の世帯について、子を養育していない世帯と考えれば遺族基礎年金は支給されませんので、遺族厚生年金が支給されるかがポイントになります。

なお、18歳年度末までの子（障害のある子は20歳）がいるときには、「子を養育する世帯」が参考になります。また、厚生年金に加入しているときなどは【タイプ3】や【タイプ10】が参考になります。

寡婦年金は受けられない

寡婦年金は65歳以上の妻には支給されません。また、65歳未満であっても老齢基礎年金の繰上げ（第5章Ⅰ・2、105ページ）をしているときも支給されません。

夫が既に老齢基礎年金を受けているときも、寡婦年金は支給されません。繰下げを目的に老齢基礎年金を受けていなかったときは、受けられる可能性があります。

死亡一時金は受けられない

老齢基礎年金を受けていた夫が亡くなったときは、死亡一時金は支給されません（第5章Ⅱ・1）。「老齢基礎年金または障害基礎年金の支給を受けたことがある夫の死亡ではないこと」の要件があるからです。

親が受ける遺族年金の額

子世代からみたとき、親が既に老齢年金を受けているのであれば、親が将来に受ける遺族年金の有無や金額は、ある程度確定しています（第9章Ⅲ・5）。

高齢期の世帯とは

夫婦ともに65歳以上で
老齢年金を受給中で子はない

70歳未満で厚生年金に加入中であれば、「子を養育しない世帯」も参考になります

高齢期の世帯が受ける可能性のある遺族給付

高齢期の遺族年金は遺族厚生年金を受けられるかがポイントになります。

このようなことがありました

一人で暮らしていたMさんの母親が施設に入ることになりました。そのときMさんは初めて母親が受けている遺族年金額を知ります。何とか施設代金は賄えるだろうと思っていたところ、想像以上に少ないことに驚きました。施設入居費用などMさんがいくらか援助することになりましたが、もっと早く知り準備をしておくべきだったとおっしゃっていました。
両親が65歳以上であり、働いていないのであれば、将来いずれかの親が亡くなったときに、遺族年金が受けられるのか、受けられるとしたら年金額はどのくらいになるのかは、ほぼ確定しています。年金事務所で年金額の確認ができます。また、老齢厚生年金にかかる通知書から、おおまかに把握することができます（第9章Ⅲ・5）。

タイプ13 老齢基礎年金を受けている夫が亡くなったとき

老齢基礎年金のみを受けている夫が亡くなり妻が遺されたときは、遺族年金が支給されないことをご存じですか?

遺族基礎年金は支給されない

子を養育しない世帯であれば、遺族基礎年金は支給されません。

遺族厚生年金は支給されない

夫に厚生年金の加入期間がなく、老齢基礎年金のみを受けているのであれば、夫が亡くなったとき、遺族厚生年金は支給されません。

寡婦年金と死亡一時金は支給されない

夫が既に老齢基礎年金を受けているのであれば、寡婦年金と死亡一時金は支給されません。

老齢基礎年金を受けている夫が亡くなったとき

つまり、老齢基礎年金のみを受けている夫が亡くなったとき、遺された妻に支給される遺族年金はありません。

70歳までなら厚生年金に加入ができる

かなり限定されますが、70歳までであれば、厚生年金に加入することができます。

夫が厚生年金に加入することにより、遺族厚生年金が支給される可能性が出てきますが、そもそも保険料納付要件などを満たさないときもあります（第4章Ⅰ・2）。また、妻が他の年金を受けることによる支給停止も考える必要もあり（第10章4）、個別の確認が必要です。

70歳を過ぎると

70歳を過ぎると、年金に加入する機会はなくなるので、将来に支給される可能性のある遺族年金の種類は、ほぼ決まります。自ら変えることはできません。

つまり、厚生年金の加入期間がなくて老齢基礎年金のみを受けている70歳以上の夫が亡くなったときには、遺族年金は支給されないことが確定していることになるので、このような現状を知った上で、将来のことを考える必要があるといえます。

高齢期の世帯

タイプ13 老齢基礎年金を受けている夫が亡くなったとき

支給される遺族年金や一時金はない

妻が受ける年金に変化はない

妻

老齢厚生年金
＋
老齢基礎年金

夫死亡

夫婦 → 妻のみ

【遺族基礎年金】
子を養育しない世帯には、遺族基礎年金は支給されない

【遺族厚生年金】
亡くなった夫に厚生年金の加入期間がなければ、遺族厚生年金は支給されない

【死亡一時金】
夫が既に老齢基礎年金を受けているので、死亡一時金は支給されない

【寡婦年金】
夫が既に老齢基礎年金を受けているときは、寡婦年金は支給されない

70歳までの人であれば、厚生年金に加入することにより遺族厚生年金の支給の可能性が残りますが、保険料納付要件や遺族が受ける他の年金の影響により支給されないこともあるので、年金事務所での確認が必要です。

タイプ14 老齢厚生年金を受けている夫が亡くなったとき

老齢基礎年金と老齢厚生年金を受けている夫が亡くなり、妻が遺されたときの遺族年金をご存じですか?

遺族基礎年金は支給されない

子を養育しない世帯であれば遺族基礎年金は支給されません。

寡婦年金と死亡一時金は支給されない

夫が既に老齢基礎年金を受けているのであれば、寡婦年金と死亡一時金は支給されません。

夫が老齢厚生年金を受けていたとき

夫に厚生年金の加入期間があれば、夫は65歳から老齢厚生年金と老齢基礎年金を受けているはずです（第10章5）。その夫が亡くなったときには、遺された妻に遺族厚生年金が支給される可能性があります。

注意しなければならないのは、老齢厚生年金を受けているからといって、必ず遺族厚生年金が支給されるとは限らないという点です。老齢厚生年金は年金加入期間が10年以上あれば受けられますが、遺族厚生年金は25年以上必要です（第4章Ⅰ・5）。ただし、加入期間には「合算対象期間」という、保険料を納めていない期間なども含まれます。年金事務所での確認が必要です。

遺族厚生年金の年金額

遺族厚生年金の額は、夫が受けていた老齢厚生年金の4分の3です。老齢基礎年金は対象ではなく、計算の基になるのは、老齢厚生年金の「報酬比例部分」というところだけです（第4章Ⅱ・1）。

夫の厚生年金の加入期間が20年以上のときには、人によっては経過的寡婦加算が加算されます（第4章Ⅱ・4）。

妻が老齢厚生年金を受けるとき

妻が老齢厚生年金を受けているときには、自身の老齢基礎年金と老齢厚生年金を受けた上で、自身の老齢厚生年金より遺族厚生年金額が多ければ差額が遺族厚生年金として支給されます（第10章6）。

高齢期の世帯 タイプ14

老齢厚生年金を受けている夫が亡くなったとき

支給される可能性のある
年金と一時金

遺族厚生年金
(第4章Ⅰ・1、72ページ～)
・年金額は夫の年金加入状況によって異なる(第4章Ⅱ・1、88ページ)

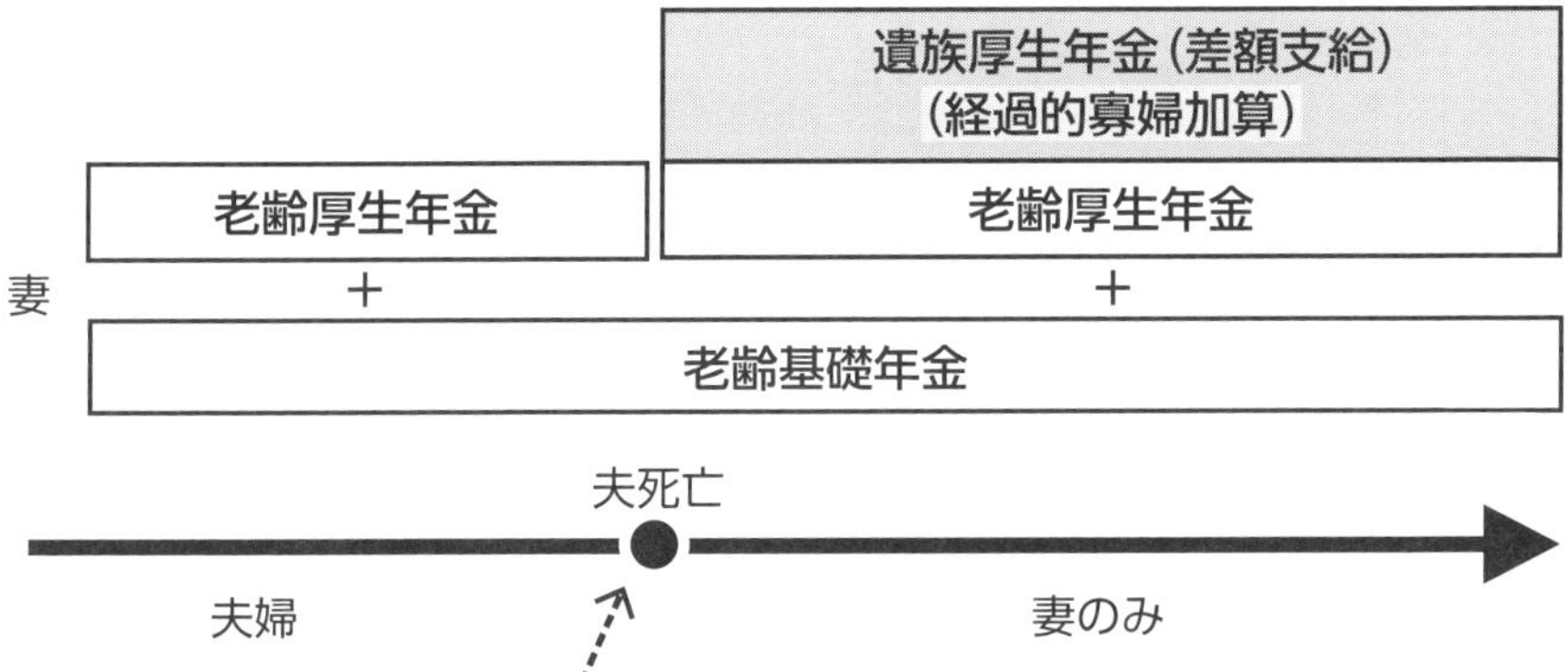

一定の要件を満たした夫が亡くなったとき、65歳以上の妻には、生年月日によっては、遺族厚生年金に経過的寡婦加算が加算(第4章Ⅱ・4、94ページ)される

65歳以上の妻は自身の老齢基礎年金を受ける。厚生年金の加入期間があるときは老齢厚生年金も受ける。遺族厚生年金は老齢厚生年金額より多いときに、その差額が支給される(第10章6、220ページ)

【遺族基礎年金】
【寡婦年金】
【死亡一時金】
支給されない。理由はタイプ13と同じ

高齢期の遺族厚生年金は、長期要件に当てはまることがほとんどです(第4章Ⅰ・1、72ページ)。長期要件の遺族厚生年金は、実際に加入した厚生年金の加入期間や報酬を基に年金額が計算されるので、人によって、大きな差があります(第4章Ⅱ・1、88ページ)。

タイプ15 老齢基礎年金を受けている妻が亡くなったとき

老齢基礎年金のみを受けている妻が亡くなったときは、遺族年金が支給されないことをご存じですか？

遺族基礎年金は支給されない

子を養育しない世帯であれば遺族基礎年金は支給されません。

遺族厚生年金は支給されない

妻が老齢基礎年金のみを受けているのであれば、妻が亡くなったとき、遺族厚生年金は支給されません。

寡婦年金と死亡一時金は支給されない

寡婦年金は夫には支給されません。妻が既に老齢基礎年金を受けているときは死亡一時金も支給されません。

老齢基礎年金を受けている妻が亡くなったとき

つまり、老齢基礎年金のみを受けている妻が亡くなったときに支給される遺族年金はありません。夫は老齢基礎年金と老齢厚生年金を受け続けます（第10章5）。

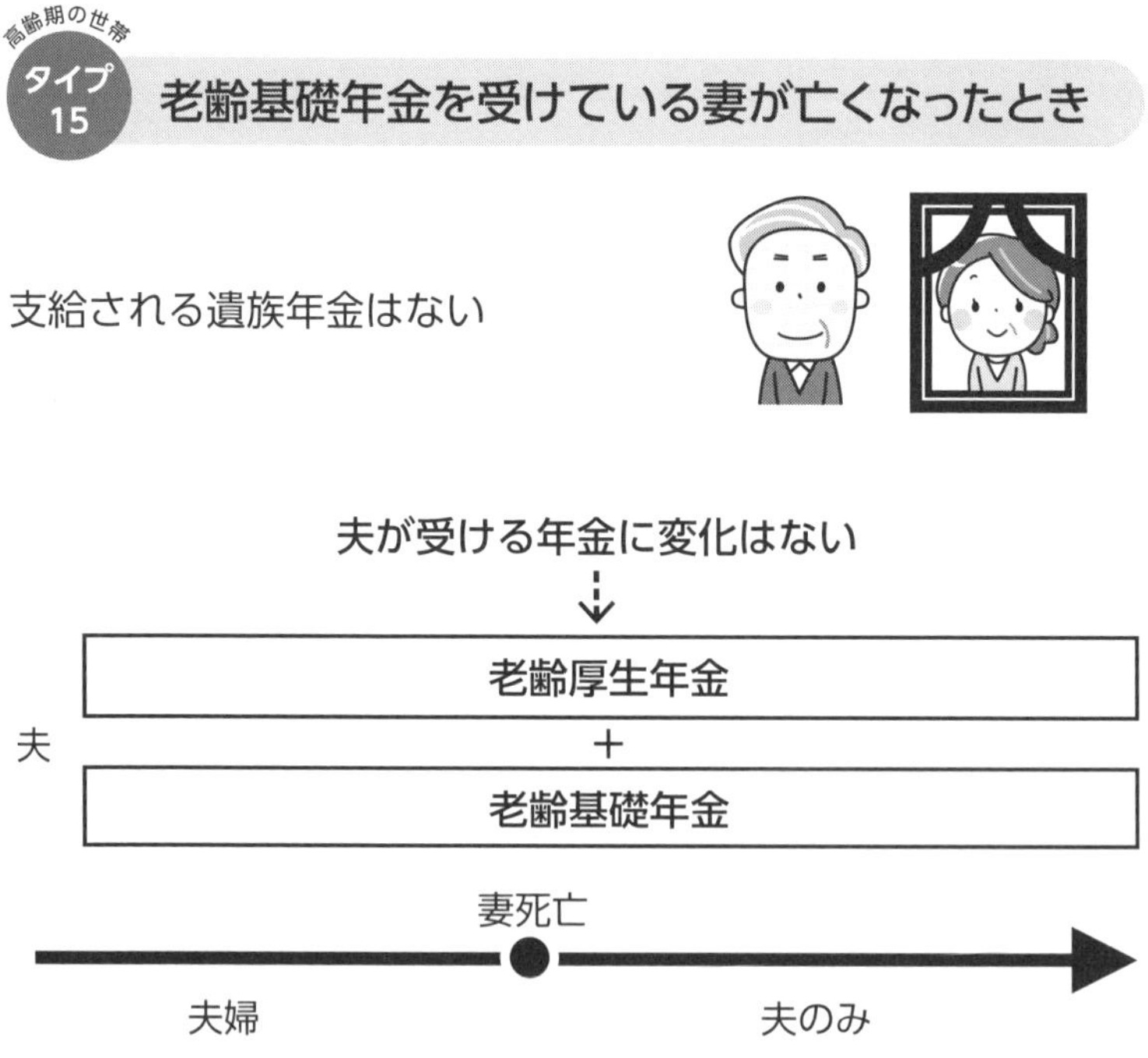

タイプ16 老齢厚生年金を受けている妻が亡くなったとき

老齢基礎年金と老齢厚生年金を受けている妻が亡くなり、夫が遺されたときの遺族年金をご存じですか？

遺族基礎年金は支給されない

子を養育しない世帯であれば遺族基礎年金は支給されません。

寡婦年金と死亡一時金は支給されない

寡婦年金は夫には支給されません。妻が既に老齢基礎年金を受けているときは死亡一時金も支給されません。

亡くなった妻が老齢厚生年金を受けていたとき

妻に厚生年金の加入期間があれば、65歳から老齢基礎年金と老齢厚生年金を受けているはずです。その妻が亡くなったときには、遺された夫は遺族厚生年金を受けられる可能性があります。

ただし、妻が老齢厚生年金を受けているからといって、必ず遺族厚生年金が支給されるとは限りません。老齢厚生年金は年金加入期間が10年以上あれば受けられますが、遺族厚生年金は25年以上必要だからです（第4章Ⅰ・5）。

夫が老齢厚生年金を受けているとき

高齢期の世帯では、夫も既に自身の老齢年金を受けていることが多いです。夫が老齢基礎年金のみを受けているのであれば、老齢基礎年金と遺族厚生年金を併せて受けることができます（第10章4）。

夫が老齢基礎年金と老齢厚生年金を受けているときには、自身の老齢厚生年金より遺族厚生年金額が多ければ、その差額が遺族厚生年金として支給されます（第10章6）。

一般的に、夫の厚生年金の加入期間が長く、妻の厚生年金期間が数年しかないというような夫婦のケースでは、夫の老齢厚生年金額が遺族厚生年金額を上回ります。その場合には、遺族厚生年金は全額支給停止になるので、実質支給されません。つまり、夫は今までどおりに自身の老齢基礎年金と老齢厚生年金を受け続けることになります。

高齢期の世帯
タイプ16

老齢厚生年金を受けている妻が亡くなったとき

支給される可能性のある年金と一時金

遺族厚生年金

(第4章Ⅰ・1、72ページ〜)

・亡くなった妻が老齢厚生年金を受けていたときは、要件に合えば、夫に遺族厚生年金が支給される(第4章Ⅰ・1、72ページ)
・年金額は亡くなった妻の年金加入状況によって異なる(第4章Ⅱ・1、88ページ)。ただし、夫の老齢厚生年金のほうが遺族厚生年金よりも多ければ、実質遺族厚生年金は支給されない

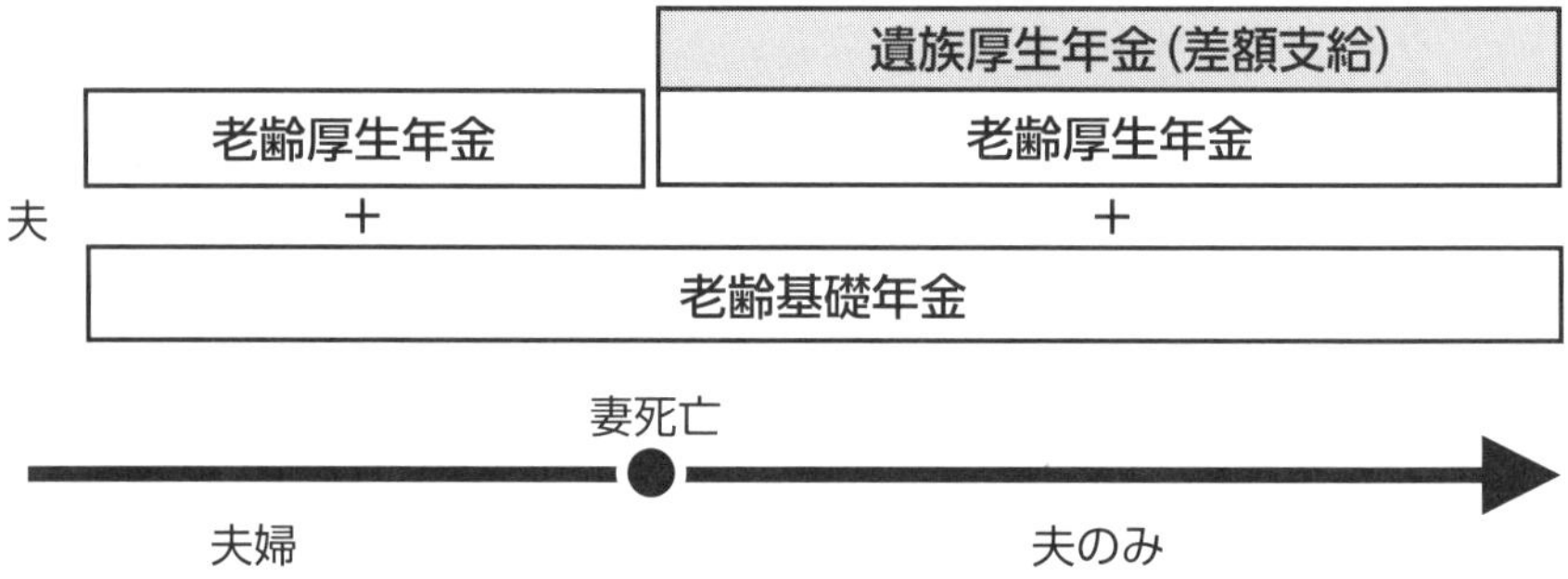

【遺族基礎年金】
子を養育しない世帯には、遺族基礎年金は支給されない

【寡婦年金】
夫には、寡婦年金は支給されない

【死亡一時金】
妻が既に老齢基礎年金を受けているので、死亡一時金は支給されない

夫が老齢基礎年金のみを受けているのであれば、老齢基礎年金と遺族厚生年金を併せて受けることができます。

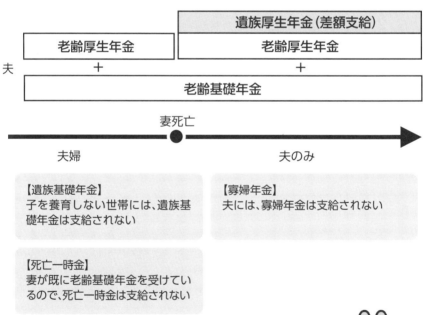

第３章

遺族基礎年金のしくみ

遺族基礎年金を受けることができるのは、
子を養育する世帯のみです。
亡くなった人の要件と、遺族の要件があります。
将来の生活を考える上で、年金額の把握も大切です。

第３章では、遺族基礎年金の要件と金額についてお伝えします。

1 遺族基礎年金の亡くなった人の四つの要件とは？

遺族基礎年金には、亡くなった人の要件と遺族の要件があることをご存じですか？

遺族基礎年金の要件

遺族基礎年金は、国民年金に加入している人が亡くなったときに、子のある配偶者または子に支給される年金です。亡くなった人の要件と遺族の要件があります。亡くなった人については、次の四つのうちのいずれかに該当している必要があります。

①国民年金加入中に亡くなったとき
②国民年金に加入していた60歳から65歳になるまでの人で、日本国内に住所がある人が亡くなったとき
③老齢基礎年金を受ける資格のある人が亡くなったとき
④老齢基礎年金を受けている人が亡くなったとき

①と②は、保険料納付要件を満たす必要があります（本章Ⅰ・2）。③と④は、保険料納付済期間と免除期間を合わせた期間（「受給資格期間」といいます。第4章Ⅰ・5）が25年以上の人に限られます。25年には「合算対象期間」という保険料を納めていない期間も含められ、短縮特例もあります（第4章Ⅰ・5、81ページ）。

国民年金に加入している人

国民年金に加入中の人（「国民年金の被保険者」といいます）が亡くなったときは、遺族基礎年金の対象です。国内在住の20歳以上60歳未満のすべての人が加入します。

国民年金に加入していた人

国内在住の60歳から65歳になるまでの人が亡くなったときも遺族基礎年金の対象です。また、老齢基礎年金は、国民年金に加入していた人が65歳になると支給される年金です（第10章5）。つまり、65歳以降の人が亡くなったときも遺族基礎年金の対象となります。

遺族基礎年金を受けるための２つの要件

亡くなった人の要件

＋

遺族の要件
(54ページ)

遺族基礎年金・亡くなった人の要件

4つのうち、いずれかに該当している人が亡くなったこと

要件①	要件②	要件③	要件④
国民年金に加入中	国民年金に加入していた60歳～65歳になるまでの人で日本国内在住	老齢基礎年金を受ける資格がある	老齢基礎年金を受けている
＋	＋	＋	＋
保険料納付要件を満たしている		保険料納付済期間と免除期間(合算対象期間含む)が合わせて25年以上ある ※短縮特例あり	
↓	↓	↓	↓

遺族基礎年金の要件を満たす

遺族基礎年金・亡くなった人の要件(タイムライン)

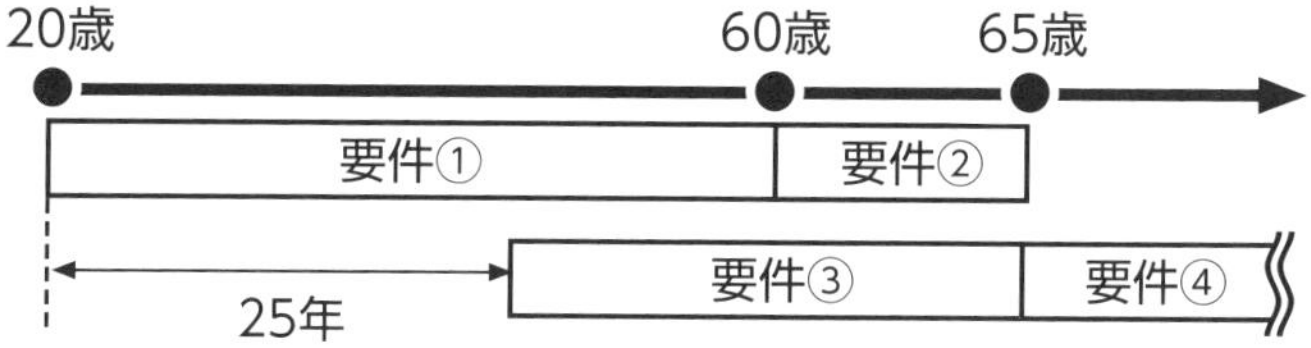

すべての年齢層が
遺族基礎年金の対象です。

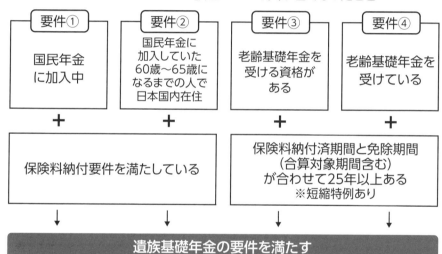

2 保険料納付要件が必要なときは？

保険料納付要件には2種類あり、いずれかを満たせばよいことをご存じですか？

二つの保険料納付要件

遺族基礎年金は保険料の未納が多い人には支給されません。保険料納付要件は未納がないかを確認するものです。次の二つのうちのいずれかを満たせばよいことになっています。

▼基本要件（3分の2要件）

基本要件は、国民年金に加入すべき時期（基本は20歳）から、亡くなった日の2カ月前の月までの国民年金の加入期間で判断されます。国民年金に加入すべき期間のうち、保険料の納付月と免除月が合わせて3分の2以上あれば保険料納付要件を満たします。

▼特例要件（直近1年要件）

特例要件は、亡くなった日の2カ月前の月までの1年間で判断されます。この直近の1年間に未納がなければ保険料納付要件を満たします。

例えば、令和5年9月に亡くなったときは、令和4年8月から令和5年7月（亡くなった日の2カ月前の月）までの1年間に未納がなければよいのです。

特例要件が適用されるのは、令和8年4月1日前に亡くなった65歳未満の人に限られます。

保険料納付日と免除申請日

保険料の納付や免除申請は、亡くなる日の前日までに行っている必要があります。例えば、亡くなる日に慌てて保険料を納めても、保険料納付要件を確認する上では納めたものとされません。

免除制度にはいくつかの種類があります（第9章Ⅰ・2）。申請免除には全額免除と一部免除があり、全額免除は亡くなる日の前日までに申請していればよいですが、一部免除は一部納付が必要であり、亡くなる日の前日までに納付をしている必要があります。

遺族基礎年金・２つの保険料納付要件

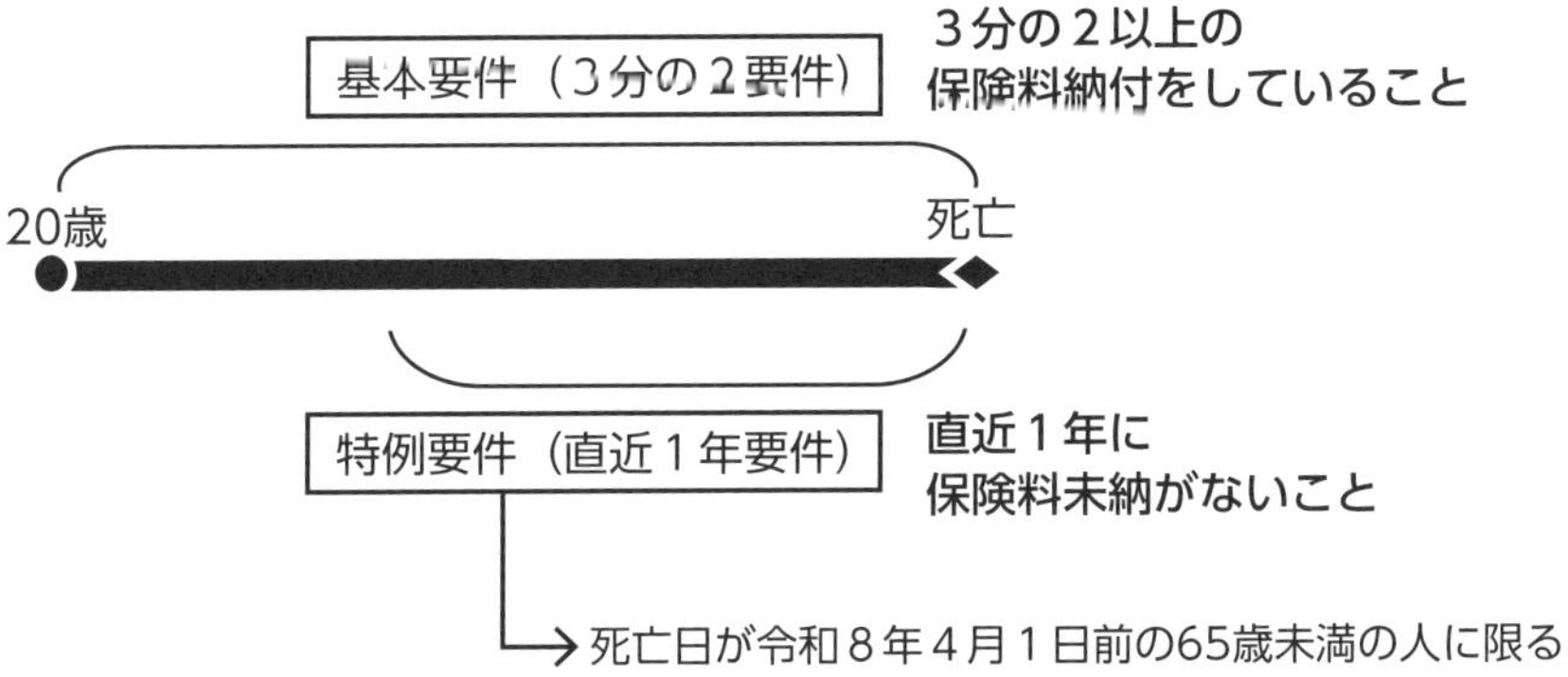

※保険料免除期間を含む
※20歳前に厚生年金の加入期間があるときはその期間も含めて３分の２以上

保険料の納付日と免除申請日のルール

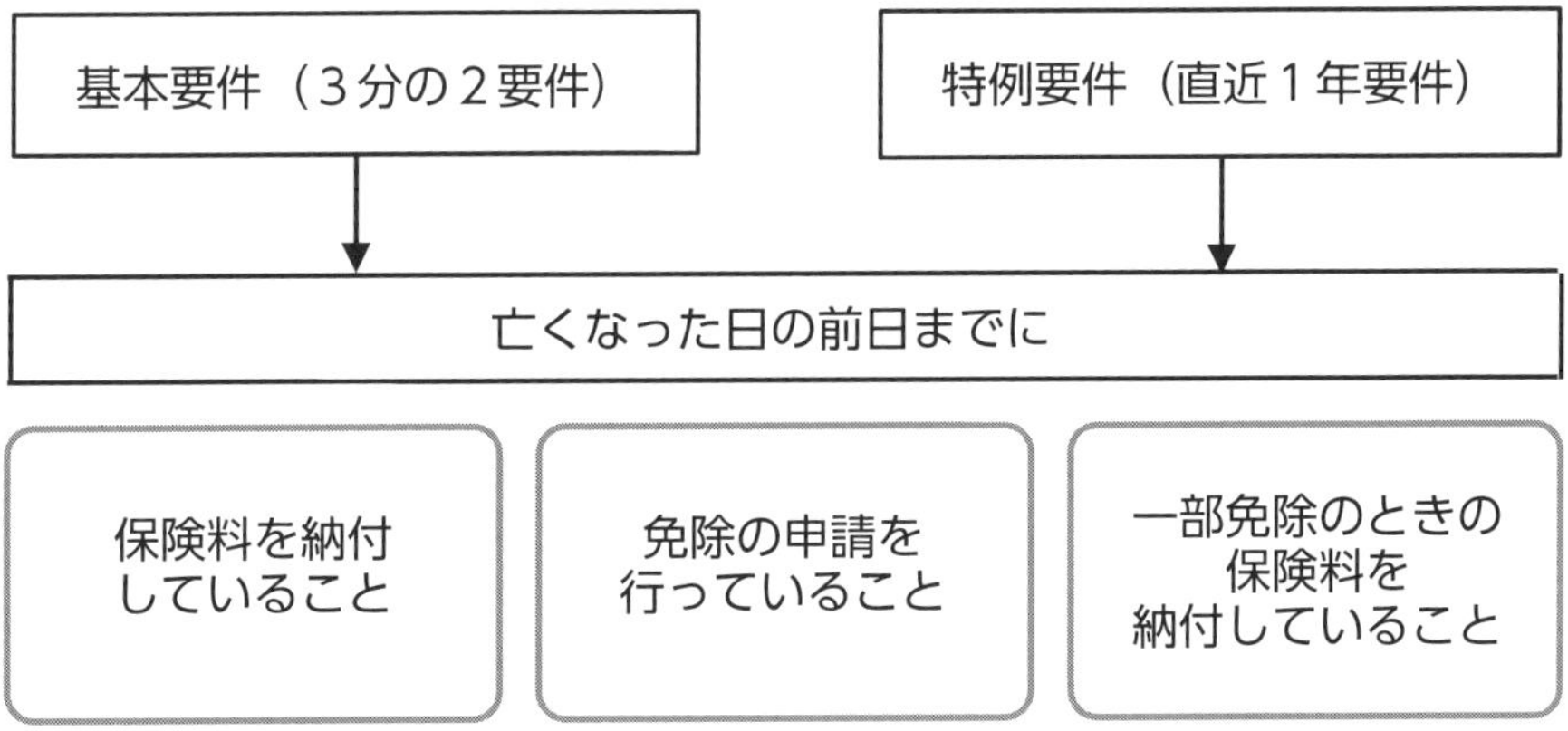

基本要件（3分の2要件）　　特例要件（直近1年要件）

亡くなった日の前日までに

保険料を納付
していること

免除の申請を
行っていること

一部免除のときの
保険料を
納付していること

亡くなった日以後に納付しても
保険料納付要件においては「未納」とされます。

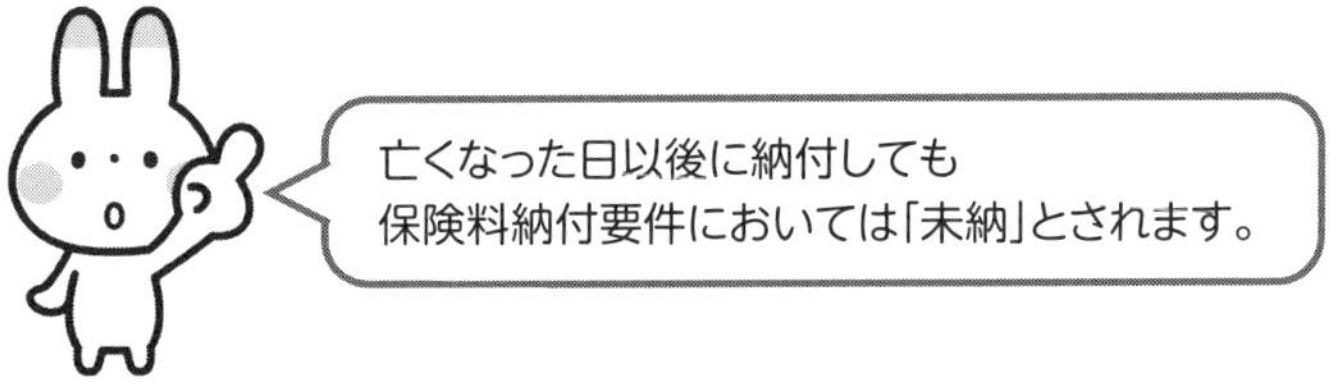

3 遺族基礎年金を受けられる遺族とは？

遺族基礎年金を受けられる遺族は、かなり限定されることをご存じですか？

遺族基礎年金を受けられる遺族

遺族基礎年金を受けられる遺族は、「子のある妻（母）」「子のある夫（父）」と「子」だけです。子のない妻、子のない夫、父母、孫、祖父母には支給されません。

妻または夫の要件

遺族となる妻または夫は「子と生計を同じくしていること」が要件です。ここでいう「子」は、亡くなった人の子をいいます。この点について、再婚のときなどに問題が生じることがあります。相手の連れ子などの事実上の子は、遺族基礎年金でいう「子」とは認められていません（第7章Ⅰ・2）。

生計を同じくする子の年齢等の要件は、後述する「子の要件」と同じで、生計維持要件もあります。

妻または夫については、婚姻の届出をしていない事実上婚姻関係を含みます。

子の要件

18歳年度末までの子、もしくは障害のある20歳までの子が対象になります。ただし、一定年齢に到達していなくても、現に婚姻をしているときは遺族基礎年金を受けられる遺族になりません。

妻または夫、子の共通の要件

遺族基礎年金には生計維持要件もあり、亡くなった人と遺族が、亡くなった当時に生計維持関係にあったことが必要とされます。生計維持要件には、生計同一要件と収入要件があります（第6章）。

妻が妊娠していたとき

夫が亡くなったときに子がいない妻には遺族基礎年金は支給されませんが、夫が亡くなったときに妻が妊娠していて、その子が生まれたときは、生まれた時点で遺族基礎年金の遺族の要件を満たすことになります。

遺族基礎年金・遺族の要件

妻 (母) の要件
夫 (父)

子と生計を同じく
していること

 子の要件

18歳到達後の
3月31日までにある子、
もしくは
20歳未満の1級
または2級の障害の子で、
婚姻していない子

+ +

亡くなった人と生計維持関係にあったこと

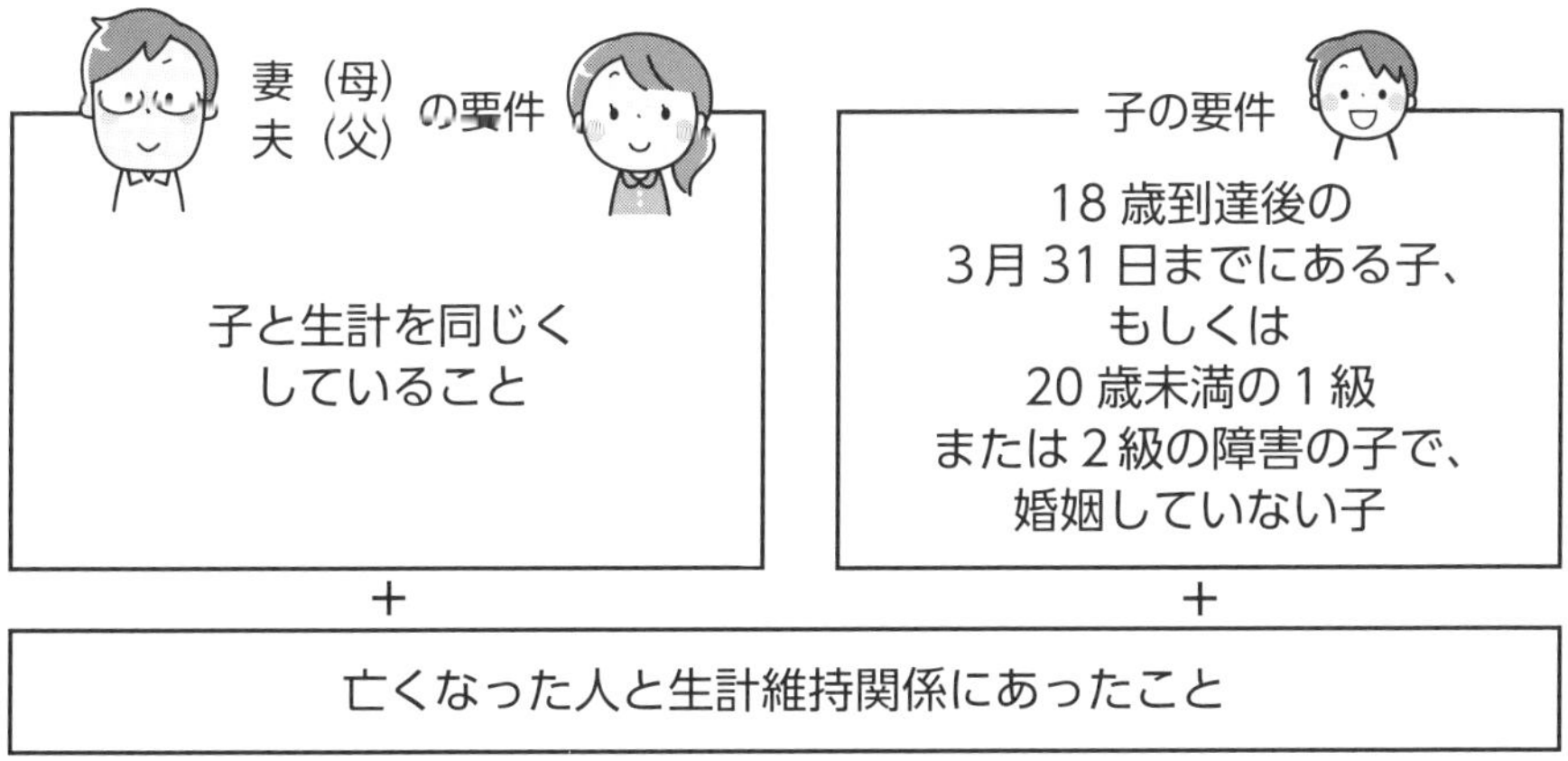

遺族基礎年金を実際に受けることのできる遺族

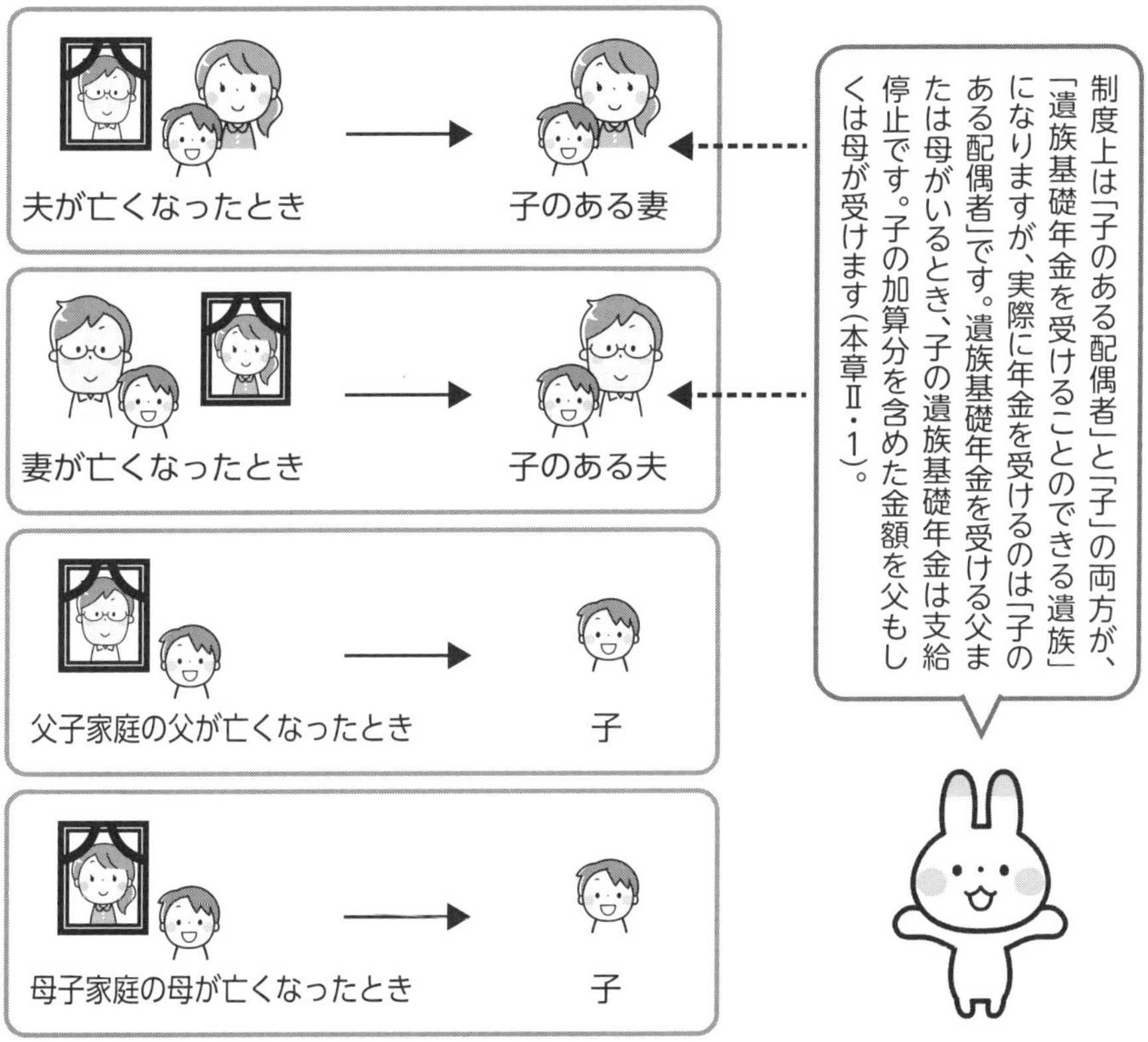

父子家庭の父が亡くなったとき → 子

母子家庭の母が亡くなったとき → 子

制度上は「子のある配偶者」と「子」の両方が、「遺族基礎年金を受けることのできる遺族」になりますが、実際に年金を受けるのは「子のある配偶者」です。遺族基礎年金を受ける父または母がいるとき、子の遺族基礎年金は支給停止です。子の加算分を含めた金額を父もしくは母が受けます（本章Ⅱ・1）。

4 遺族基礎年金の要件をチャートで確認

遺族基礎年金の要件①（亡くなった人の要件）

スタート

下の①～④のいずれかに当てはまりますか？

① 国民年金加入中に亡くなったとき → 保険料納付要件を満たす → 当てはまる → 遺族基礎年金が支給される（対象となる遺族がいるとき）

② 国民年金に加入していた60歳以上65歳未満の国内在住の人が亡くなったとき → 保険料納付要件を満たす → 当てはまる → 遺族基礎年金が支給される（対象となる遺族がいるとき）

③ 老齢基礎年金を受ける資格のある人が亡くなったとき → 保険料納付済期間と免除期間（合算対象期間を含む）が25年以上 ※短縮特例（81ページ）あり → 当てはまる → 遺族基礎年金が支給される（対象となる遺族がいるとき）

④ 老齢基礎年金を受けている人が亡くなったとき → 保険料納付済期間と免除期間（合算対象期間を含む）が25年以上 ※短縮特例（81ページ）あり → 当てはまる → 遺族基礎年金が支給される（対象となる遺族がいるとき）

①～④のいずれにも当てはまらない → **遺族基礎年金は支給されない**

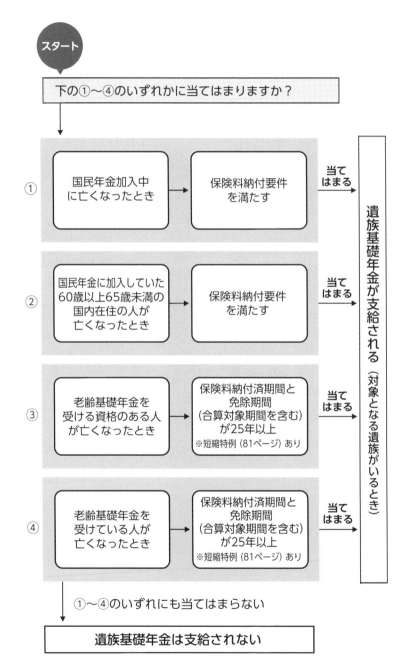

遺族基礎年金の要件②（遺族の要件）

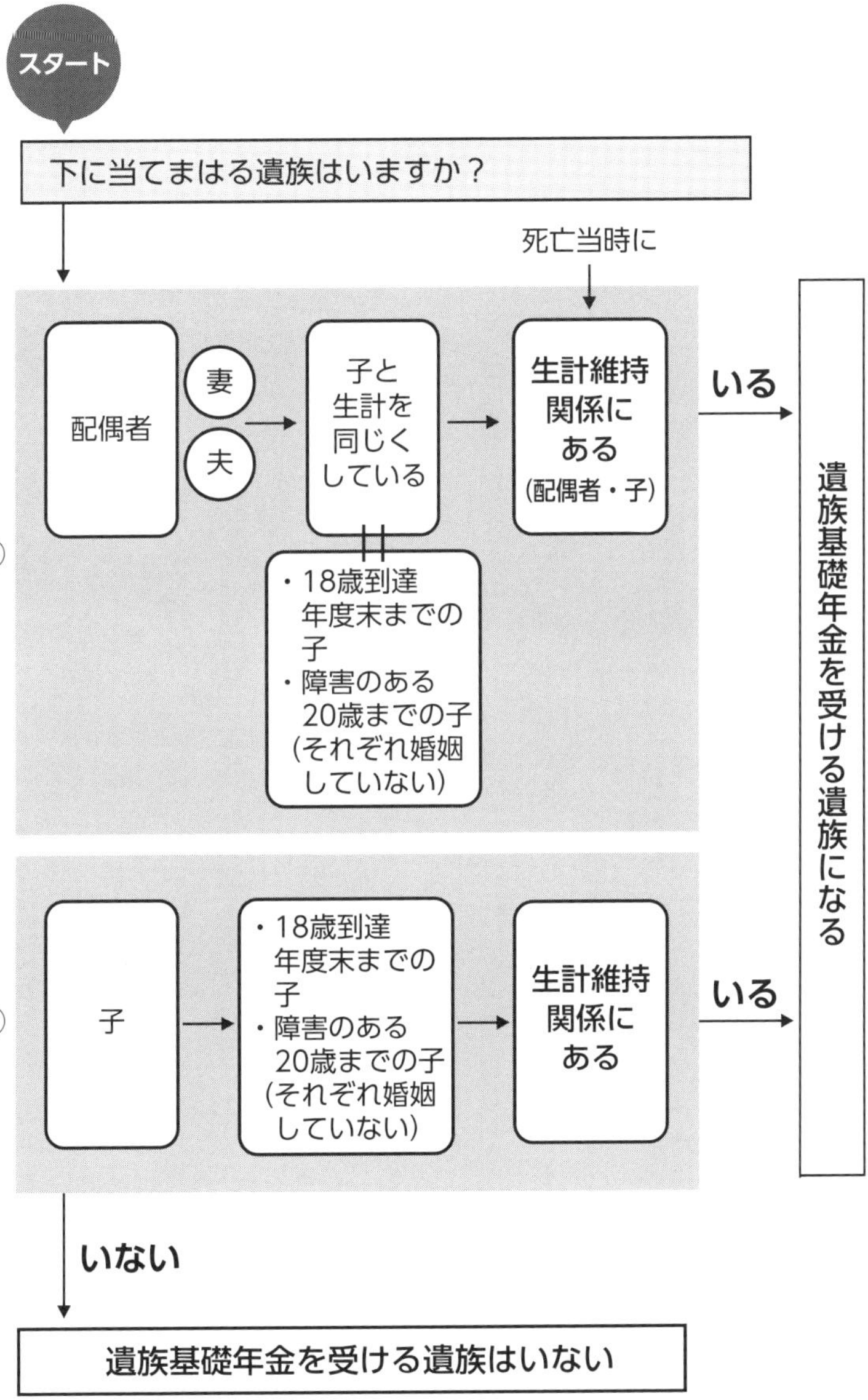
スタート
下に当てまはる遺族はいますか？
死亡当時に
①
配偶者
妻
夫
子と
生計を
同じく
している
・18歳到達
年度末までの
子
・障害のある
20歳までの子
(それぞれ婚姻
していない)
生計維持
関係に
ある
(配偶者・子)
いる
②
子
・18歳到達
年度末までの
子
・障害のある
20歳までの子
(それぞれ婚姻
していない)
生計維持
関係に
ある
いる
遺族基礎年金を受ける遺族になる
いない
遺族基礎年金を受ける遺族はいない

Ⅱ 配偶者が受ける遺族基礎年金の額

1 配偶者の遺族基礎年金の額は？

配偶者が受ける遺族基礎年金の額は、子の人数によって異なることをご存じですか？

実際に遺族基礎年金を受けるのは配偶者

遺族基礎年金の手続きをすると、年金を受ける権利がある人のところに「年金証書（国民年金・厚生年金保険年金証書）」が送られてきます。配偶者（妻または夫）と子の両方が権利を有するときは、それぞれのところに年金証書が届きます。ただし、配偶者（妻または夫）と子の両方が遺族基礎年金を実際に受けられるわけではなく、子の年金は全額支給停止となり支給されません。つまり、配偶者（妻または夫）が遺族基礎年金を受けることになります（本章Ⅰ・3、55ページ）。

配偶者が受ける遺族基礎年金の額

配偶者（子のある妻、子のある夫）が受ける遺族基礎年金の額は、「基本年金額＋子の人数に応じた加算額」です。

基本年金額（年額）は、約78万円です。子の加算額は、一人目と二人目の子はそれぞれ約22万円、三人目以降は約7万円です。つまり、子が一人なら合計で約１００万円となり、月当たり約8万円です。子が二人なら合計で約１２２万円となり、月当たり約10万円です。物価等の影響により毎年変動するので、おおよその金額を把握していれば問題ありません。

このように、遺族基礎年金は定額の年金額です。亡くなった人の国民年金の加入期間を基に計算されるのではなく、子の人数に応じた金額となっています。

遺族年金生活者支援給付金

遺族基礎年金を受けるときには「遺族年金生活者支援給付金」を併せて受けられます。所得による制限がありますが、月額約５０００円が支給されるので忘れずに請求手続きをする必要があります。窓口は年金事務所です。

遺族基礎年金の額（配偶者が受けるとき）

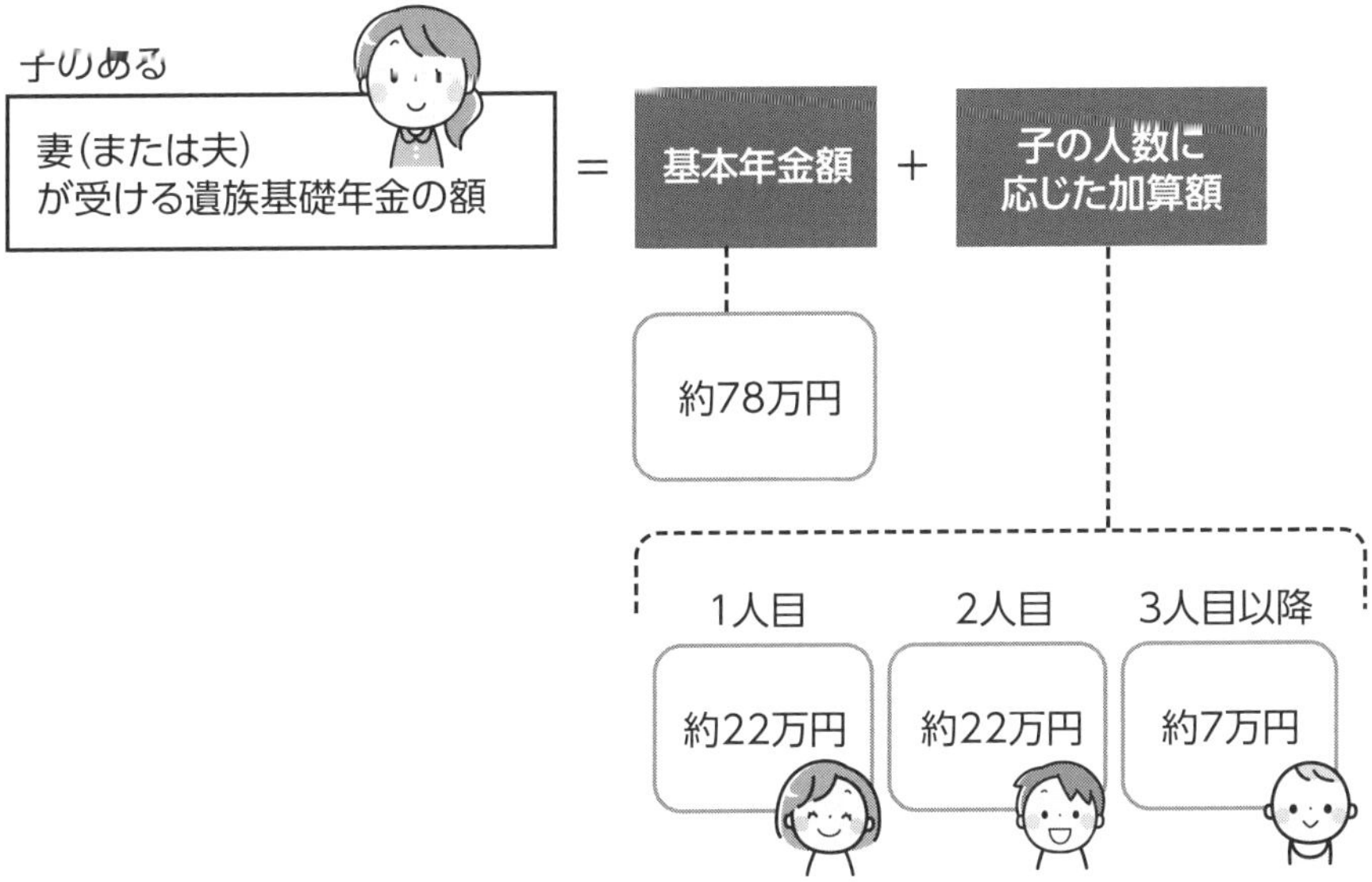

遺族基礎年金の具体的な金額（配偶者が受けるとき）

	基本年金額	子の加算額	合計
子3人と妻（または夫）	約78万円	約52万円	約130万円（月約10.8万円）
子2人と妻（または夫）	約78万円	約44万円	約122万円（月約10.2万円）
子1人と妻（または夫）	約78万円	約22万円	約100万円（月約8.3万円）

※３人目以降の子がいるときは、１人につき、約７万円／年が加算されます。
※年金額は毎年変動するため、概算で記載しています。
実際の年金額は日本年金機構のホームページや、年金事務所でご確認ください。

2 配偶者の遺族基礎年金の額が変わるときは?

配偶者が受ける遺族基礎年金の額が変更になることがあるのをご存じですか?

配偶者の遺族基礎年金の額が減額されるとき

妻（または夫）が遺族基礎年金を受けるためには、少なくとも、加算の対象となる子が一人以上いるのが要件です。

加算の対象となる子が二人以上いるとき、一人を除いた子が遺族基礎年金の対象である「子」でなくなったときは、加算額が変わるため、年金額が減額されます。

遺族基礎年金の対象の子でなくなるとき

遺族基礎年金の年金額が減る主な事由は、子が一定の年齢に達したときです。基本的には18歳年度末を迎えたときであり、障害のある子については20歳に達したときです。

加算の対象となる子が配偶者以外の人の養子となったときも、遺族基礎年金の加算対象である「子」でなくなるため、子の加算分が減額になります。その他の減額事由は、次ページ上表のとおりです。

遺族基礎年金の額が増えるとき

遺族基礎年金の額が増えるのは、子のある妻が遺族基礎年金を受けるようになったとき（夫が亡くなったとき）にお腹の中にいた子が生まれたときだけです。加算の対象となる子の人数が増えるため、年金額が増えます。年金額が改定されるのは子が生まれた月の翌月からです。

なお、生まれた子が一人目の子であるときには、生まれた時点で「子のある妻」に該当することになり、遺族基礎年金を受ける権利を新たに得ます。子が生まれた翌月から遺族基礎年金が支給されます。

子が
18歳年度末を
迎えるたびに
年金額が
減ります。

配偶者の遺族基礎年金が減額されるとき

加算対象となっている子が下の状態になったとき

1 一定年齢に達したとき

- ▶18歳到達年度の末日が終了したとき
- ▶障害等級1級または2級に該当する子が、20歳に達したとき
- ▶障害等級1級または2級に該当する子が、18歳到達年度の末日以降に障害等級に該当しなくなったとき

2 遺族基礎年金を受給する母(妻)または父(夫)と生計を同じくしなくなったとき

3 配偶者以外の養子となったとき(事実上の養子と同様の事情にある者も含む)

4 離縁によって、亡くなった父または母の子でなくなったとき

5 亡くなったとき

6 婚姻をしたとき(事実婚を含む)

配偶者の遺族基礎年金額の減額の推移

妻(母)	30歳	40歳	43歳	47歳
第1子	8歳	18歳	21歳	25歳
第2子	5歳	15歳	18歳	22歳
第3子	1歳	11歳	14歳	18歳
	夫死亡 →	上の子が18歳年度末 →	中の子が18歳年度末 →	下の子が18歳年度末
遺族基礎年金	約130万円 →	約122万円 →	約100万円 →	なし

妻(母)が受給

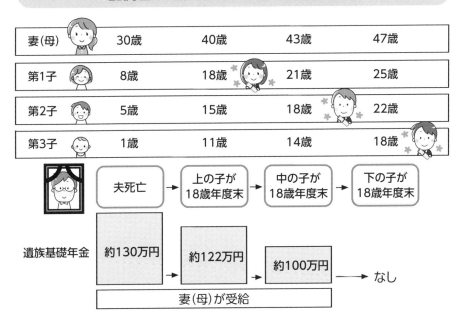

3 配偶者の遺族基礎年金がなくなるときは？

配偶者の遺族基礎年金は、いずれ受けられなくなることをご存じですか？

配偶者が遺族基礎年金を受けられなくなるとき

配偶者（妻または夫）の遺族基礎年金は、配偶者が一定の事由に該当すると、受ける権利を失います。

▼子のある配偶者でなくなったとき

加算の対象となる子の全員が、遺族基礎年金の加算額の減額改定事由のいずれかに該当するに至ったとき（本章Ⅱ・2）は、「子のある妻（または夫）」ではなくなるため、遺族基礎年金を受けられなくなります。一般的には、子が一定年齢に達したときに該当します。また、加算の対象となるすべての子が配偶者以外の養子となった場合なども該当します。

▼配偶者が婚姻したとき

遺された配偶者が再婚したときには、以後、遺族基礎年金は支給されません。事実婚も含みます。

▼配偶者が養子となったとき

配偶者が養子になったときも、遺族基礎年金を受ける権利を失います。ただし、直系血族、または直系姻族の養子となったときを除きます。例えば、夫が亡くなり遺族基礎年金を受けている妻が、直系血族である自分の祖父や亡くなった夫の父の養子になったとしても、遺族基礎年金を受ける権利に影響はありません。

一方で、伯父・伯母は直系ではないので、その養子になったときは遺族基礎年金の権利は消滅します。届出をしていなくても、事実上養子縁組関係と同様にある場合を含むものとされています。

子の年金の支給停止が解除されるときがある

配偶者が遺族基礎年金の権利を失ったときに子がいれば、子が遺族基礎年金を受けられます。ただし、子の遺族基礎年金は、父もしくは母と生計を同じくしているときは支給停止になるので注意が必要です（本章Ⅲ・3）。

遺族基礎年金を受ける配偶者が婚姻したとき

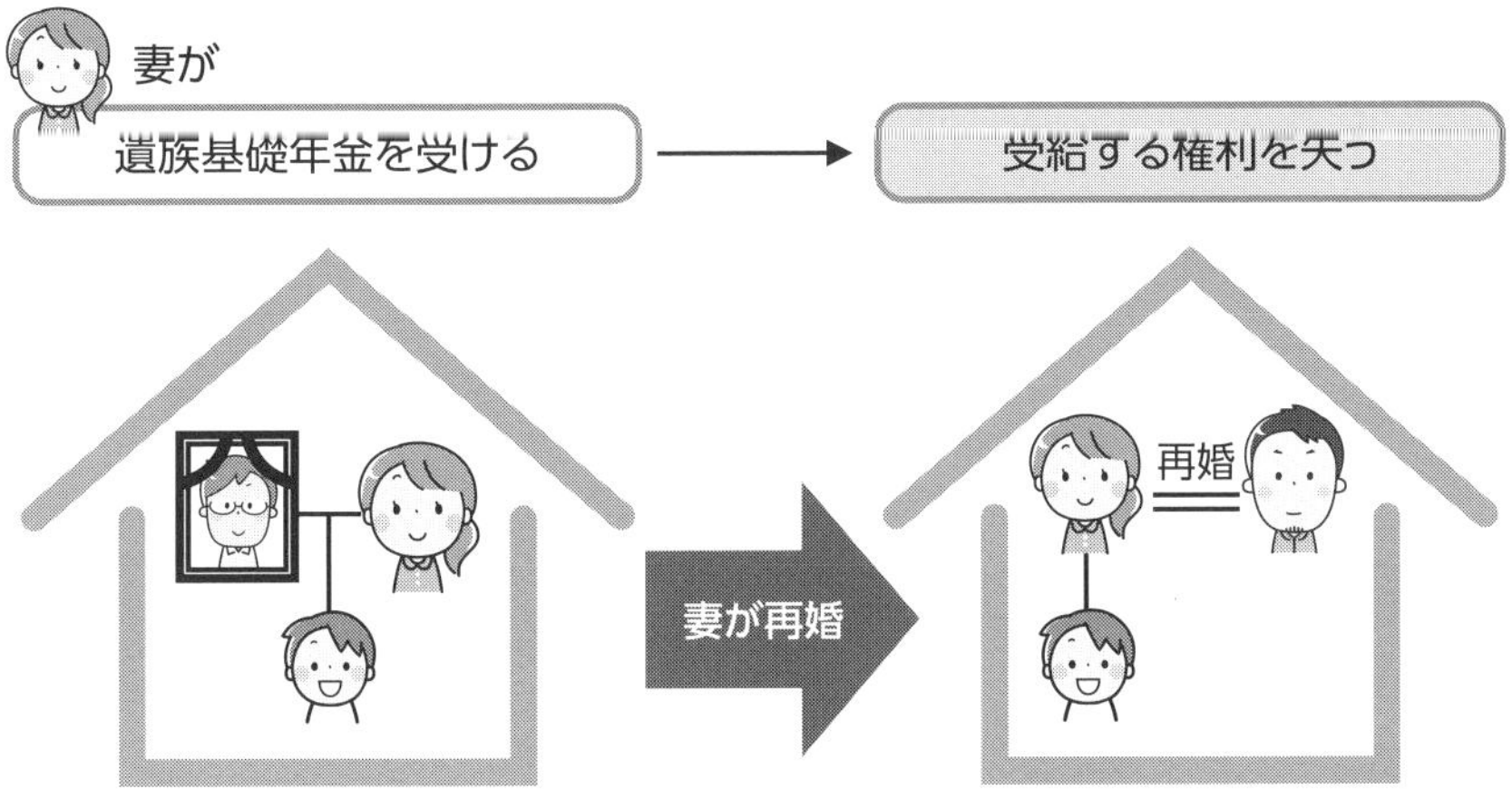

※妻が再婚したときに子が受ける
遺族基礎年金については
69ページの図を参照

遺族基礎年金を受ける配偶者が直系以外の養子になったとき

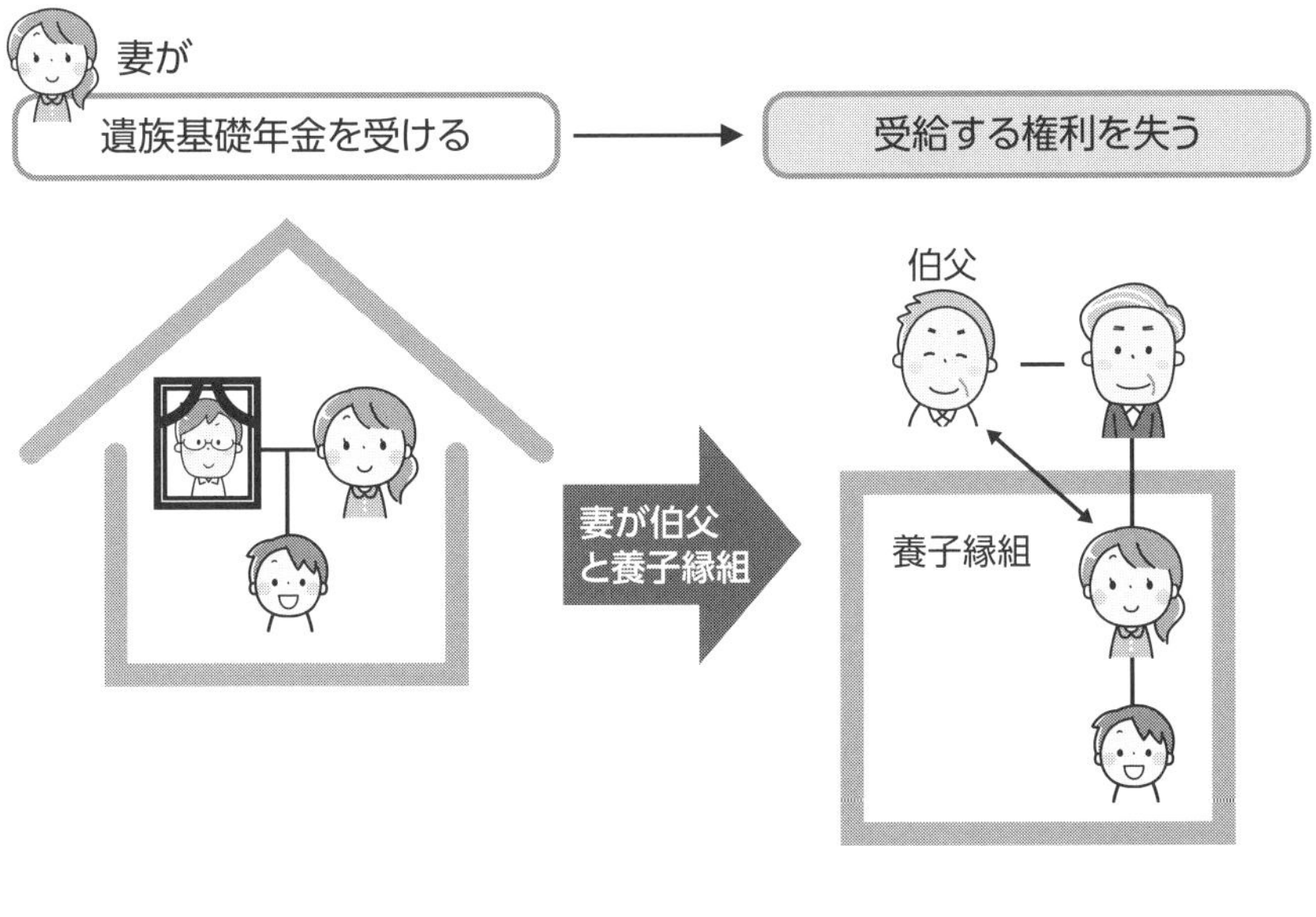

Ⅲ 子が受ける遺族基礎年金の額

1 子の遺族基礎年金の額は？

子に支給される遺族基礎年金の額は、子の人数によって異なることをご存じですか？

子が受ける遺族基礎年金の額

要件を満たした妻または夫がいないときは、子に遺族基礎年金が支給されます。金額は「基本年金額＋子の人数に応じた加算額」となります。

基本年金額（年額）は約78万円です。子の加算額は二人目の子は約22万円、三人目以降は約7万円です。つまり、遺された子が一人なら、加算はなく、基本年金額の約78万円が支給されます。月当たり約6万円です。子が二人なら、二人目の子が加算の対象となるので約100万円となり、月当たり約8万円です。

遺された子の人数が同じでも、配偶者の遺族基礎年金の額（本章Ⅱ・Ⅰ）とは金額が異なります。子が二人以上いるときは、年金額が按分されてそれぞれの子に支給されます。物価等の影響により毎年変動するので、おおよその金額を把握していれば問題ありません。

子の遺族基礎年金が支給されないとき

子に遺族基礎年金を受ける権利があっても、父もしくは母と生計を同じくしているときは、その全額が支給停止されます（本章Ⅲ・3）。

例えば、両親が離婚後に別居中の父が亡くなり、子が遺族基礎年金の権利を得ても、子が母と同居しているのであれば「母と生計を同じくしている」ことを理由に遺族基礎年金は支給停止となり、支給されません。

遺族年金生活者支援給付金

遺族基礎年金を受けるときには「遺族年金生活者支援給付金」を併せて受けられます。所得による制限がありますが、月額約5000円が支給されるので忘れずに請求手続きをする必要があります。窓口は年金事務所です。

遺族基礎年金の額（子が受けるとき）

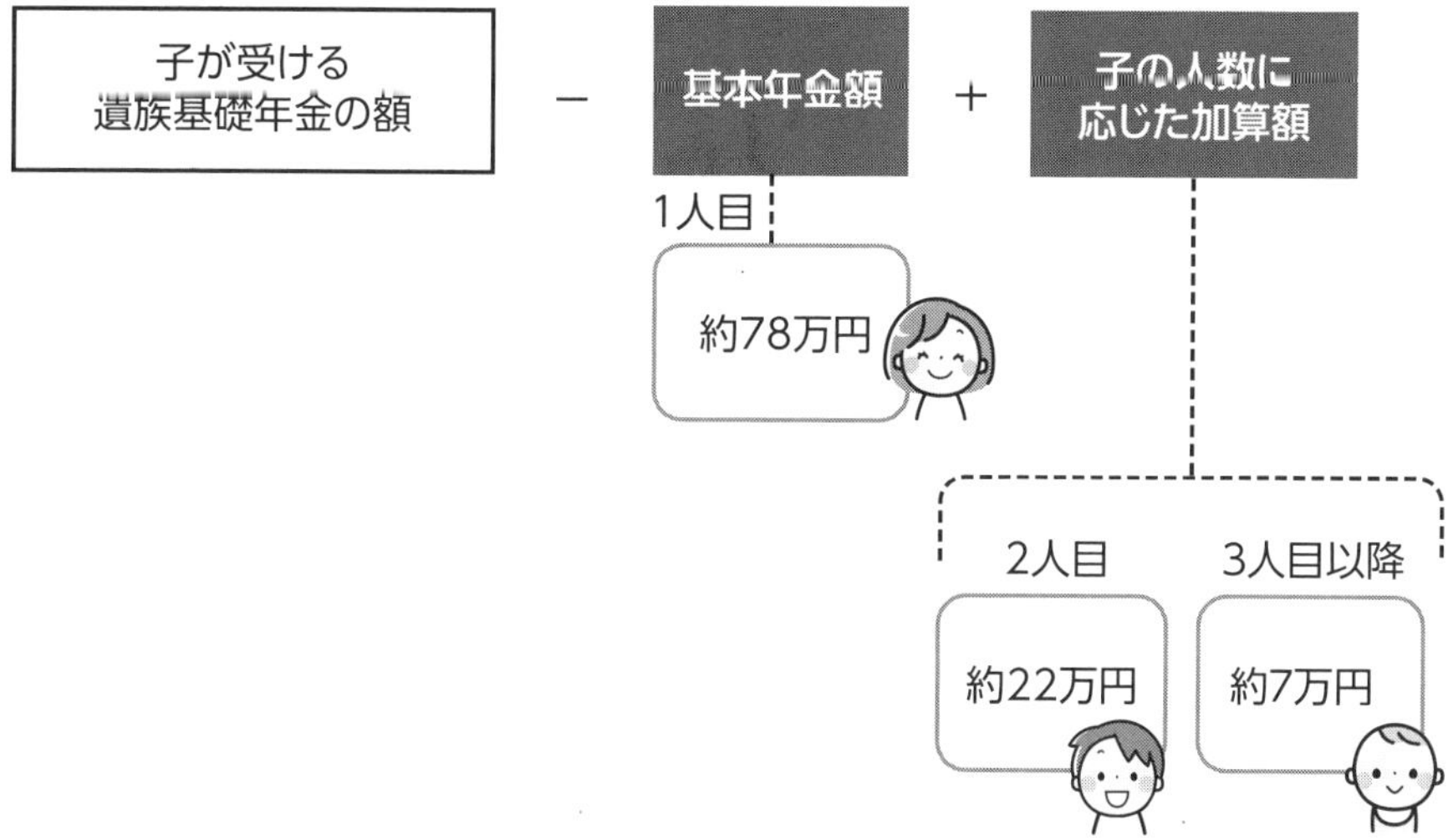

遺族基礎年金の具体的な金額（子が受けるとき）

	基本年金額	子の加算額	合計
子3人	約78万円	約29万円	約107万円 （月約8.9万円）
子2人	約78万円	約22万円	約100万円 （月約8.3万円）
子1人	約78万円	―	約78万円 （月約6.5万円）

※３人目以降の子がいるときは、１人につき、約７万円／年が加算されます。
※年金額は毎年変動するため、概算で記載しています。
　実際の年金額は日本年金機構のホームページや、年金事務所でご確認ください。

2 子の遺族基礎年金の額が変わるときは？

子が受ける遺族基礎年金の額が変更になることがあるのをご存じですか？

子の遺族基礎年金の額が減額されるとき

子が遺族基礎年金を受けるには、少なくとも対象となる子が一人以上いる必要があります。子が二人以上いるとき、その一人を除いた子が受ける権利を失ったときは、年金額が減ります。

一般的には、兄弟姉妹の上の子が18歳年度末（障害のある子は20歳）を迎えるたびに年金額が減額になります。子が二人以上のときには、年金額が按分されて支給されるので、減額に伴いそれぞれの子が受ける年金額が変わります。

年金額の振込み開始と改定時期

遺族基礎年金は、亡くなった日のある月の翌月分から支給されます。子が二人以上いるときは、子が18歳年度末を迎えるたびに年金額が変更になり、翌月の4月分から減額されます。例えば、令和5年9月に18歳の誕生日を迎える子がいれば令和6年3月分までは加算の対象になり、4月分から減額された年金になります。

年金は2カ月ごとの後払いです。2月分と3月分は4月15日に支払われ、4月分と5月分は、6月15日に支払われます。つまり、子が18歳年度末を迎えたことによって年金額が減るのは6月の振込み分からです。一番下の子が18歳の誕生日を迎えたときは、次の4月に振り込まれる年金が最後の支給になります。

年金額が改定される際には通知書が届きます。通知書により新たな年金額が確認できます。

老齢年金への影響

「遺族基礎年金を受けたら、将来受ける老齢年金が少なくなりませんか？」と不安気に聞かれることがありますが、遺族基礎年金を受けても将来受ける老齢年金の額が減るようなことはありません。

子の遺族基礎年金の減額の推移

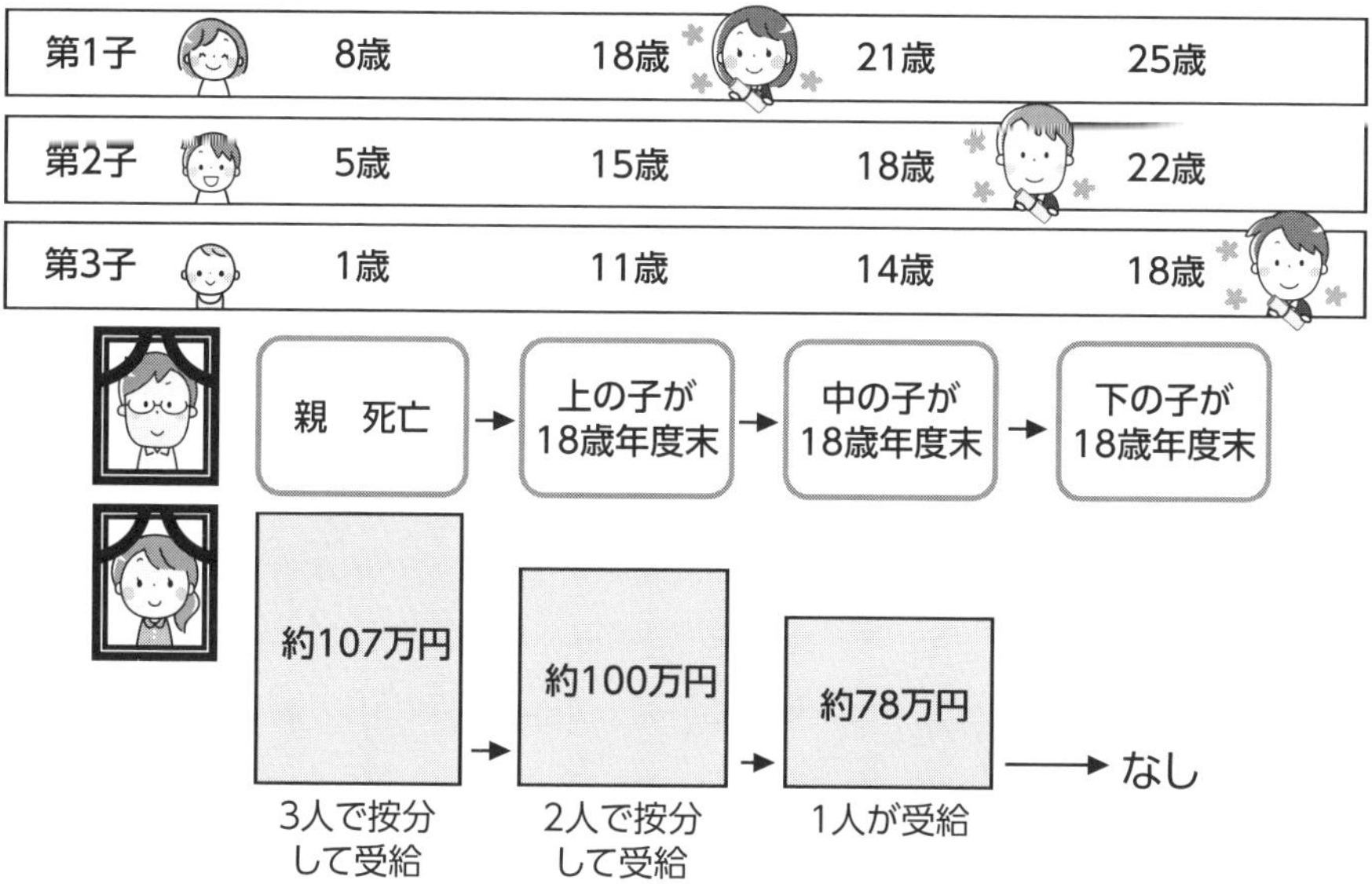

年金額の振込み時期

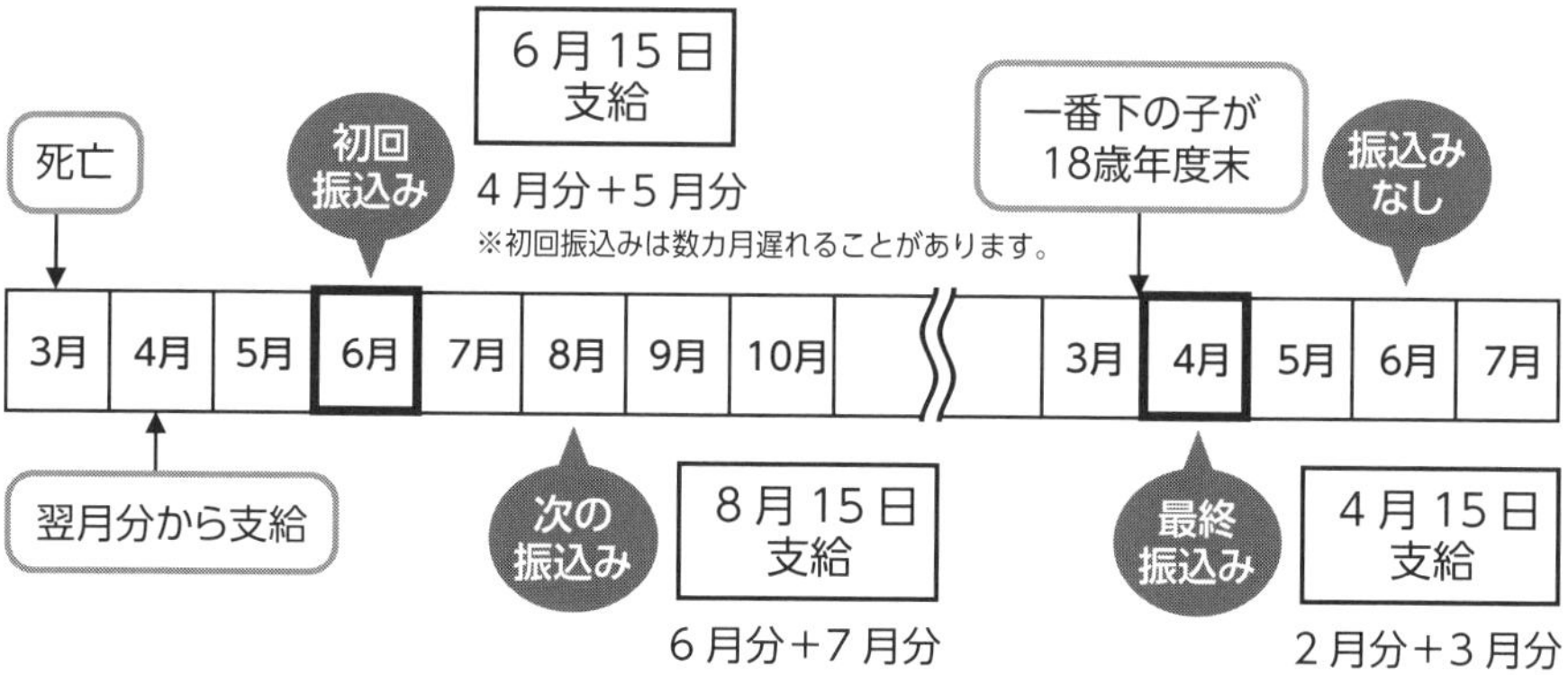

※15日が土曜日、日曜日、祝日のときは、その直前の平日に振り込まれます。

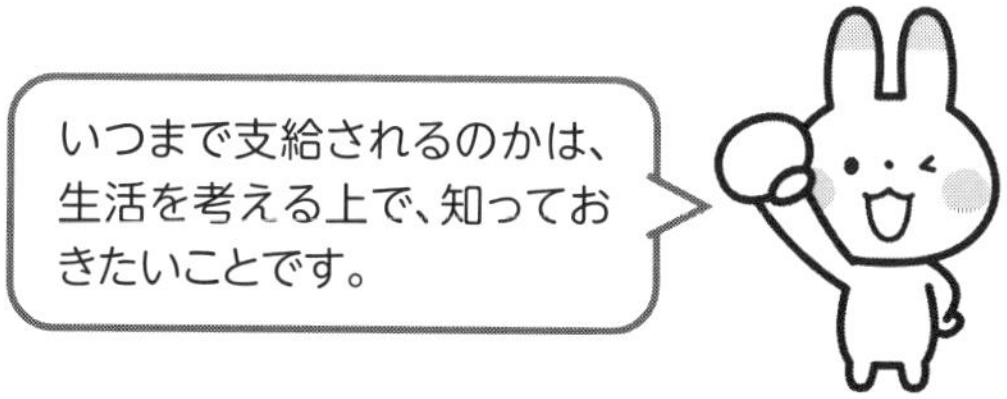

3 子の遺族基礎年金が支給停止になるときは？

遺族基礎年金を受ける権利があっても、支給が行われないことがあるのをご存じですか？

支給停止とは

遺族基礎年金を受ける権利を得ていても、支給が停止されることがあります。

支給停止とは、年金を受ける権利はあるものの、年金の支給が停止されるしくみです。

子に対する遺族基礎年金は「受ける権利があって、かつ、実際に年金が振り込まれる」のか「権利はあるが停止になるので年金は振り込まれない」のかを整理して考えなくてはいけません。この点が、遺族基礎年金を考える上で、わかりにくいところです。

子の遺族基礎年金が支給停止となるとき

①配偶者が遺族基礎年金の権利を有するとき

例えば、夫が亡くなり、妻と子が遺族基礎年金を受ける権利を得たとき、妻（母）がその権利を有している間は、妻（母）に遺族基礎年金が支給され、子に対する遺族基礎年金は支給停止です。ただし、配偶者の遺族基礎年金が、配偶者の申出または所在不明により支給を停止されるときは、子に対する支給停止が解除されます。

②生計を同じくするその子の父または母があるとき

例えば、妻が再婚すると妻は遺族基礎年金を受ける権利を失います。一方で子の権利は残るため、右の①の理由による支給停止は解除されます。ただし、子の遺族基礎年金は、父もしくは母と生計を同じくしているときは支給停止です。子が母と一緒に暮らすのであれば、引き続き支給停止となります。

このようなとき「再婚した妻は遺族基礎年金を受ける権利を失うが子は権利を失わない」といわれます。これを「妻が受けていた年金を子が受けることになる」ととらえがちですが、子を連れた再婚なら子の遺族基礎年金は引き続き支給停止です。つまり支給されません。

子の遺族基礎年金が支給停止されるとき①

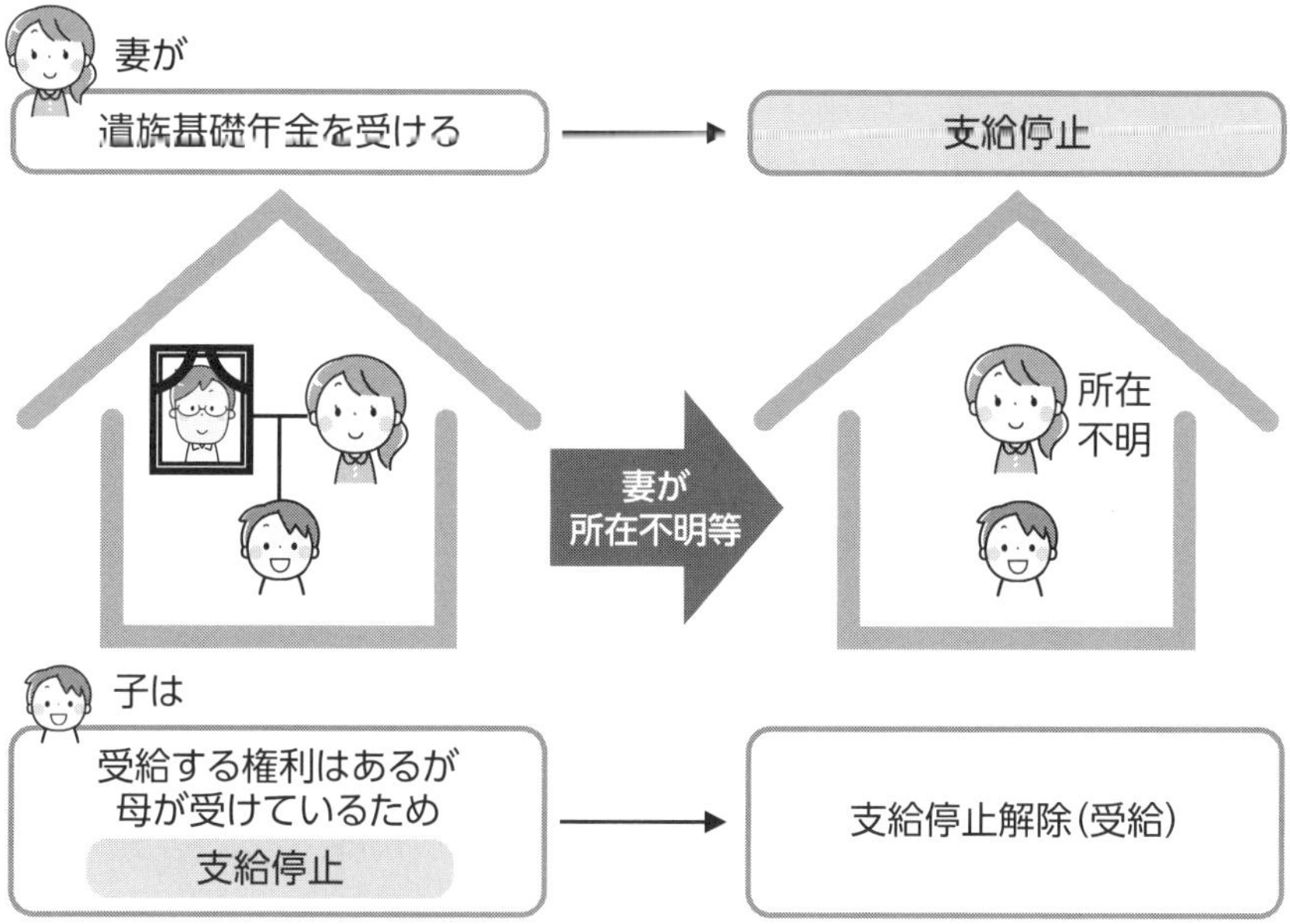

子の遺族基礎年金が支給停止されるとき②

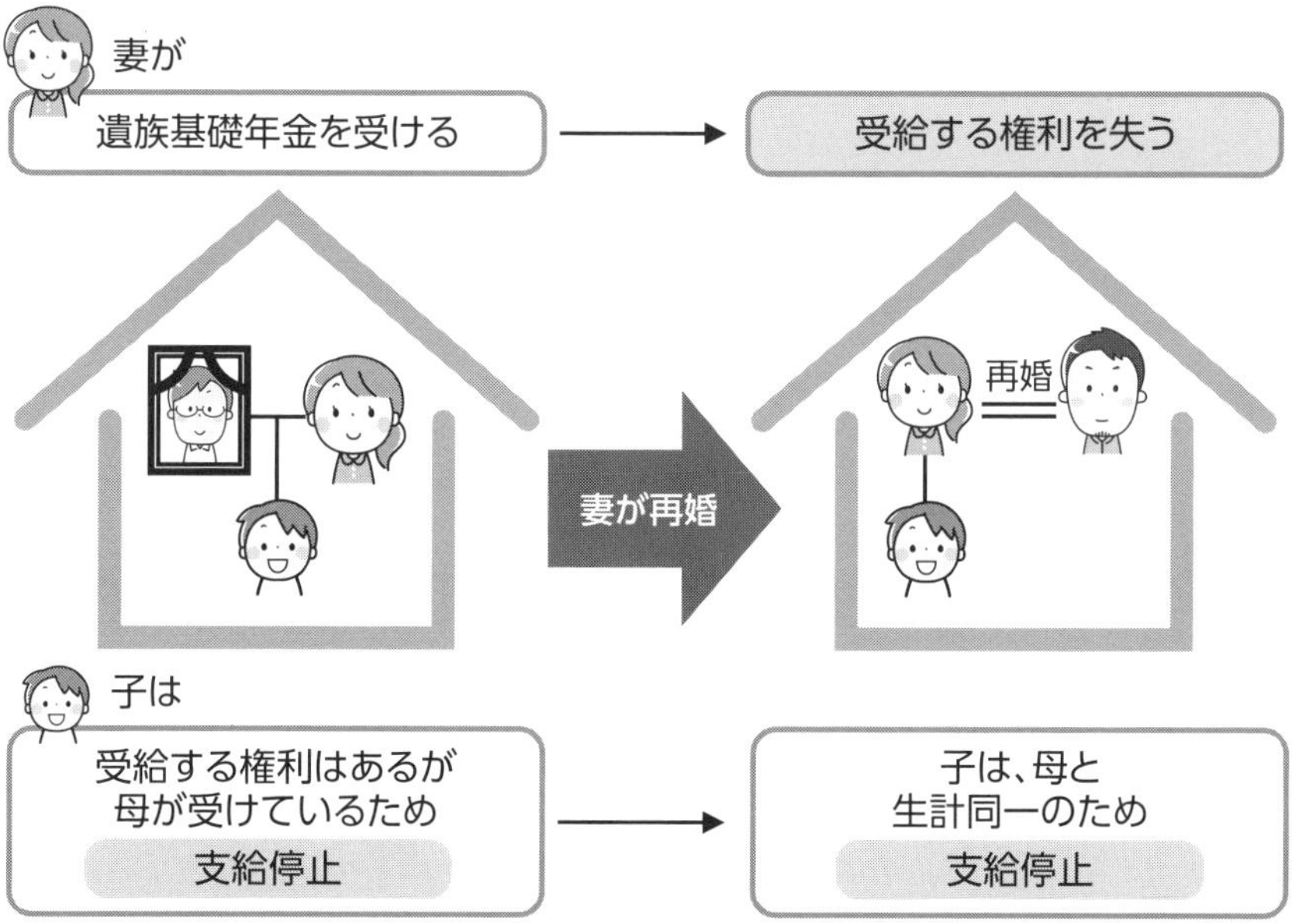

4 子の遺族基礎年金がなくなるときは？

子が受ける遺族基礎年金は、いずれ受けられなくなることをご存じですか？

すべての子が権利を失ったとき

子の遺族基礎年金が支給されなくなるのは、すべての子がその権利を失ったときです。次の事由があります。

子が一定年齢に達したとき

子が18歳年度末（障害のある子は20歳）に達したときです。婚姻したときも権利を失います。

離縁したとき

離縁により亡くなった人の子でなくなったときです。

子が養子となったとき

子が養子になったときです。ただし、直系血族または直系姻族の養子となったときを除きます。

死亡したとき

子が死亡したときは当然に権利を失います。

遺族基礎年金を受けるすべての子が一定年齢に到達したとき

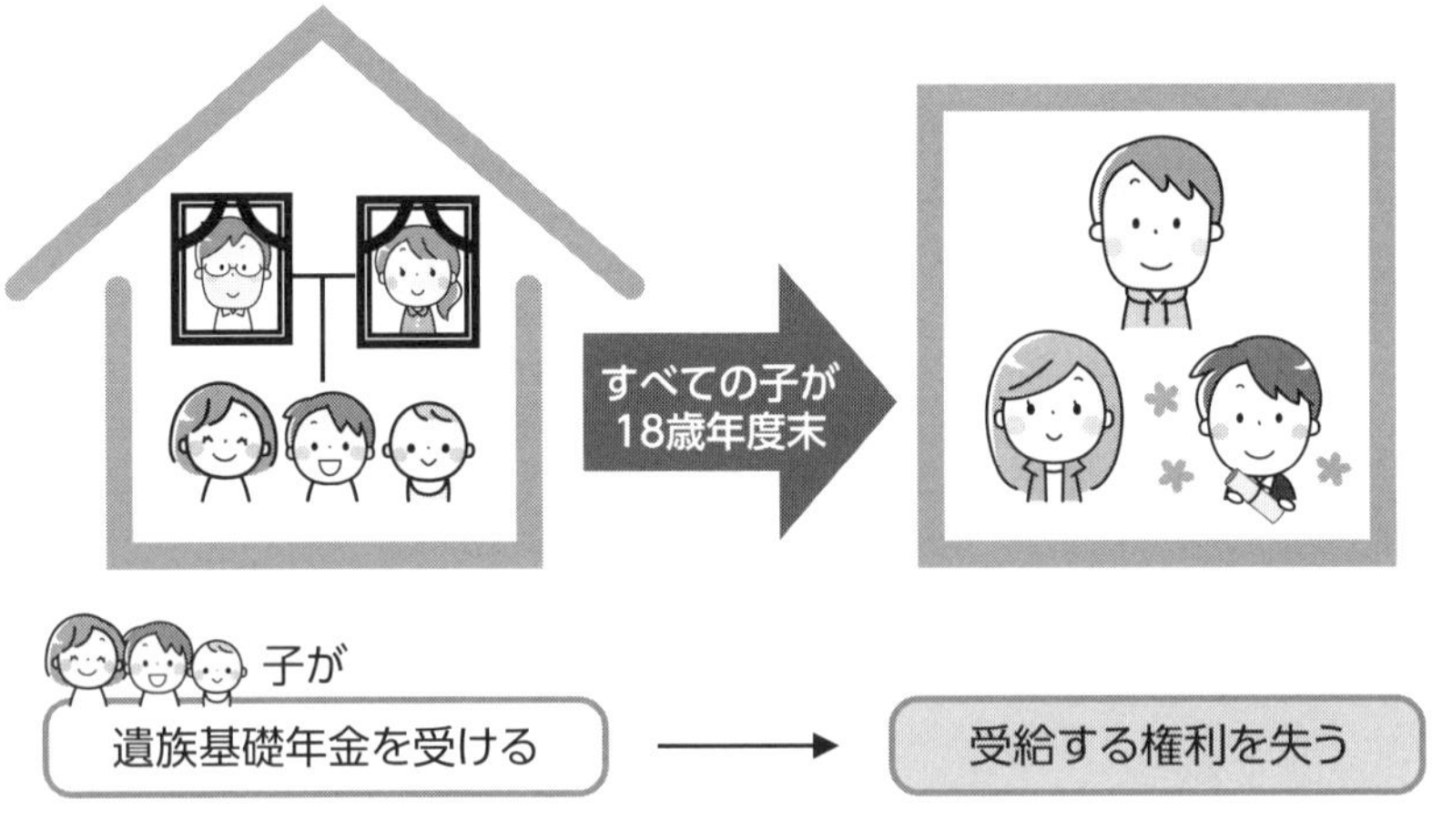

第４章

遺族厚生年金のしくみ

遺族厚生年金は、厚生年金の加入期間がある人が亡くなったときに
支給される遺族年金です。
遺族厚生年金は生涯受けられる可能性がありますので、
将来の生活を考える上で、大きな意味を持ちます。
遺族厚生年金の金額は、満たす要件によってさまざまです。

第４章では、遺族厚生年金の要件と金額についてお伝えします。

1 遺族厚生年金の亡くなった人の四つの要件とは？

遺族厚生年金の要件をご存じですか？

遺族厚生年金の要件

遺族厚生年金は、厚生年金加入中の人または加入していた人が亡くなったとき、その遺族に支給される年金です。亡くなった人の要件と遺族の要件があります。

亡くなった人については、次の四つのうちいずれかに該当している必要があります。

①厚生年金加入中に亡くなったとき（本章Ⅰ・2）
②厚生年金加入中に初診日がある傷病により、初診日から5年以内に亡くなったとき（本章Ⅰ・3）
③1級または2級の障害状態にある障害厚生年金を受けている人が亡くなったとき（本章Ⅰ・4）
④老齢厚生年金を受けている人が亡くなったとき、または受給資格期間を満たした人が老齢厚生年金を受ける前に亡くなったとき。いずれも受給資格期間が原則25年以上あること（本章Ⅰ・5）

①と②は、保険料納付要件があります（本章Ⅰ・2）。④については合算対象期間も含み、短縮特例もあります（本章Ⅰ・5）。

短期要件と長期要件

①②③を短期要件、④を長期要件といいます。短期要件と長期要件という言葉は取っつきにくいかもしれませんが、年金額の計算方法などの違いがあり、遺族厚生年金を考える上での重要なポイントになります。

遺族厚生年金の要件を知らないばかりに遺族厚生年金を受けていない人がいます。また、本来受けられる額より少ない額の遺族厚生年金を受けている人もいます。

このような事態は、遺族厚生年金において生じやすいと感じます。まずは要件を知ることです。

遺族厚生年金を受けるための２つの要件

亡くなった人の要件

＋

遺族の要件
(82〜83ページ)

遺族厚生年金・亡くなった人の要件

要件①
厚生年金加入中に亡くなったとき
＋
保険料納付要件を満たしている
↓
短期要件を満たす

要件②
厚生年金加入中に初診日がある傷病により、初診日から５年以内に亡くなったとき
＋
保険料納付要件を満たしている
↓
短期要件を満たす

要件③
１級または２級の障害状態にある障害厚生年金を受けている人が亡くなったとき
↓
短期要件を満たす

要件④
老齢厚生年金を受けている人、
または老齢厚生年金を受ける資格がある人が
亡くなったとき
＋
保険料納付済期間と免除期間（合算対象期間含む）が
合わせて25年以上ある
※短縮特例あり
↓
長期要件を満たす

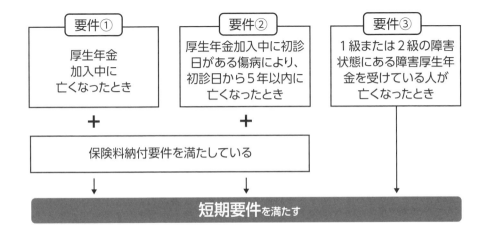

2 厚生年金加入中に亡くなったとき

厚生年金加入中の人が亡くなったときは、保険料納付要件を満たせば、遺族厚生年金が支給されることをご存じですか？

厚生年金に加入していること

厚生年金加入中の人が亡くなったときは遺族厚生年金の要件に該当します。具体的には、会社員や公務員として働いている人が在職中に亡くなったときです。厚生年金に加入中の人を「厚生年金の被保険者」といいます。ただし、保険料納付要件を満たす必要があり、遺族基礎年金と同様に、基本要件と特例要件のうちのいずれかを満たせばよいことになっています（第3章Ⅰ・2）。

会社等に勤務しているからといって、厚生年金に加入しているとは限りません。短時間で働いている人の中には、厚生年金に加入していない状態の人もいます。また、フルタイムで働いていていても、勤務先に社会保険の適用がないときは、厚生年金に加入していません。

厚生年金の加入は70歳まで

厚生年金に加入できるのは70歳までです。70歳以上の在職者は厚生年金に加入していません。遺族厚生年金の要件のひとつである「厚生年金加入中の人が亡くなったとき」を満たすのは、70歳未満の人に限られます。

厚生年金の被保険者は国民年金の被保険者

厚生年金に加入している65歳未満の人は、原則として国民年金にも加入しており「国民年金の第2号被保険者」です。すなわち、遺族基礎年金の要件である「国民年金加入中に亡くなったとき」にも当てはまるため、子を養育する世帯には遺族基礎年金が併せて支給されます。【タイプ3】（18ページ）のような年金になります。

休職中も厚生年金の被保険者

療養のために休職していても、退職していなければ厚生年金の被保険者です。休職中に短時間労働に切り替える人も多いです。その際には、厚生年金への加入の有無を確認する必要があります。

厚生年金の被保険者

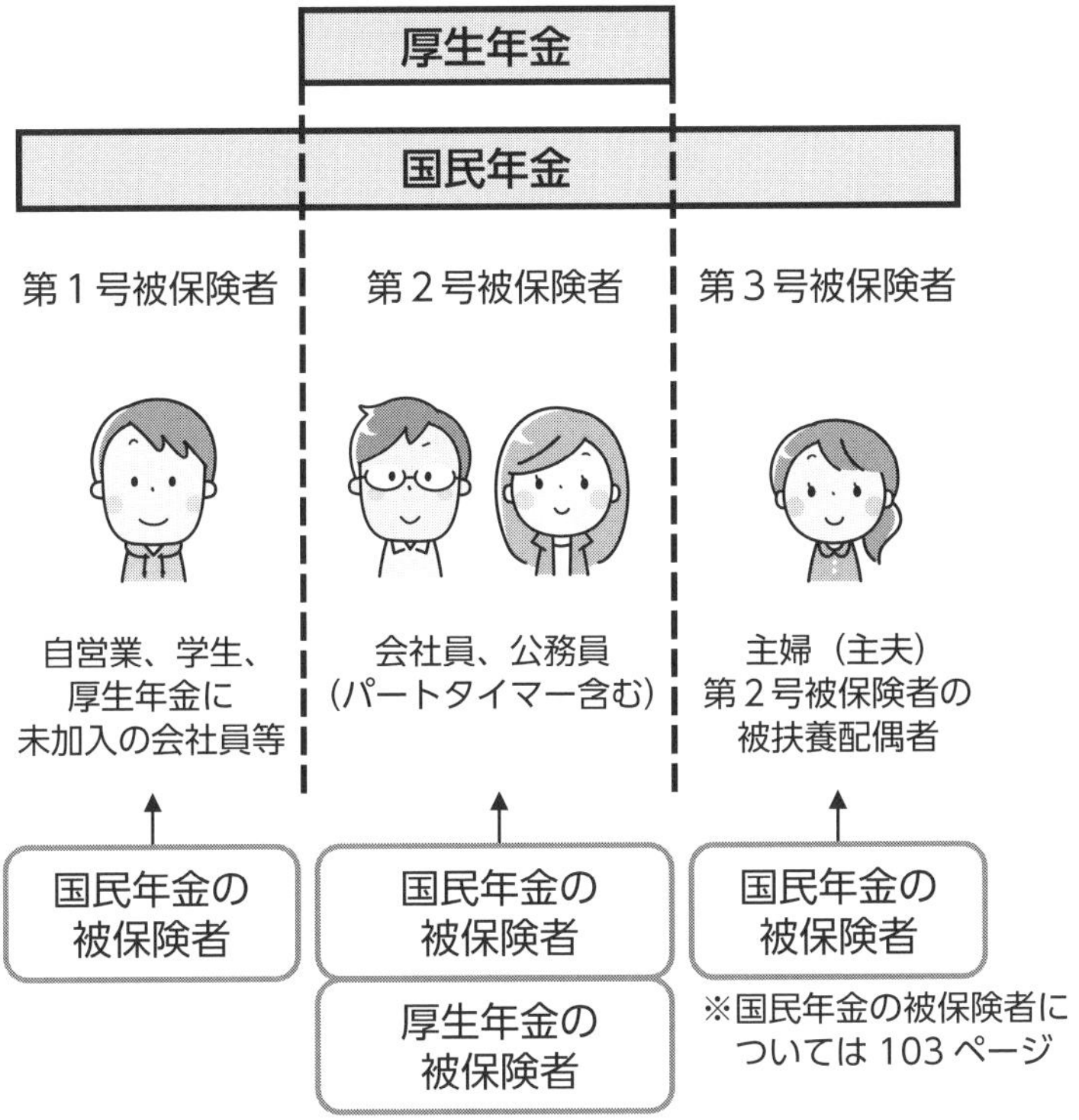

遺族厚生年金・２つの保険料納付要件

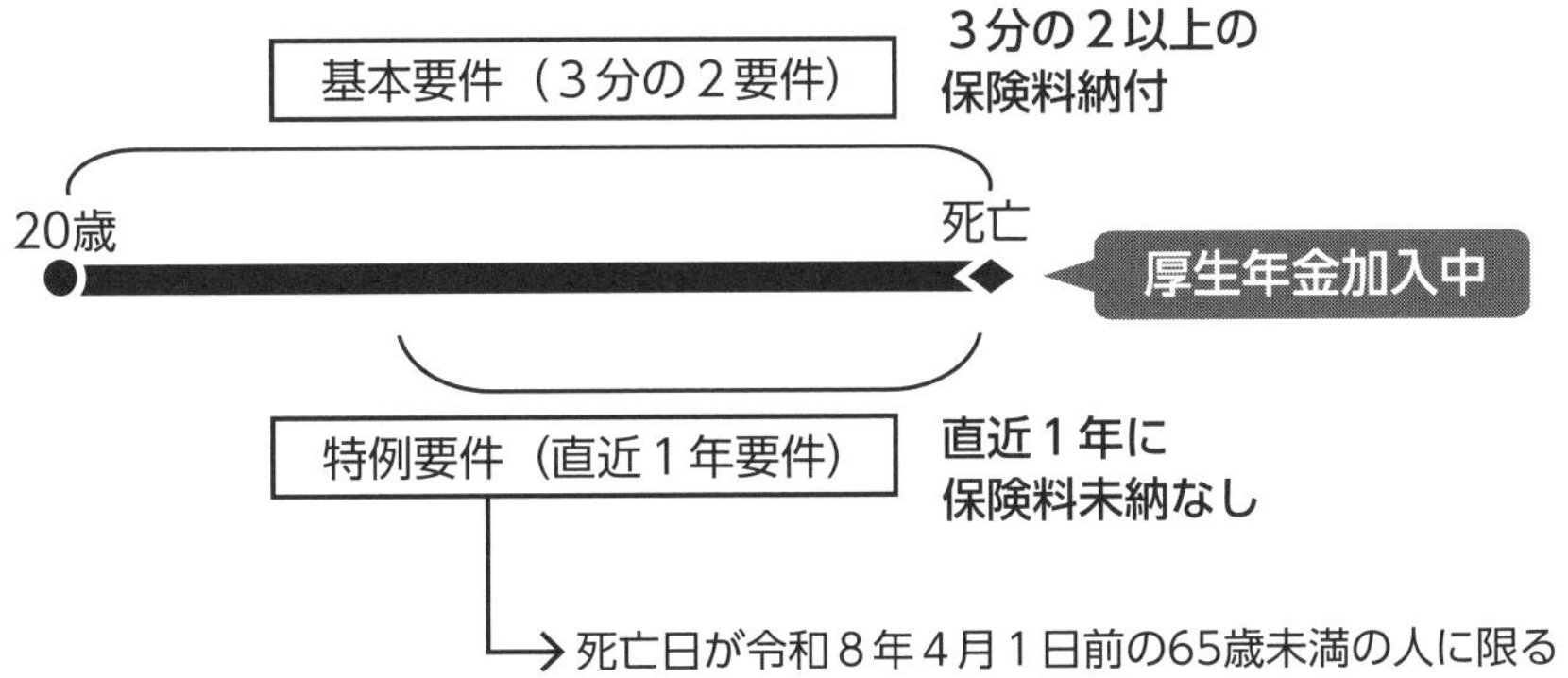

3 厚生年金加入中の初診日から5年以内に亡くなったとき

退職後に亡くなったときでも、遺族厚生年金が支給されることがあるのをご存じですか？

厚生年金加入中に初診日のある傷病

厚生年金加入中に初診日がある傷病により、その初診日から起算して5年以内に亡くなったときが、遺族厚生年金の要件のひとつになっています。亡くなった時点で厚生年金に加入している必要はありません。

ただし、保険料納付要件を満たす必要があり、遺族基礎年金と同様に、基本要件と特例要件のうちのいずれかを満たせばよいことになっています（第3章Ⅰ・2）。

退職後に亡くなったときにも支給

そもそも一般的な「保険」とは、その保険に加入中に事故（死亡など）が起きたときに、給付が行われるものですが、遺族厚生年金は退職後であっても一定の要件さえ満たせば支給されます。公的年金ならではの制度です。

初診日の傷病と亡くなった原因の傷病が同じ

この要件のポイントは、厚生年金に加入していた人の「在職中に初診日がある傷病」と「死亡の原因となった傷病」が同じであることです。傷病が全く同じでなくても、両者に相当因果関係があるときには同じ傷病による死亡とみなされ、要件を満たします。

例えば、在職中にがんが見つかり、そのがんが原因で亡くなったときは要件を満たします。がんが転移して、転移後のがんが死亡の直接原因となったようなケースについては、相当因果関係があると認定されたときは要件を満たします（第9章Ⅳ・2）。

一方で、例えば厚生年金加入中にがんが見つかり療養のために退職した人が、交通事故などの全く異なる要因で亡くなったときは要件を満たしません。

初診日から5年以内に亡くなったとき

厚生年金加入中の初診日から5年以内の死亡であることが要件です。退職日からでない点に注意が必要です。

厚生年金加入中の初診日から５年以内に亡くなったとき

▼要件を満たすとき

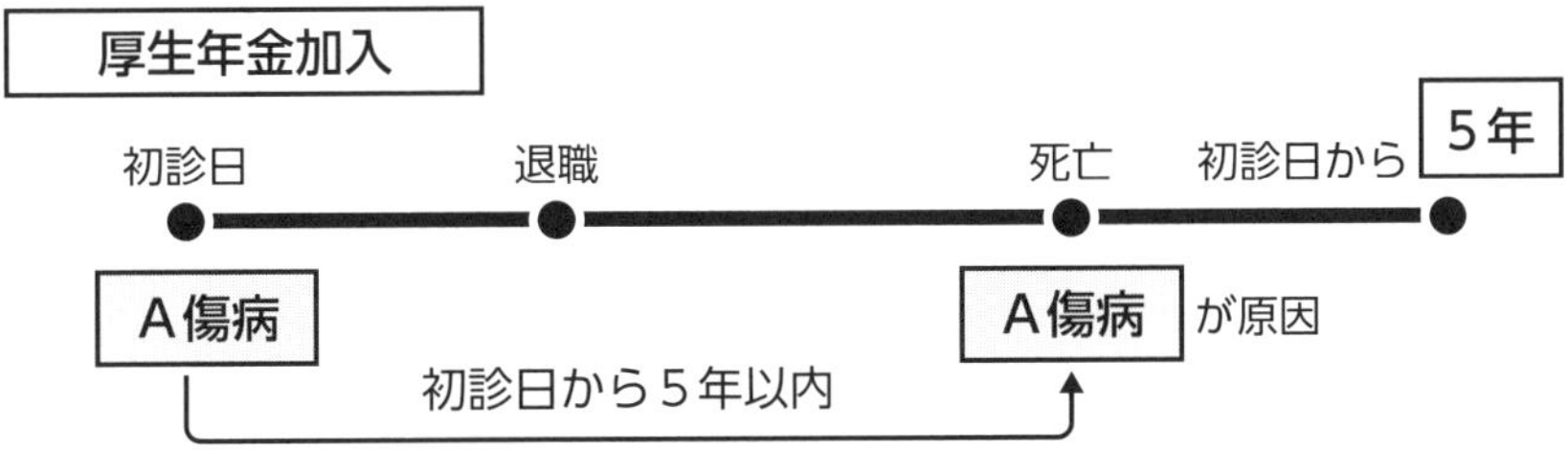

・“在職中に初診日がある傷病”と“死亡の原因となった傷病”が同じ
・初診日から５年以内の死亡

▼要件を満たさないとき

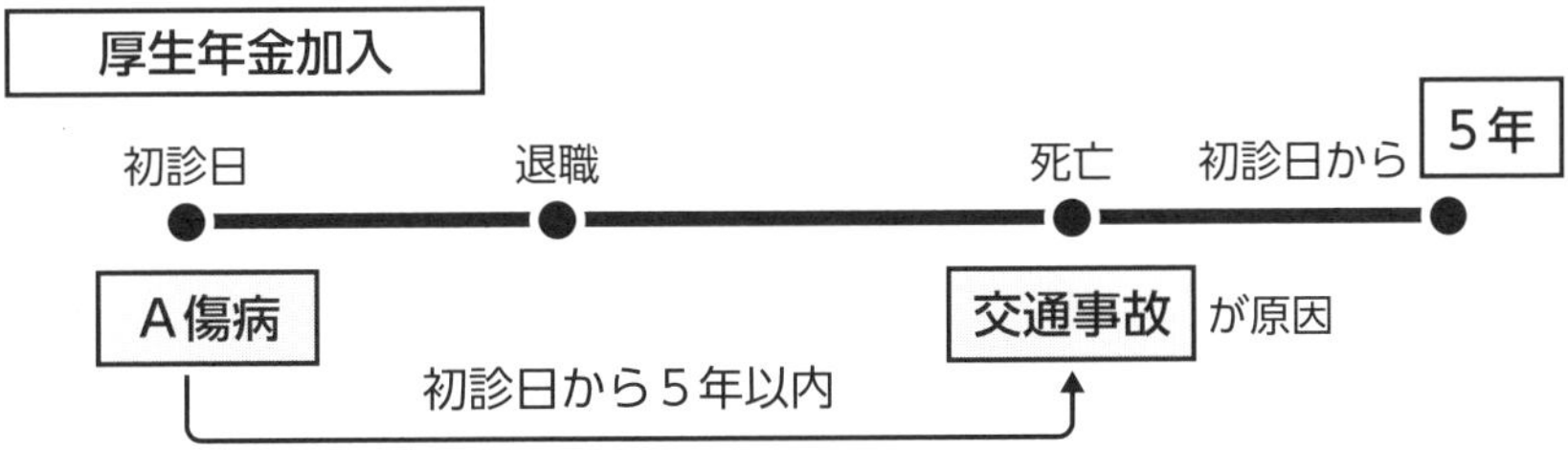

・“在職中に初診日がある傷病”と“死亡の原因となった傷病”が違う

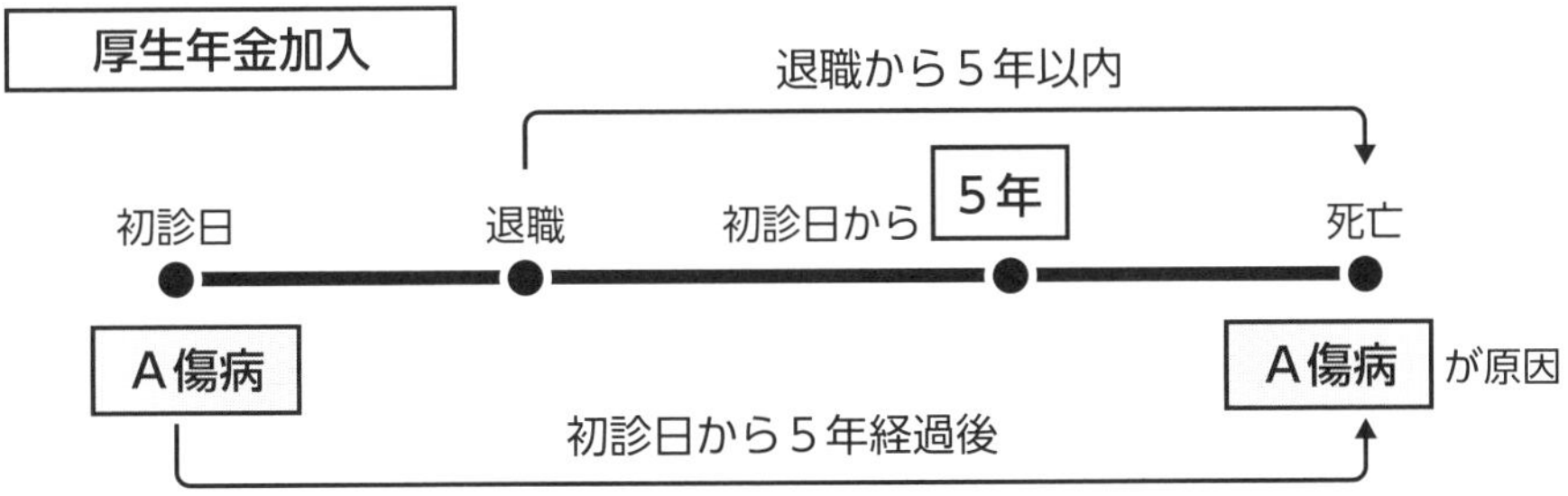

・初診日から５年経過後の死亡

4 2級以上の障害状態の障害厚生年金を受けている人が亡くなったとき

1級または2級の障害状態にある障害厚生年金を受けている人が亡くなったときに、遺族厚生年金が支給されることをご存じですか？

2級以上の障害厚生年金を受けている人

1級または2級の障害厚生年金を受けている人が亡くなったときには、遺族厚生年金の要件を満たします。亡くなった時点で、厚生年金に加入している必要はありません。

▼同一傷病である必要はない

1級または2級の障害厚生年金を受けている人が亡くなったときは、その死亡原因を問わず要件を満たします。つまり「障害厚生年金の傷病」と「死亡の原因となった傷病」が同じである必要はありません。例えば、腎不全で2級の障害厚生年金を受けている人が、交通事故により亡くなったときでも、この要件を満たします。また、亡くなったときの年齢も関係ありません。

3級の障害厚生年金を受けている人

法律には「障害等級の1級又は2級に該当する障害の状態にある障害厚生年金の受給権者が死亡したとき」との記載があります。これは、障害厚生年金を受けている人の障害状態が1級または2級の障害状態にあればよいと解釈ができます。例えば、3級の障害厚生年金を受けている人であっても、その後傷病が悪化し実質的な障害状態が1級または2級になっていることも考えられます。

▼同一傷病であることが要件

この点について、「3級の障害厚生年金（旧厚生年金保険法の障害年金）受給権者が亡くなったとき、死亡の原因となった傷病と障害厚生年金の傷病とが相当因果関係にあるときには、1級または2級の障害の程度にあったとみなし、要件を満たすもの」とされています。したがって、「1級または2級の障害厚生年金を受けている人」だけではなく、「3級の障害厚生年金を受けている人」も要件を満たすことがあります。

1級または2級の障害状態にある障害厚生年金を受ける人

重度	【障害の程度】	軽度
1級	2級	3級
1級の障害厚生年金を受けている人が亡くなったとき	2級の障害厚生年金を受けている人が亡くなったとき	3級の障害厚生年金を受けている人が亡くなったとき。ただし、障害厚生年金の傷病と死亡原因の傷病に相当因果関係があるときに限る

障害厚生年金を受けている人に交付される年金証書

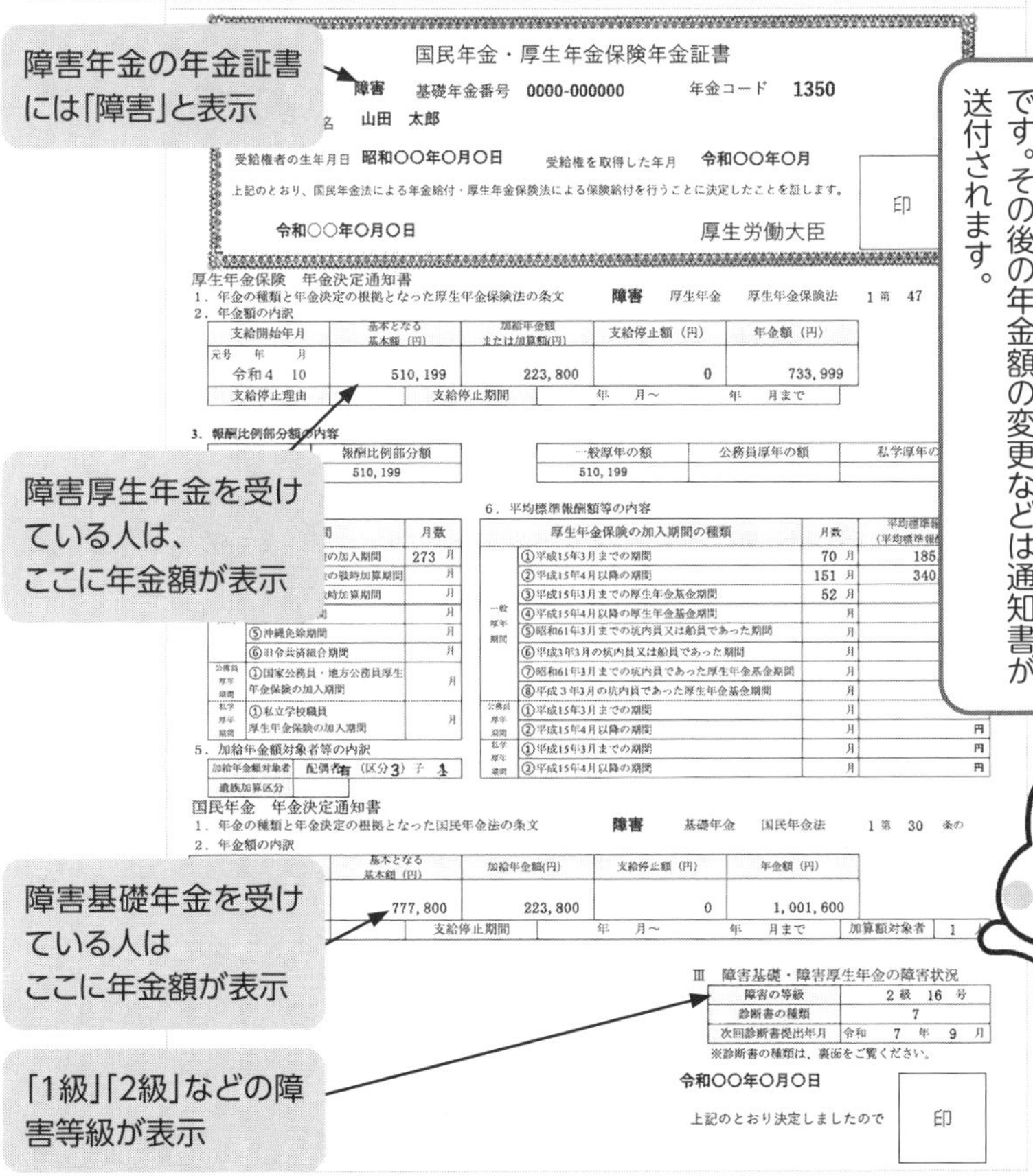

どのような障害年金を受けているかは、年金証書により確認できます。年金証書が発行されるのは最初の1回だけです。その後の年金額の変更などは通知書が送付されます。

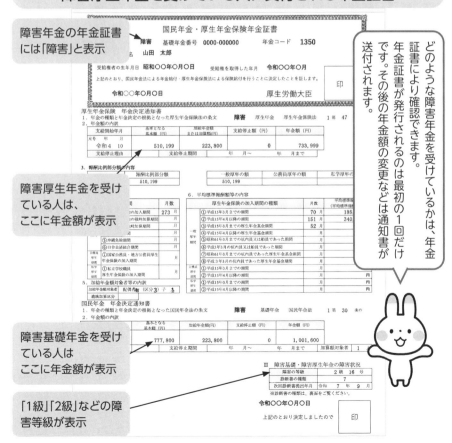

5 老齢厚生年金を受けている人等が亡くなったとき

老齢厚生年金を受けている人等が亡くなり遺族厚生年金を受給するには、25年以上の受給資格期間が必要であることをご存じですか?

老齢厚生年金を受けている人

老齢厚生年金を受けている人、または受給資格期間を満たした老齢厚生年金受給前の人が亡くなったときは、遺族厚生年金の要件を満たします。ただし、いずれも受給資格期間が原則25年以上あることが要件です。

合算対象期間を含めて25年以上あること

受給資格期間とは、国民年金の保険料を納めた期間や免除期間などを合計した期間で、「合算対象期間」を含みます。合算対象期間とは、年金制度に加入していなくても受給資格期間に加えることができる期間です。例えば、平成3年3月までの20歳以上の学生だった期間があります。当時の学生は、20歳になっても国民年金への加入義務がありませんでした。このような期間を合算対象期間として、年金額には反映しないが受給資格期間としてカウントができる期間としています。

合算対象期間には多くの種類があり、とても複雑なので、個別に年金事務所で確認したほうがよいです。既に25年以上の受給資格期間がある人は考える必要がありません。25年未満のときだけ考えればよい期間です。

また、遺族厚生年金にかかる「25年以上の受給資格期間」について、厚生年金の加入期間が25年以上必要であると勘違いする人も多いのですが、そうではありません。25年以上の受給資格期間のうち、厚生年金の加入期間が1カ月以上あればよいということです。

25年未満でも要件を満たす短縮特例

受給資格期間が25年以上なくても要件を満たすことがあります。「昭和5年4月1日以前に生まれた人の特例」「厚生年金保険等の加入期間の特例」「厚生年金保険の中高齢の特例」などの期間短縮措置が設けられています(次ページ)。

受給資格期間25年以上の要件の短縮特例

▼昭和5年4月1日以前に生まれた人の特例

保険料納付済期間、保険料免除期間および合算対象期間を合算した期間が、生年月日に応じて、21年から24年以上あれば、要件を満たします。

生年月日	期間
大正15年4月2日～昭和2年4月1日	21年
昭和 2 年4月2日～昭和3年4月1日	22年
昭和 3 年4月2日～昭和4年4月1日	23年
昭和 4 年4月2日～昭和5年4月1日	24年

▼厚生年金保険等の加入期間の特例

厚生年金の加入期間(共済組合の組合員期間等を合算した期間)が、生年月日に応じて、20年から24年以上あれば、要件を満たします。

生年月日	期間
昭和27年4月1日以前	20年
昭和27年4月2日～昭和28年4月1日	21年
昭和28年4月2日～昭和29年4月1日	22年
昭和29年4月2日～昭和30年4月1日	23年
昭和30年4月2日～昭和31年4月1日	24年

▼厚生年金保険の中高齢の特例

40歳以後(女子は35歳以後)の厚生年金保険の期間が、生年月日に応じて、15年から19年以上あれば、要件を満たします。共済組合の組合員期間等は含みません。

生年月日	期間
昭和22年4月1日以前	15年
昭和22年4月2日～昭和23年4月1日	16年
昭和23年4月2日～昭和24年4月1日	17年
昭和24年4月2日～昭和25年4月1日	18年
昭和25年4月2日～昭和26年4月1日	19年

※「中高齢の特例」は、中高齢寡婦加算と経過的寡婦加算の要件の期間としても適用されます(本章Ⅱ・3～4)。

合算対象期間とは?

合算対象期間とは、国民年金への加入が任意だった期間に、国民年金に加入できたのに加入しなかった期間などをいいます。合算対象期間は年金の受給資格期間に含めることができますが、老齢基礎年金額には反映されません。「カラ期間」とも呼ばれます。主な合算対象期間としては、昭和36年４月から昭和61年３月に任意加入しなかったサラリーマンの妻などの20歳以上60歳未満の期間、昭和36年４月から平成３年３月までの学生だった期間のうち20歳以上60歳未満の期間などがあります。

6 遺族厚生年金を受けられる遺族とは？

遺族厚生年金を受けることのできる遺族には、さまざまな要件があることをご存じですか？

遺族厚生年金の遺族の要件

遺族厚生年金を受けることのできる遺族は、亡くなった人によって生計を維持されていた配偶者、子、父母、孫、祖父母であり、一定の要件があります。

▼**妻**

妻には年齢の要件がありません。

▼**夫・父母・祖父母**

55歳以上が要件です。また、55歳から60歳の間は支給停止されます。ただし、夫が遺族基礎年金を受ける権利を有するときは、60歳未満でも支給されます。

▼**子・孫**

18歳年度末までの子、もしくは障害のある20歳までの子であり、かつ、現に婚姻していないことが要件です。

遺族厚生年金の遺族の優先順位

遺族の優先順位は、次のとおりです。

第1順位　配偶者と子
第2順位　父母
第3順位　孫
第4順位　祖父母

先順位の遺族がいるとき

要件を満たした配偶者または子がいるときには、配偶者または子が遺族厚生年金を受けます。第2順位から第4順位の父母、孫、祖父母は、自分より上位順位者がいるときは、遺族厚生年金を受ける遺族になりません。

例えば、亡くなった人に遺族厚生年金の対象となる配偶者がいたときは配偶者が遺族厚生年金を受けるため、父母は遺族厚生年金を受ける遺族になりません。その後、配偶者が再婚等の理由で年金を受ける権利を失ったとしても、父母が遺族厚生年金を受ける権利を得ること（転給）はありません。

遺族厚生年金を受ける遺族の優先順位

第１順位	 妻		
第１順位	 夫	55歳以上	
第１順位	 子	18歳年度末まで 障害のある子は20歳未満	
第２順位	 父母	55歳以上	第１順位の人がいるときは「遺族」にならない
第３順位	 孫	18歳年度末まで 障害のある孫は20歳未満	第１・第２順位の人がいるときは「遺族」にならない
第４順位	 祖父母	55歳以上	第１・第２・第3順位の人がいるときは「遺族」にならない

7 父母が遺族厚生年金を受けられるときは？

子が亡くなったとき、父母に遺族厚生年金が支給されることがあるのをご存じですか？

子が亡くなったとき

例えば、独身の息子が亡くなったとき、その父母は遺族厚生年金を受ける遺族になれるのでしょうか。父母が55歳以上であり、生計維持関係（第6章Ⅰ・1）が認められれば、遺族厚生年金を受けることができます。

子と父母との生計維持関係

例えば、父母と息子が同居して、息子が働きながら家計を支えていたのであれば、両者には生計維持関係があるので、父母は遺族厚生年金を受けることのできる遺族になります。

一方で、父母と息子が別居しているときには、息子から父母に対して「生活費、療養費等について生計の基盤となる経済的な援助が行われていると認められるとき」に生計維持関係が認められるとされています（第6章Ⅱ・6）。父母から一人暮らしの息子への一方的な経済的援助を行っているようなときには、要件を満たしません。

父母が受ける遺族厚生年金

父と母の両方が要件を満たすときは、それぞれが2分の1の年金額を受けることになります。父と母が他の年金を受けているのであれば遺族厚生年金が支給停止されることがありますので、注意が必要です（第10章4）。

父母が遺族厚生年金を受けられるとき

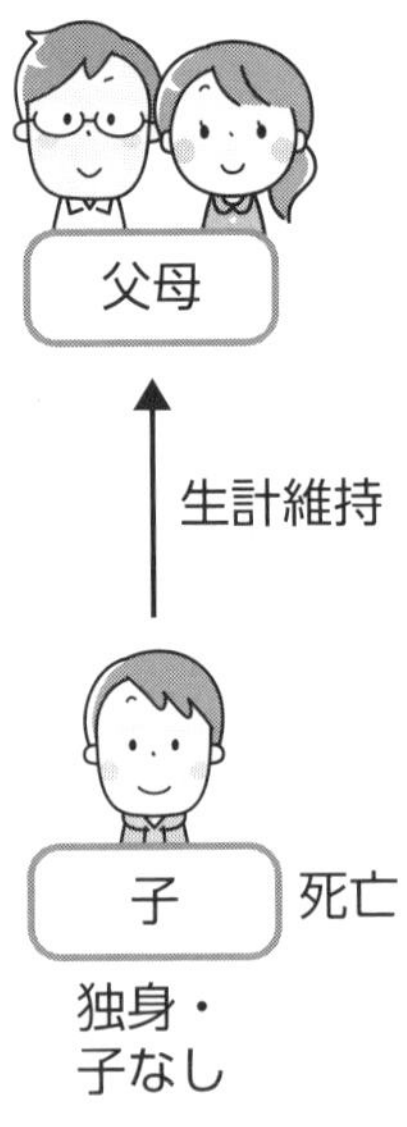

8 孫が遺族厚生年金を受けられるときは？

遺族厚生年金が孫に支給されるケースは、かなり限定されることをご存じですか？

祖父母が亡くなったとき

例えば、66歳の厚生年金加入中の男性が亡くなったケースです。妻は他界しており、同居する「子」は40代であることから、遺族厚生年金の子の要件を満たしません。この家族に、同居する中学生の孫がいれば、遺族厚生年金を受けることのできる遺族となるのでしょうか。

祖父母と孫の生計維持関係

このようなケースでは、亡くなった人（祖父）と孫の生計維持関係が問題になります。過去の事例からみると、孫が遺族厚生年金を受けられるのは次の場合です。

①父母が死亡し、祖父母がその収入により孫の生計を維持しているとき

②孫と父母が別居し、父母が孫に対して送金せず、祖父母がその収入により、孫の生計を維持しているとき

③父母が障害等の理由により収入が少なく、祖父母がその収入により孫の生計を維持しているとき

つまり、祖父母が孫に対して経済的援助を行っており、かつ、父母の収入が著しく低い場合や、孫の生計を維持するための経済的援助の大部分を祖父母が負担している場合には、孫は祖父母によって生計を維持されていたとされ、遺族厚生年金の遺族に該当します。

孫が遺族厚生年金を受けられるとき

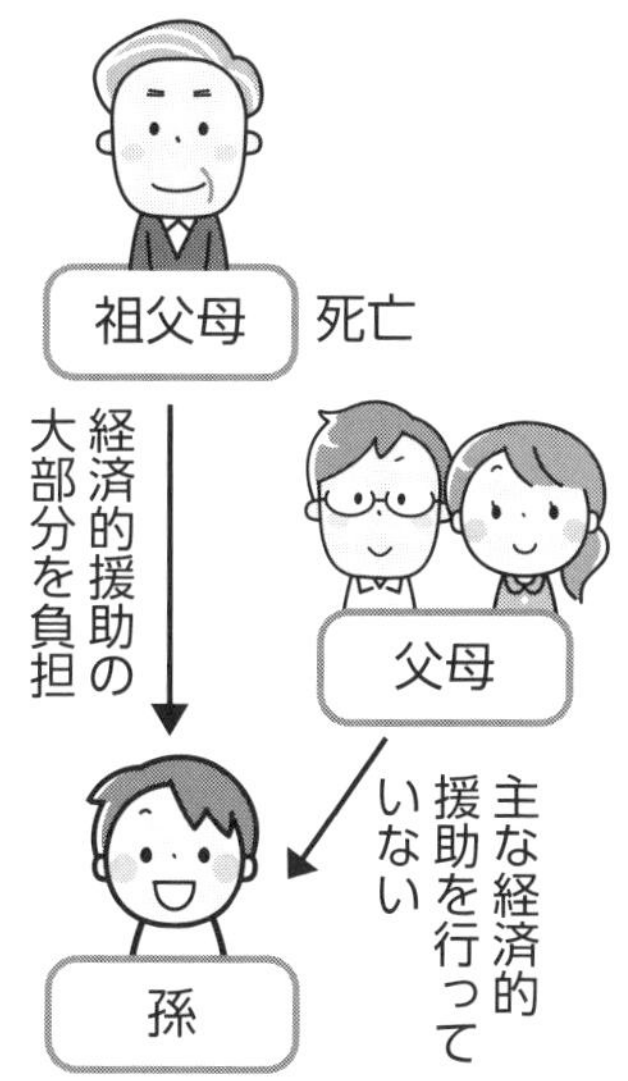

9 遺族厚生年金の要件をチャートで確認

遺族厚生年金の要件①（亡くなった人の要件）

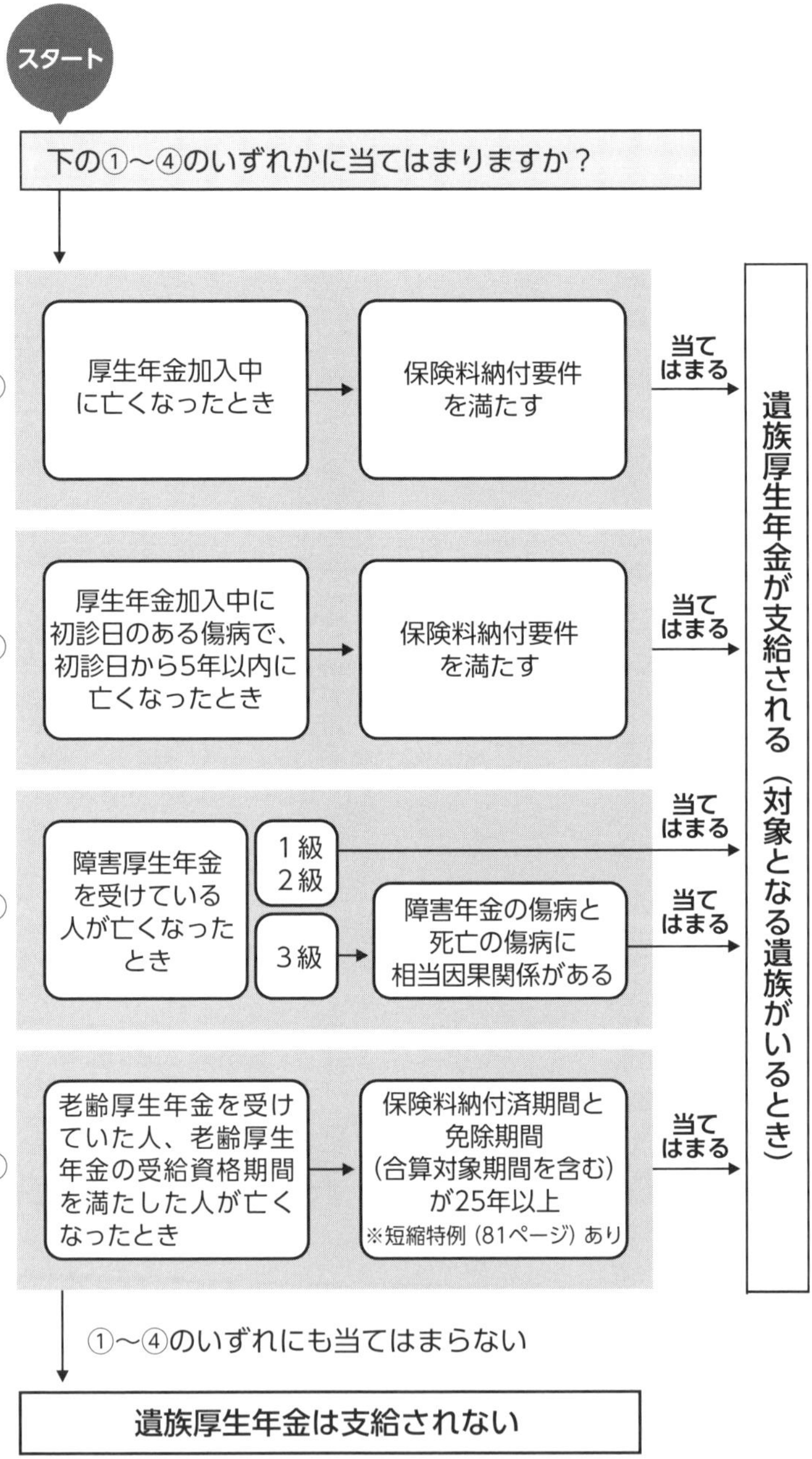

スタート
下の①～④のいずれかに当てはまりますか？
①
厚生年金加入中に亡くなったとき
保険料納付要件を満たす
当てはまる
②
厚生年金加入中に初診日のある傷病で、初診日から5年以内に亡くなったとき
保険料納付要件を満たす
当てはまる
③
障害厚生年金を受けている人が亡くなったとき
1級 2級
当てはまる
3級
障害年金の傷病と死亡の傷病に相当因果関係がある
当てはまる
④
老齢厚生年金を受けていた人、老齢厚生年金の受給資格期間を満たした人が亡くなったとき
保険料納付済期間と免除期間（合算対象期間を含む）が25年以上
※短縮特例（81ページ）あり
当てはまる
遺族厚生年金が支給される（対象となる遺族がいるとき）
①～④のいずれにも当てはまらない
遺族厚生年金は支給されない

遺族厚生年金の要件②（遺族の要件）

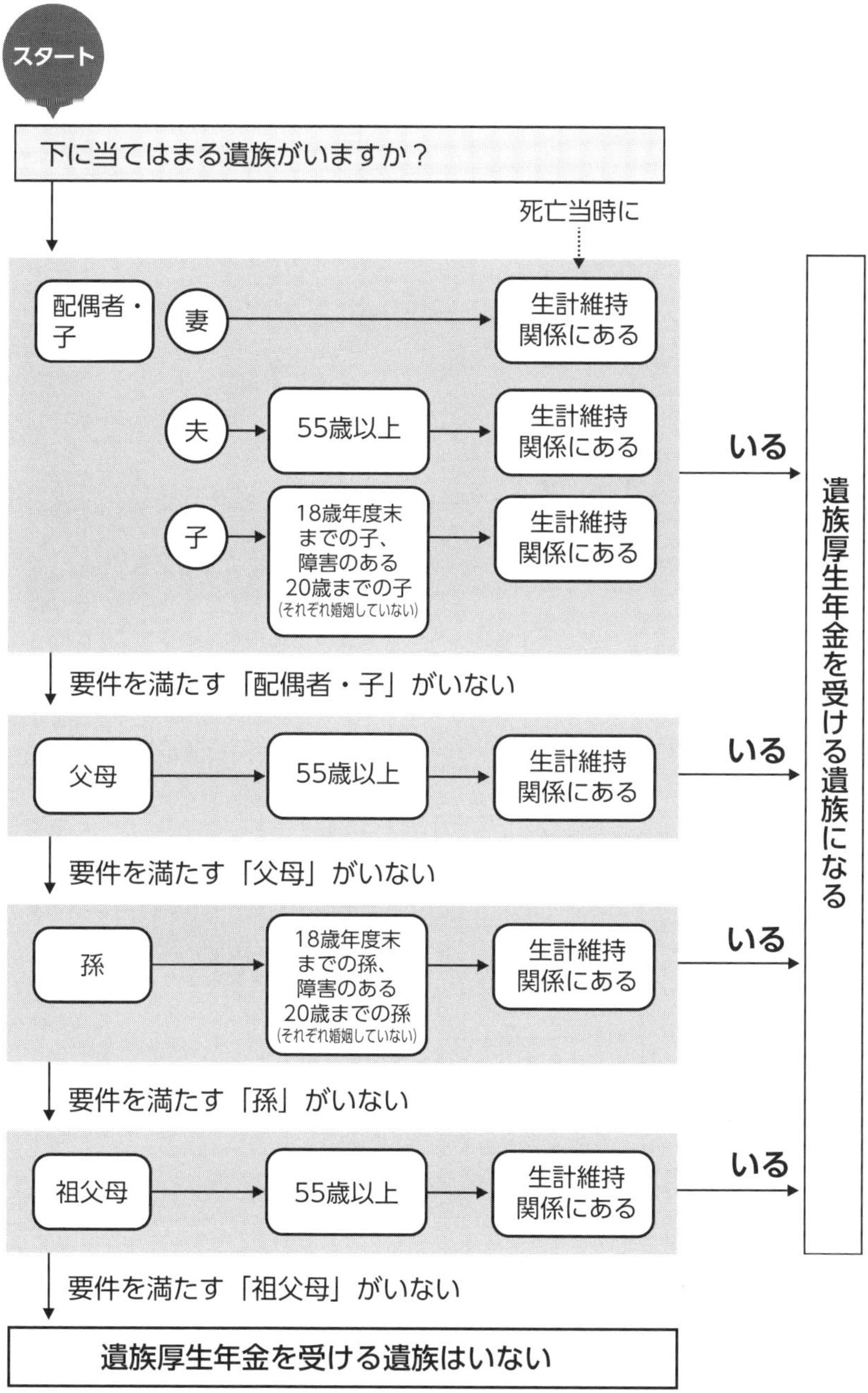
スタート
下に当てはまる遺族がいますか？
死亡当時に
配偶者・子
妻
生計維持関係にある
夫
55歳以上
生計維持関係にある
子
18歳年度末までの子、障害のある20歳までの子（それぞれ婚姻していない）
生計維持関係にある
いる
要件を満たす「配偶者・子」がいない
父母
55歳以上
生計維持関係にある
いる
要件を満たす「父母」がいない
孫
18歳年度末までの孫、障害のある20歳までの孫（それぞれ婚姻していない）
生計維持関係にある
いる
要件を満たす「孫」がいない
祖父母
55歳以上
生計維持関係にある
いる
要件を満たす「祖父母」がいない
遺族厚生年金を受ける遺族になる
遺族厚生年金を受ける遺族はいない

1 遺族厚生年金の額の計算方法は？

遺族厚生年金の額は、亡くなった人の厚生年金の加入状況や平均月収、該当要件などによって決まることをご存じですか？

遺族厚生年金の基本額の計算

遺族厚生年金の額は、遺族基礎年金のように定額ではなく、亡くなった人の厚生年金の加入状況や平均月収などを基に計算されるため、人それぞれです。

おおまかにいえば、次の計算式によって計算されます。

平均月収 × 乗率 × 厚生年金加入月数 × 4分の3

「平均月収」は、厚生年金に加入していた期間の報酬を現在価値に引き直した金額の平均です。平成15年4月以降は賞与分を含んでいますが、本書ではまとめて「平均月収」と記載します。乗率が異なる平成15年4月前後で分けて計算し合算します。生年月日による乗率の違いもありますが昭和21年4月2日以降生まれの人は同じです。

「平均月収×乗率×厚生年金加入月数」を報酬比例部分といいます。つまり、遺族厚生年金は亡くなった人の報酬比例部分の4分の3の金額です。

遺族厚生年金の額は人それぞれ

遺族厚生年金の額は「平均月収」と「厚生年金加入月数」の多い人ほど遺族厚生年金の額が高くなります。例えば、平均月収30万円、厚生年金に20年加入（平成15年4月以降の期間）なら年約29万円、平均月収が同じで厚生年金加入が40年なら約59万円になります。なお、一定の要件を満たせば、より多くの遺族厚生年金を受けられる場合があります（本章Ⅱ・2）。

平成27年9月までの共済組合等の期間がある人が亡くなったときには、遺族共済年金（経過的職域加算）も支給されることがあります。これにも支給要件があるので、共済組合等で確認が必要です。

遺族厚生年金の計算式

平均月収 × 乗率 × 厚生年金加入月数 × 4分の3

→ **報酬比例部分の年金**

平均標準報酬月額 × 7.125/1000 × 平成15年３月までの加入月数
＋
平均標準報酬額 × 5.481/1000 × 平成15年４月以降の加入月数

上記の計算式は「本来水準」によります。もうひとつ「従前額保障」という計算式があり、どちらか多い方が支給されることになっていますが、大きな差はないので、「本来水準」のみ把握しておけば問題ありません。

遺族厚生年金の概算金額

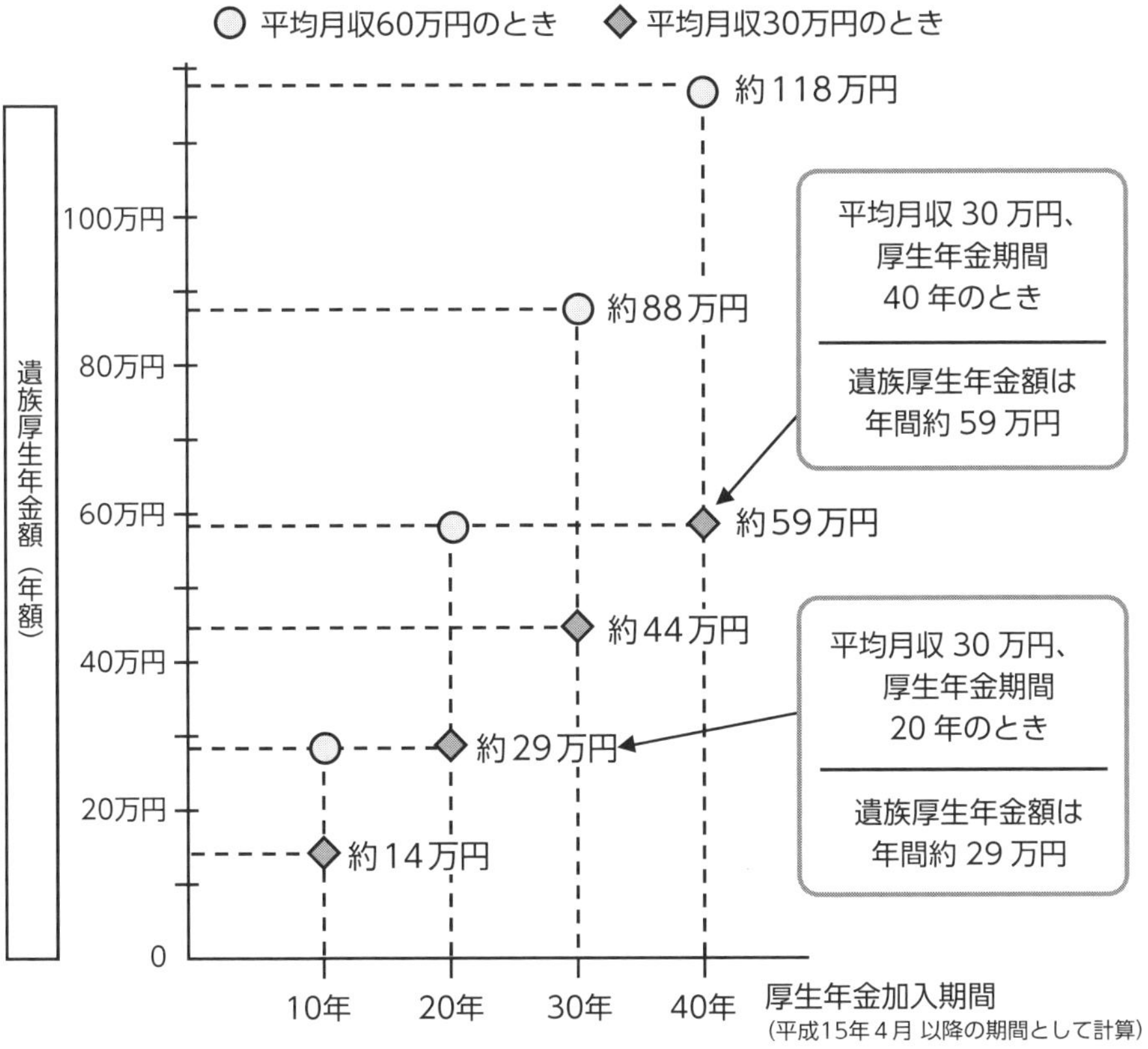

2 遺族厚生年金の額の特別な計算とは？

遺族厚生年金には、特別な計算や加算があることをご存じですか？

一定の要件を満たせば年金額が増える

遺族厚生年金の基本額は「平均月収×乗率×厚生年金加入月数×4分の3」で計算されますが、一定の要件を満たせば、より多くの年金を受けられる場合があります。特別な計算と加算額の2種類があります。

特別な計算が行われるとき

特別な計算が行われるのは、遺族厚生年金の短期要件を満たすときです。短期要件は、①厚生年金加入中に亡くなったとき、②厚生年金加入中に初診日のある傷病により初診日から5年以内に亡くなったとき、③障害等級の1級または2級の障害状態にある障害厚生年金を受けている人が亡くなったとき、の三つです（本章Ⅰ・1）。亡くなった人の厚生年金の加入期間が300月（25年）未満のときは、最低保障として25年加入していたとみなして年金額が計算されます。

例えば、入社1年目の厚生年金に加入中の会社員が亡くなったときは短期要件に該当し、25年の厚生年金の加入期間があるものとして計算されます。なお、25年以上の厚生年金の加入期間がある人は、実期間で計算したほうの年金額が多くなるため、最低保障は必要ありません。

遺族厚生年金に加算があるとき

中高齢寡婦加算（または経過的寡婦加算）（本章Ⅱ・3～4）が遺族厚生年金額に加算されることがあります。加算が行われるのは、遺族厚生年金の要件が短期要件、もしくは長期要件で厚生年金の加入期間が20年以上のときであり、遺族が妻の場合に限られます。

特別な計算や加算がないとき

遺族厚生年金の長期要件を満たし、その厚生年金の加入期間が20年未満であるときは、原則として実際の厚生年金の加入月数で計算され、加算はありません。

遺族厚生年金の特別な計算と加算額

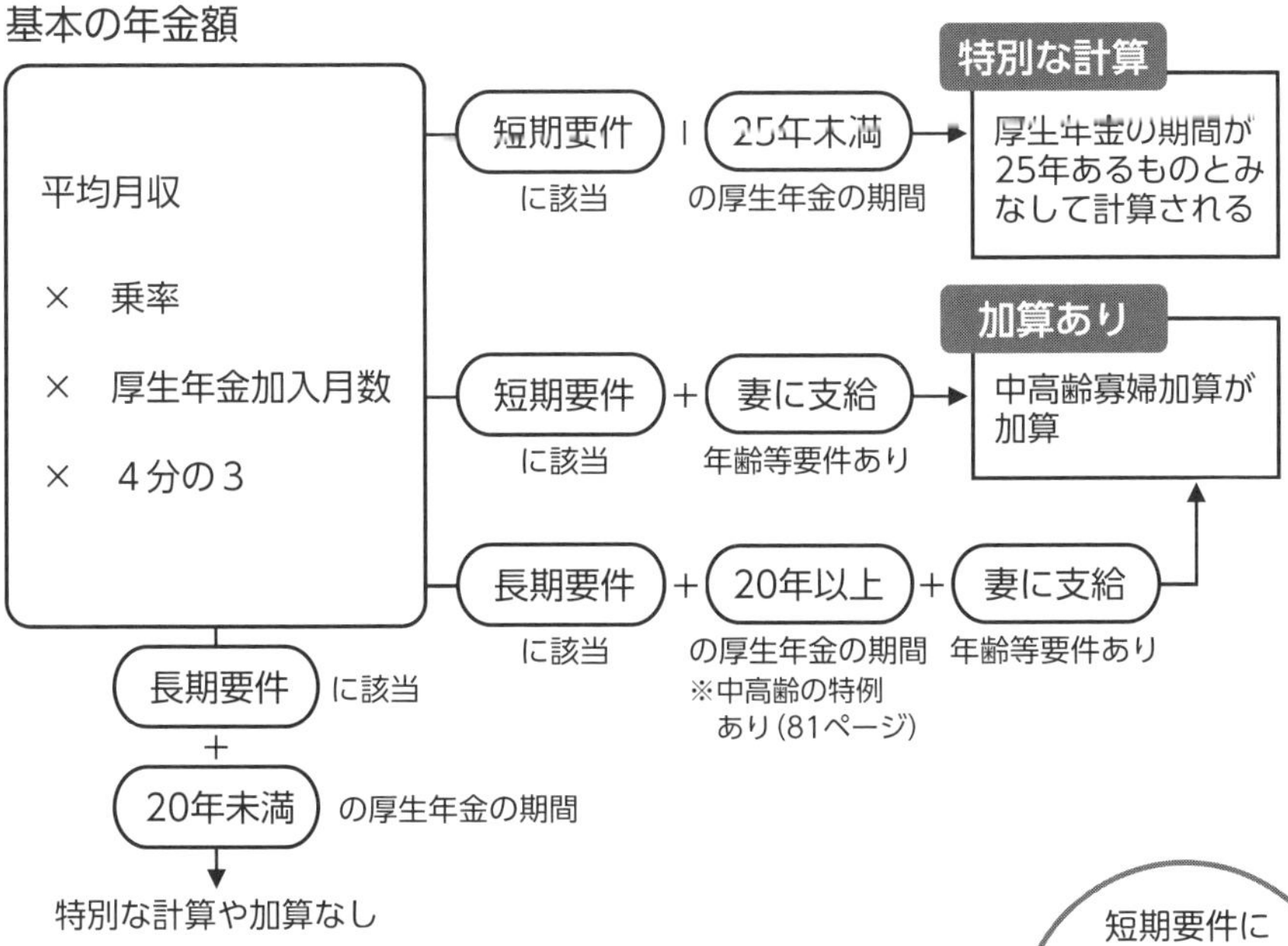

遺族厚生年金の特別な計算

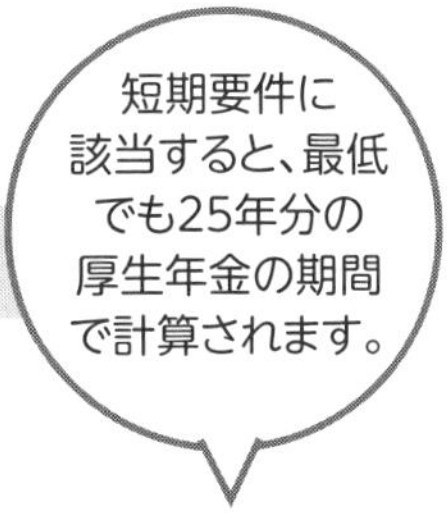

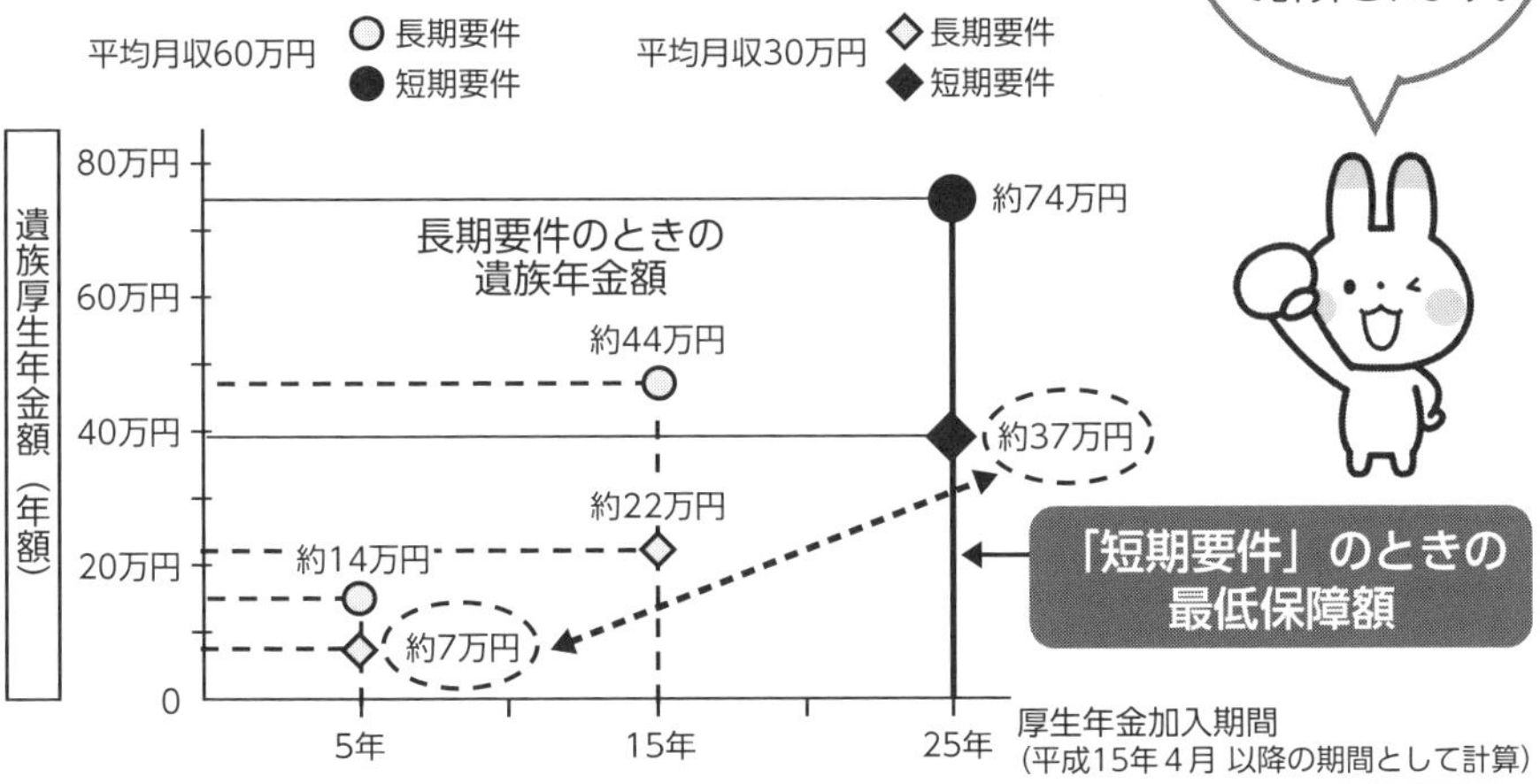

【例】 平均月収30万円・厚生年金期間5年の人
・長期要件に該当したときの遺族厚生年金額……年間約 7万円
・短期要件に該当したときの遺族厚生年金額……年間約 37万円

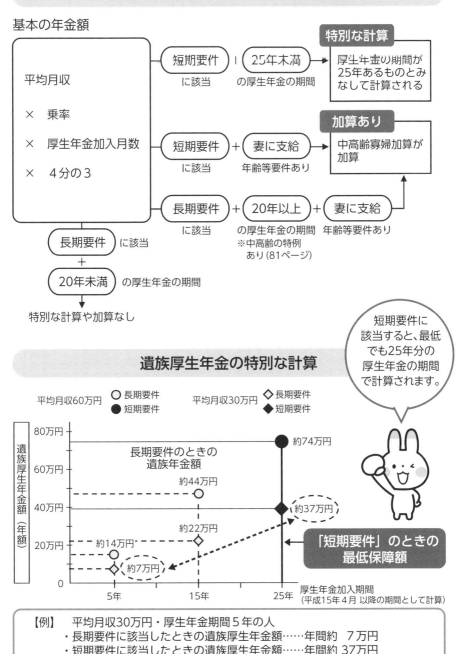

3 中高齢寡婦加算が加算されるときは？

一定の要件を満たす夫が亡くなったときに加算される「中高齢寡婦加算」をご存じですか？

中高齢寡婦加算とは

遺族厚生年金を受ける人が「子のある配偶者」や「子」のときには、多くの場合において、同時に遺族基礎年金が支給されます。

一方で、夫が亡くなったとき、遺された妻に子がいなかったり、既に子が18歳年度末（障害があるときは20歳）を超えているときは遺族基礎年金が支給されません。このような妻を対象にした加算が「中高齢寡婦加算」です。

中高齢寡婦加算の要件

中高齢寡婦加算は、夫が亡くなったときに40歳以上の子のいない妻に40歳から65歳になるまでの間、遺族厚生年金に加算される形で支給されます。

夫が亡くなったときに子がいて、40歳時点で遺族基礎年金を受けているときは、遺族基礎年金の権利を失った時点から65歳になるまで加算されます。

亡くなった夫の要件

中高齢寡婦加算には亡くなった夫の要件があり、生前の年金加入状況により判断されます。次のいずれかの要件を満たす必要があります。

- 遺族厚生年金の短期要件に該当する
- 遺族厚生年金の長期要件に該当し、かつ厚生年金の加入期間が20年以上（中高齢の特例は15年～19年以上（81ページ））

つまり、厚生年金の加入期間が20年未満の夫が亡くなり、長期要件で遺族厚生年金が支給されるときには、中高齢寡婦加算は加算されません。

中高齢寡婦加算の金額

中高齢寡婦加算は年額約58万円の定額です。毎年金額が変更になりますので、おおむね約58万円と把握しておけば問題ありません。

短期要件と長期要件のときの中高齢寡婦加算

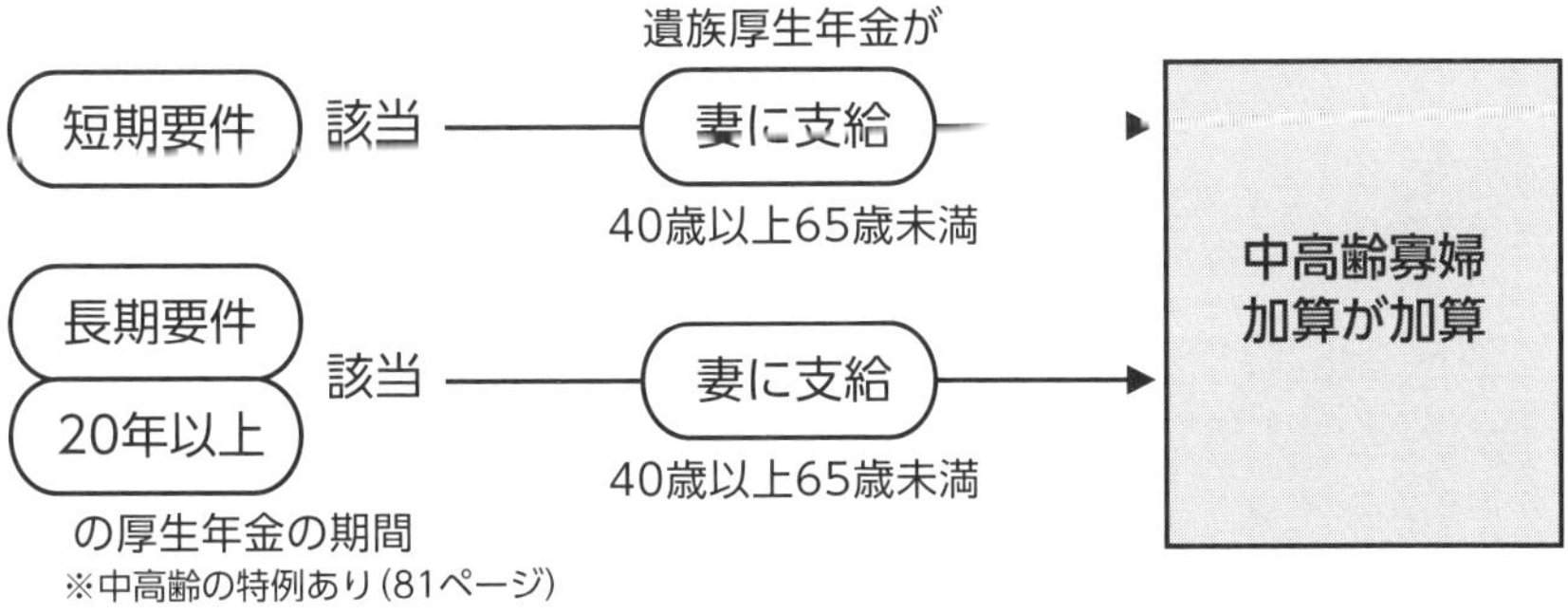

中高齢寡婦加算が加算されるとき

▼子のいない妻のケース

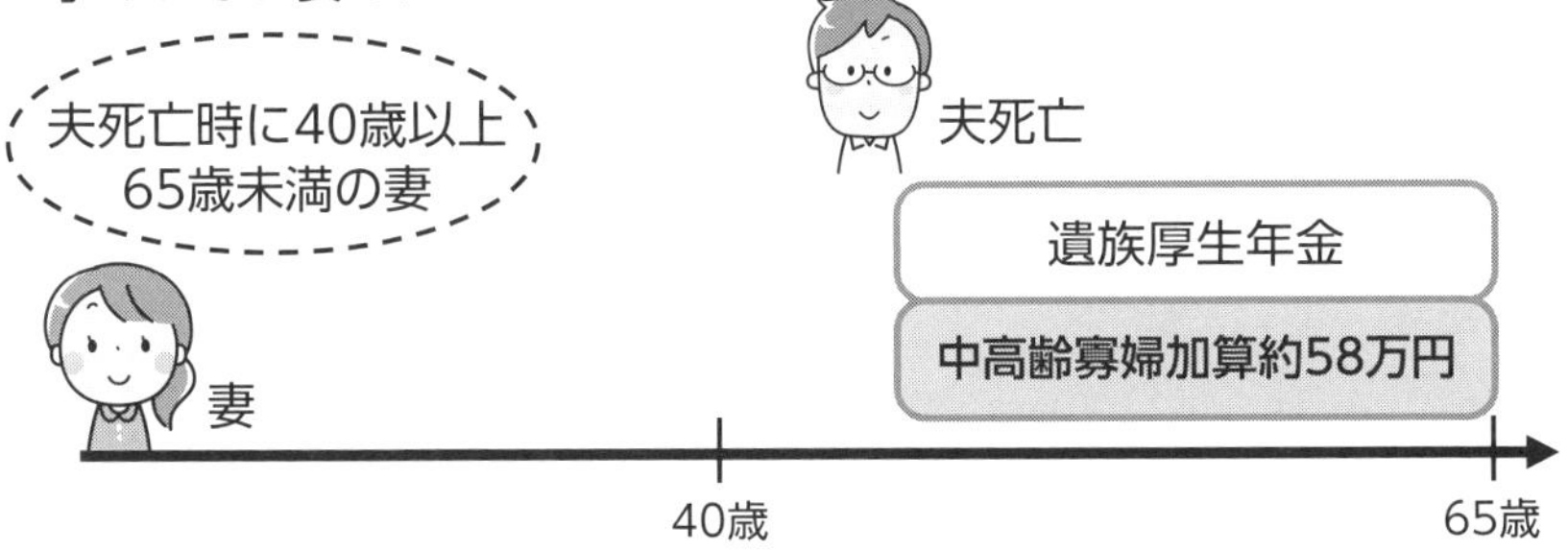

▼子のある妻のケース

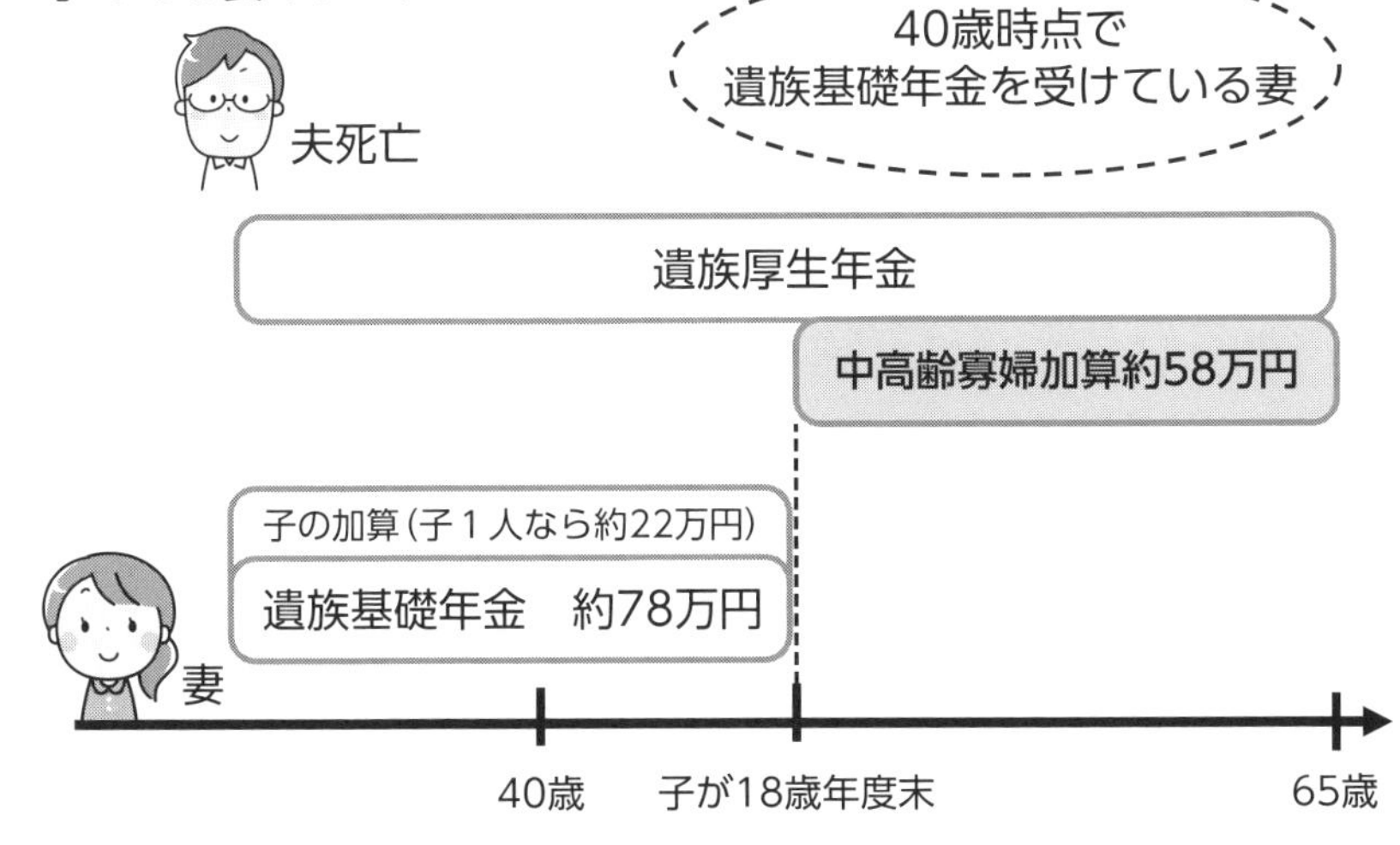

4 経過的寡婦加算が加算されるときは？

一定の要件を満たす夫が亡くなったときに加算される「経過的寡婦加算」をご存じですか？

経過的寡婦加算とは

遺族厚生年金を受けている妻が65歳になると、遺族厚生年金と妻自身の老齢基礎年金の両方を受けられるようになることから、中高齢寡婦加算がなくなります。

昭和31年4月1日以前に生まれた妻には、中高齢寡婦加算に代わる「経過的寡婦加算」が65歳から加算されます。第3号被保険者制度ができた昭和61年4月1日に30歳以上の人は、それまでの年金加入期間が短いときには、老齢基礎年金の額が中高齢寡婦加算より低額となるので、それを補うための加算です。

夫が亡くなったときに65歳以上の妻

夫が亡くなったときに65歳以上の妻（昭和31年4月1日以前生まれ）にも経過的寡婦加算は加算されます。

経過的寡婦加算される要件は中高齢寡婦加算と同じです。すなわち、遺族厚生年金の要件が短期要件もしくは長期要件で厚生年金の加入期間が20年以上（中高齢の特例は15年～19年以上（81ページ））のときに限られます。つまり、厚生年金の加入期間が20年未満の夫が亡くなり、長期要件で遺族厚生年金が支給されるときには、経過的寡婦加算は加算されません。

経過的寡婦加算の金額

経過的寡婦加算は、生年月日によって金額が違います。おおまかにいえば、昭和2年4月以前生まれの妻は年間約58万円、昭和30年4月生まれの妻は年間約2万円です。若いほど段階的に加算額は少なくなります。この金額は物価等の影響により、毎年変動します。

昭和31年4月2日以降生まれは加算なし

昭和31年4月2日以降に生まれた人には、経過的寡婦加算はありません。加算のない遺族厚生年金と自身の老齢基礎年金（老齢厚生年金）を受けることになります。

短期要件と長期要件のときの経過的寡婦加算

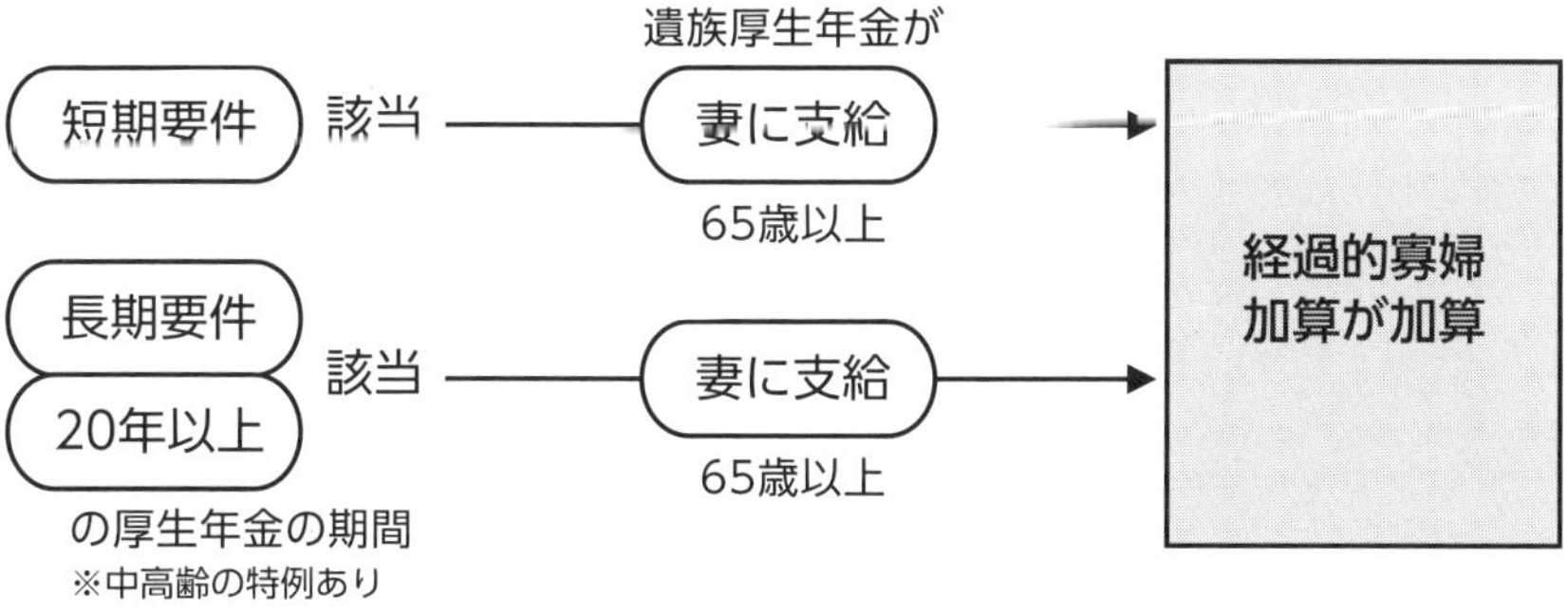

経過的寡婦加算が加算されるとき

▼妻が 65 歳になる前に夫が亡くなったケース

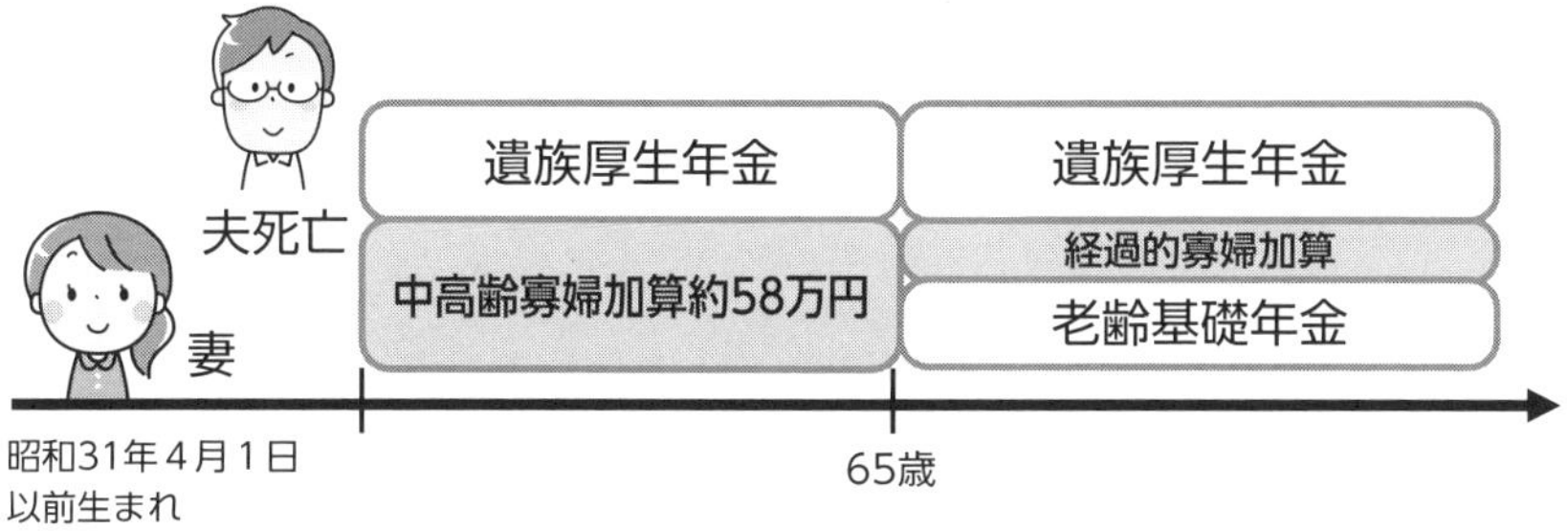

▼妻が 65 歳到達後に夫が亡くなったケース

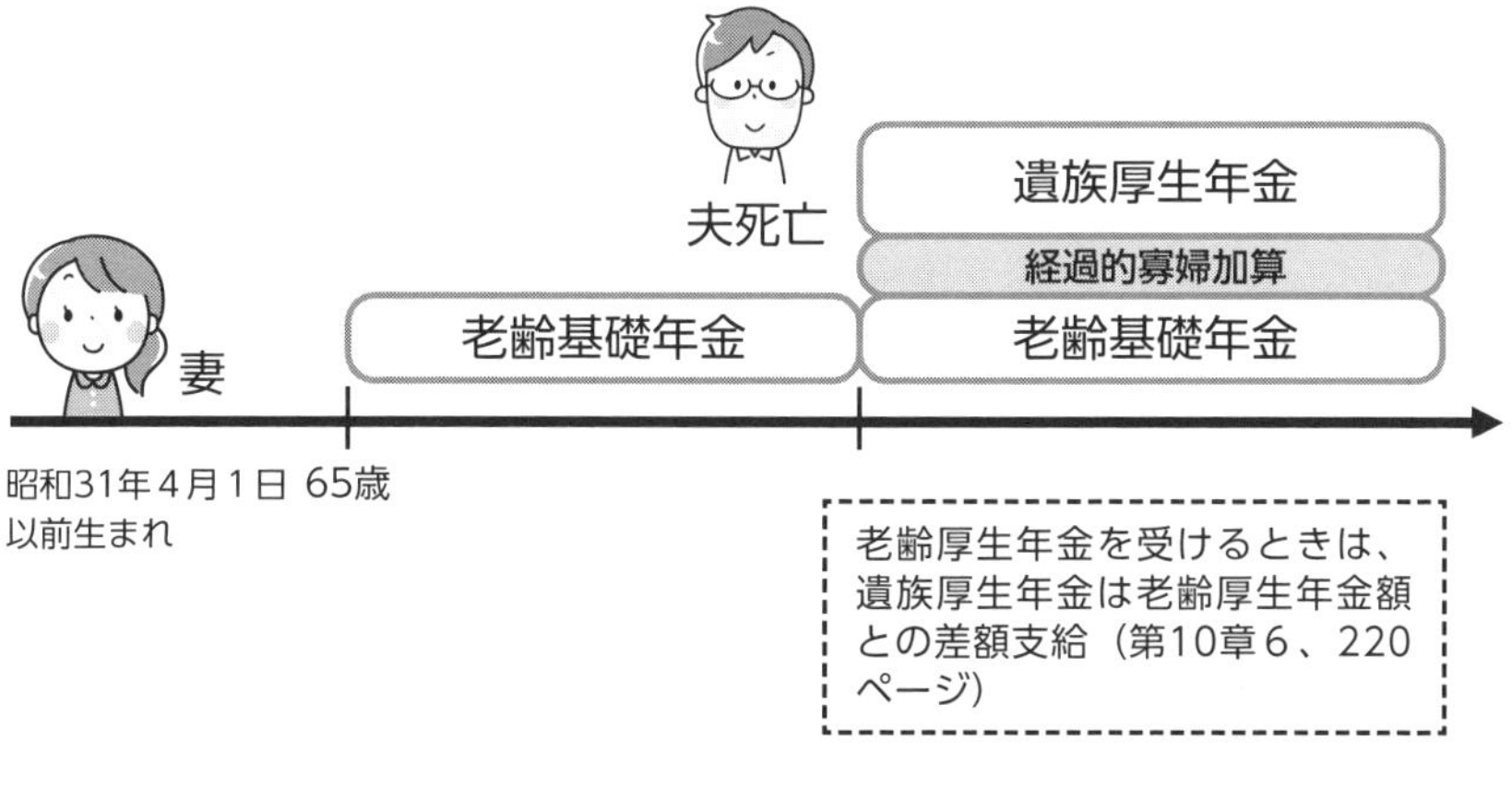

5 遺族厚生年金がなくなるときは？

遺族厚生年金を受ける権利を失うことがあるのをご存じですか？

遺族厚生年金が支給されなくなるとき

遺族厚生年金は、生涯受けられることが約束されているわけではありません。次のような事由に該当すれば、受ける権利を失います。

▼亡くなったとき

遺族厚生年金を受けていた人が亡くなったときは、その権利を失います。

▼婚姻したとき

婚姻したときは遺族厚生年金を受ける権利を失います。事実婚も含まれます。

▼養子になったとき

養子になったときは遺族厚生年金を受ける権利を失います。ただし、直系血族、または直系姻族の養子となったときを除きます。例えば、自分の祖父母や、配偶者の祖父母、父母の養子となっても権利は失いません。

▼離縁となったとき

子や孫については、亡くなった人と離縁したときに遺族厚生年金を受ける権利を失います。

▼子と孫が一定年齢に達したとき

子や孫については、18歳年度末（障害のある子は20歳）を迎えたときに遺族厚生年金を受ける権利を失います。18歳年度末から20歳までの間に障害が回復したときなども該当します。また、子が婚姻すると以後遺族厚生年金は支給されません。婚姻には事実婚も含まれます。

次順位の人に引き継がれない

遺族厚生年金を受ける権利を失ったときに次順位の人に権利が引き継がれる（転給）ことはありません。例えば、妻が再婚したからといって、次順位の父母が遺族厚生年金を受けることはありません。同順位の子に権利があれば、子の支給停止が解除になることはあります。

遺族厚生年金が受けられなくなるとき

▼妻が再婚したとき

▼妻が再婚したとき（遺族基礎年金を受けていたとき）

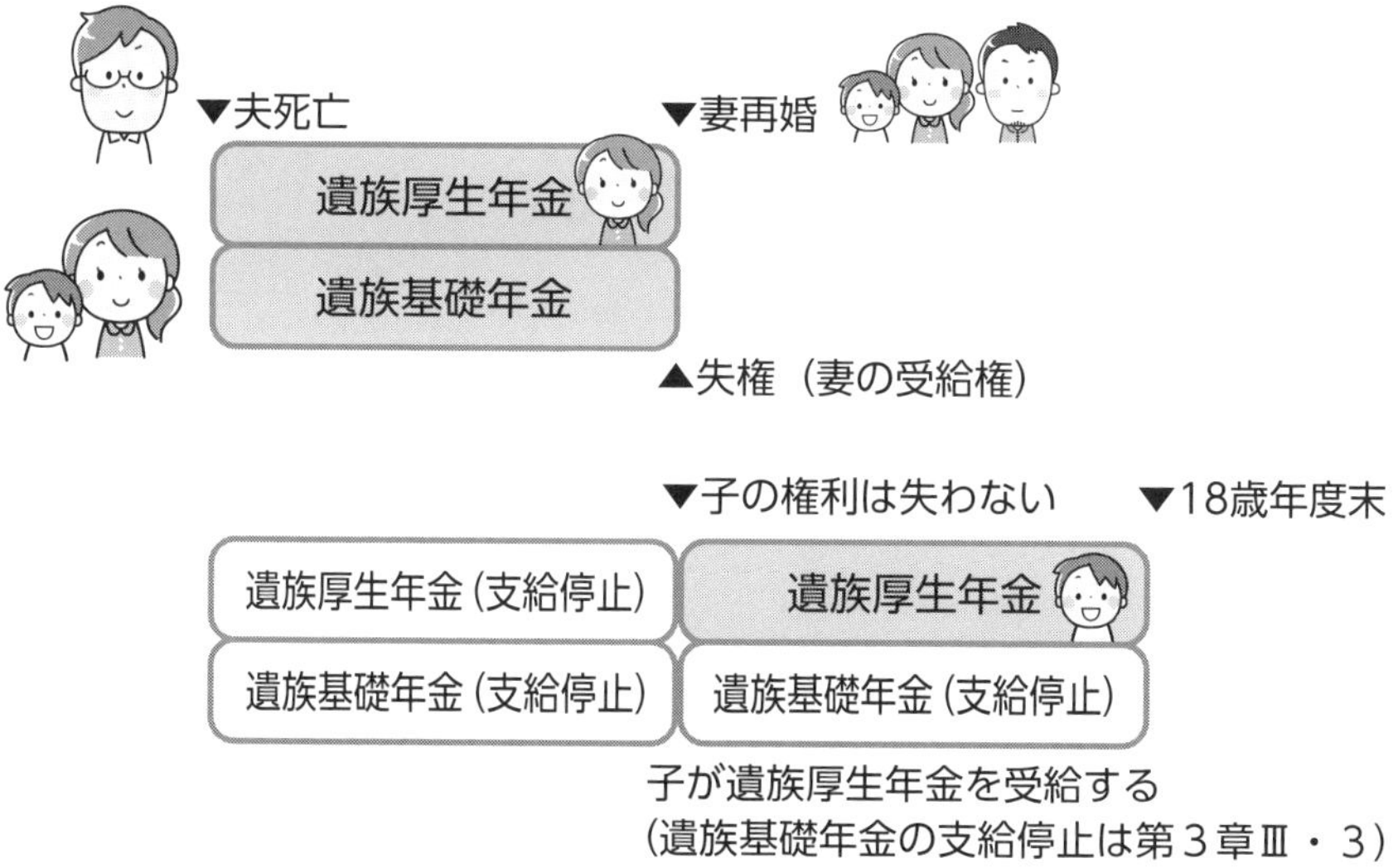

「離縁」とは?

法律上の「離縁」とは、養子縁組の解消をいいます。

例えば、遺族厚生年金を受けている妻が、亡くなった夫の父母・祖父母・兄弟などとの姻族関係を終了しても「離縁」に該当しませんので、遺族厚生年金の権利は失いません。また、結婚前の戸籍や姓に戻したときも同様です。

6 30歳未満の妻の特別な要件とは？

遺族である妻の年齢によって、遺族厚生年金が支給される期間に大きな違いがあることをご存じですか？

遺族厚生年金の年齢要件

遺族厚生年金を受けられる遺族には、配偶者（妻・夫）、子、父母、孫、祖父母があります。

このうち、子や孫には18歳年度末までの子（障害のある20歳までの子）という年齢の要件があります。また、夫や父母、祖父母には55歳以上の要件があります。

一方で、妻には年齢要件がありません。厚生年金加入中の夫が亡くなったときに、他の要件を満たしていれば、年齢に関係なく遺族厚生年金を受けられます。

遺族厚生年金が支給される期間

いつまで受けられるのか、というと、権利を失う事由に該当しない限りは受けられます（本章Ⅱ・5）。妻が権利を失う事由としてよくあるのは再婚です。言い換えれば、再婚等の事由がない限りは生涯受けられるということです。ただし、遺族厚生年金を受けるのが30歳未満の子のない妻のときは、しくみが異なります。

30歳未満の妻に支給される遺族厚生年金

次の二つに当てはまるとき、遺族厚生年金は5年間に限って支給されます。

- 夫が亡くなったときに30歳未満の妻
- 18歳年度末までの子（障害のある20歳までの子）がないため遺族基礎年金を受ける権利がない

つまり、30歳未満の子のない妻が受ける遺族厚生年金は、5年の有期年金です。夫が亡くなったときに30歳未満の妻であっても、対象になる子がいれば5年の有期年金とはなりません。ただし、対象になる子があり遺族基礎年金と遺族厚生年金を受けていた妻が、30歳に到達する前に遺族基礎年金を受ける権利を失ったときには、その権利を失った日から5年を経過した時点で、遺族厚生年金を受ける権利がなくなります。

30歳未満の妻が受ける5年有期の遺族厚生年金

▼夫が亡くなった時点で妻が 30 歳未満で子がいないとき

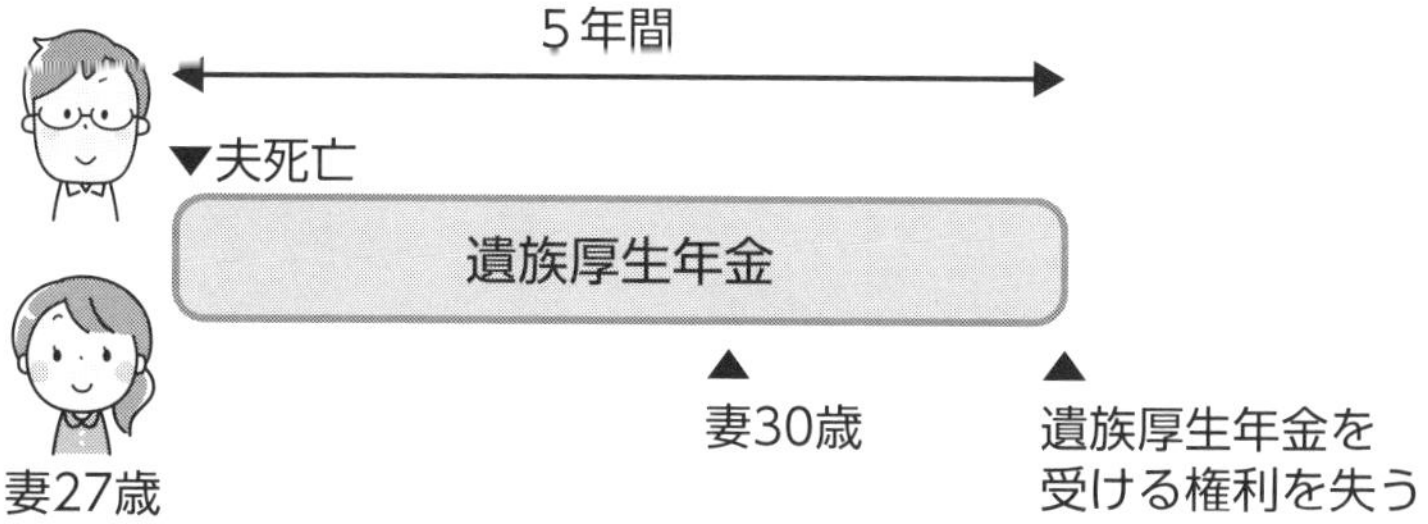

▼夫が亡くなった時点で子がいたが、30 歳前に子がいなくなったとき

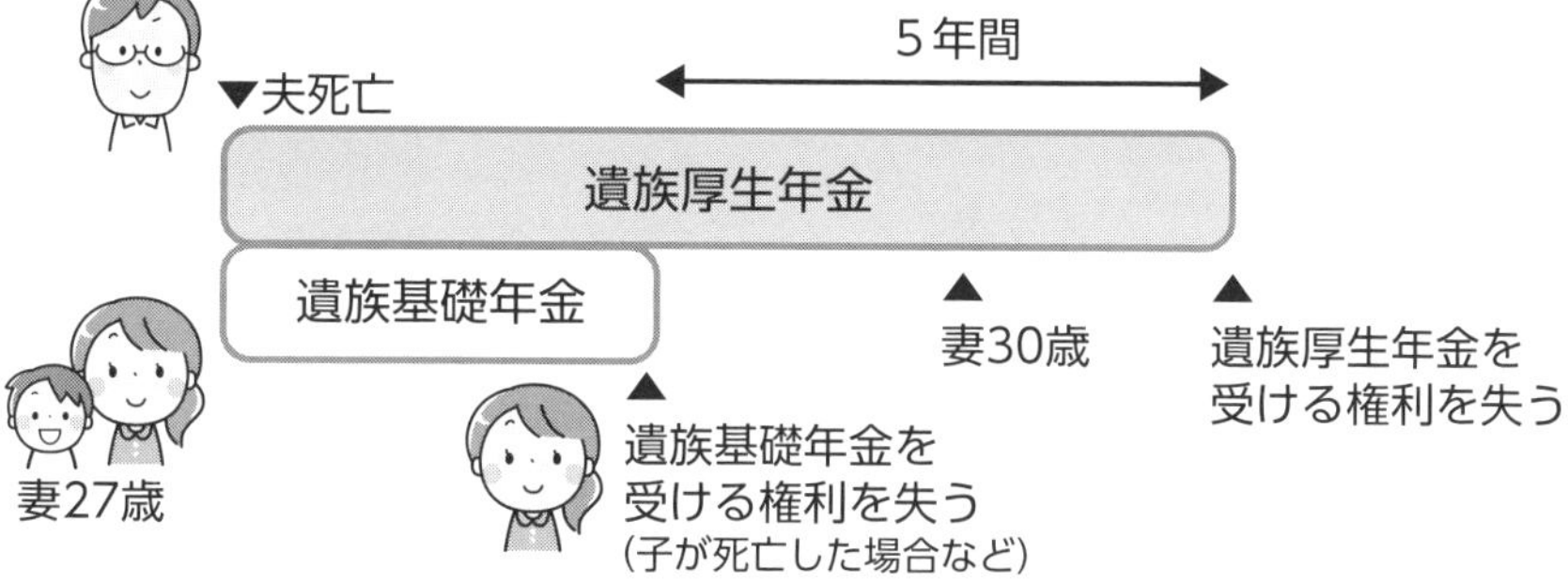

30歳未満の妻が受ける無期の遺族厚生年金

▼夫が亡くなった時点で妻が 30 歳未満で子があるとき

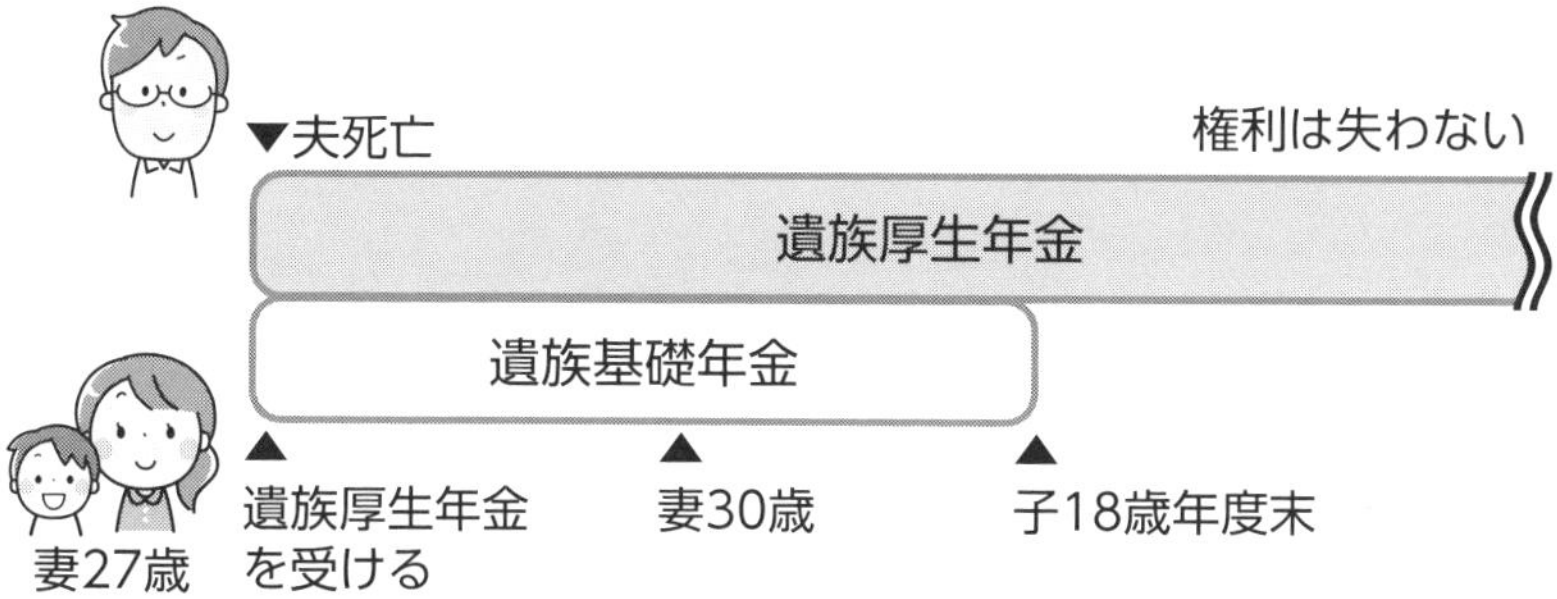

7 遺族厚生年金が支給停止になるときは？

遺族厚生年金を受ける権利があっても、実際には支給されないことがあるのをご存じですか？

遺族厚生年金が支給停止されるとき

遺族厚生年金が支給停止されるときがあります。支給停止とは、年金を受ける権利はあるものの支給が行われないしくみです。

年金を受ける権利はあるので、支給停止の事由がなくなれば停止解除となり支給される可能性はあります。しかし、支給停止期間について、お金が受け取れるかという観点で考えれば「遺族厚生年金を受けることはできない」という点で、受ける権利がない状況と同様です。

夫などに対する遺族厚生年金

夫、父母、祖父母に対する遺族厚生年金は、受ける権利を得たとしても、60歳に達するまでの期間は、支給が停止されます。ただし、夫に対する遺族厚生年金は、夫が遺族基礎年金を受ける権利を有するときは、60歳になる前であっても支給されます。

子に対する遺族厚生年金

子に対する遺族厚生年金は、配偶者（子の母または父）が遺族厚生年金を受ける権利を有するときは、その間の支給が停止されます。ただし、配偶者に対する遺族厚生年金の支給が停止される間は支給されます。

配偶者に対する遺族厚生年金

配偶者に対する遺族厚生年金は、その配偶者が遺族基礎年金を受ける権利を有さず、子がその権利を有するときは、その間の支給が停止されます。

所在不明による支給停止

配偶者または子に対する遺族厚生年金は、配偶者または子の所在が1年以上明らかでないときは、遺族厚生年金を受ける権利を有する子または配偶者の申請によって、所在が明らかでなくなったときに遡って支給が停止されます。

第５章

寡婦年金と死亡一時金のしくみ

寡婦年金は、国民年金加入の夫が亡くなったときに
期間限定で支給される年金です。
死亡一時金は、年金保険料の掛け捨て防止のために
受け取れる一時金です。

第５章では、寡婦年金と死亡一時金の要件と金額について
お伝えします。

1 寡婦年金の亡くなった夫の要件とは?

国民年金加入の夫が亡くなったときに妻に支給される寡婦年金をご存じですか?

寡婦年金とは

寡婦年金は、第1号被保険者の期間を有する夫が、夫自身の年金を受ける前に亡くなった場合に、遺された妻に対して支給される年金です。

亡くなった夫の要件

寡婦年金を受けるための、亡くなった夫の要件は三つあり、そのすべてを満たす必要があります。

①第1号被保険者期間が10年以上あること

ひとつ目の要件は、亡くなった夫が国民年金の第1号被保険者として、国民年金の保険料を納めた期間（免除期間を含む）が10年以上あることです。

要件である10年は、亡くなった日の前日において、亡くなった日のある月の前月までの第1号被保険者としての期間です。遺族基礎年金や遺族厚生年金においては、合算対象期間（81ページ）を加えて、要件の年数を満たせばよいとされていますが、寡婦年金の要件である10年には、合算対象期間を含めることができません。また、国民年金の第2号や第3号被保険者期間も含みません。

②障害基礎年金を受けていないこと

二つ目の要件は、障害基礎年金を受けたことがないことです。例えば、障害基礎年金を請求した翌月に夫が亡くなったときは、1カ月分が支給されるため、寡婦年金は受けられません。寡婦年金のほうが多いからといって、差額が支給されるようなことはありません。

③老齢基礎年金を受けていないこと

三つ目の要件は、老齢基礎年金を受けたことがないことです。老齢基礎年金を繰り上げて受給しているときも含みます（105ページ）。

寡婦年金を受けるための要件

亡くなった夫の要件

＋

遺された妻の要件
（104ページ）

寡婦年金・亡くなった夫の要件

要件①	要件②	要件③
国民年金の第1号被保険者期間が10年以上ある	障害基礎年金を受けたことがない	老齢基礎年金を受けたことがない

保険料納付済期間 ＋ 保険料免除期間

■65歳未満の任意加入被保険者期間 →「保険料納付済期間」に入る
（170 ページ）

■学生納付特例期間・保険料納付猶予期間のみを有するとき → 寡婦年金は支給されない
（寡婦年金の額に反映される期間がない）

第１号被保険者とは

国民年金制度には日本国内に住所を有する20歳以上60歳未満のすべての人が加入します。3 種類の加入者があり保険料の納め方が異なります。

第 1 号被保険者は、20歳以上60歳未満の自営業者、学生、無職者などが該当します。国民年金保険料を自分で支払うのは第 1 号被保険者だけで、保険料の免除制度や猶予制度を利用できます。

第 2 号被保険者は会社員や公務員で、給与から引かれている厚生年金保険料の中に、国民年金保険料が含まれています。

第 3 号被保険者は、会社員や公務員の配偶者です。自ら国民年金保険料を納める必要はなく、配偶者が加入する厚生年金や共済年金が負担している形になります。

2 寡婦年金の妻の要件とは？

寡婦年金を受けるには、亡くなった夫だけでなく、妻にも要件があることをご存じですか？

寡婦年金の妻の要件

寡婦年金は妻にも要件があります。要件は四つあり、そのすべてを満たす必要があります。

①夫によって生計を維持されていたこと

ひとつ目の要件は、夫によって生計を維持されていたことです。同じ屋根の下に住んでいて、住民票上の同一世帯であり、遺族の収入が基準内であれば問題ありません。別々に暮らしているときなどは生計同一関係にあったことの証明が必要になります。亡くなった夫との生計維持の認定基準は、遺族基礎年金や遺族厚生年金と同様です（第6章以降）。

②婚姻関係が継続して10年以上あること

二つ目の要件は、夫との婚姻関係が10年以上継続していることです。遺族基礎年金や遺族厚生年金では、亡くなった時点で婚姻関係にあればよいとされていますが、寡婦年金は婚姻関係が「継続」していることが要件となっています。事実上の婚姻関係も含みます。

③65歳未満の妻であること

三つ目の要件は、65歳未満の妻であることです。寡婦年金は、妻が60歳から65歳になるまでの間に支給される年金なので、65歳以上であれば要件を満たしません。

夫が亡くなったときに60歳未満であっても要件を満たします。そのときは、60歳になるまで支給が停止されます（本章Ⅰ・3）。

④老齢基礎年金を繰り上げて受けていないこと

四つ目の要件は、老齢基礎年金を繰り上げて受けていないことです。老齢基礎年金は65歳から支給される年金ですが、60歳を過ぎれば繰り上げて早く受けることができます。この年金を妻が受けているときは、寡婦年金を受けることはできません。

寡婦年金・妻の要件

要件①	要件②	要件③	要件④
夫により生計維持	婚姻関係が継続して10年以上	65歳未満	老齢基礎年金を繰り上げて受けていない

（要件①）遺族基礎年金・遺族厚生年金の認定基準と同様

（要件③）寡婦年金は妻が60歳から65歳になるまでの間に支給される。60歳未満の妻も要件を満たす（60歳まで支給停止）

「繰上げ支給の老齢基礎年金」とは

老齢基礎年金は65歳から支給される年金ですが、60歳から65歳になるまでの間に、前倒しをして受けることができます。これを「繰上げ支給の老齢基礎年金」といいます。一定割合で減額された年金を受けることになりますが、早目に年金を受けられるという利点もあり利用している人がいます。

このようなことがありました

「せっかく納めてきた年金保険料をムダにしたくない」
「だから繰上げして、今から老齢基礎年金を受け取りたい」
余命僅かと宣告された62歳の男性の言葉です。国民年金を40年間まじめに納付してきた彼には58歳の妻がいました。老齢基礎年金を繰り上げて受けたとすると、今から1年当たり約67万円を受けることができますが、亡くなったときに妻に寡婦年金は支給されません。一方、繰り上げて受給していなければ、妻には5年間で約290万円の寡婦年金が支給される可能性があります。
寡婦年金のしくみを説明したところ、「自営業者に遺族年金はないと思っていた」「妻が年金を受け取れるのであれば」と老齢基礎年金の繰上げはやめておくことになりました。人によって判断は違うでしょうし、何が正解かもわかりません。ただ、制度を知っておくことで、後悔のない選択が可能になるかもしれません。

3 寡婦年金の支給期間と年金額は？

寡婦年金額は夫の年金加入状況によって異なることをご存じですか？

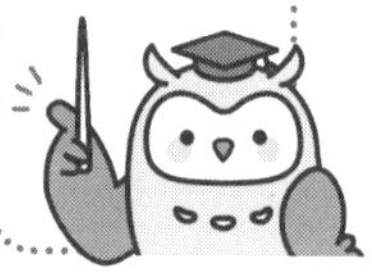

寡婦年金の支給期間

▼妻が60歳未満のとき

寡婦年金が支給されるのは、妻が60歳から65歳になるまでの期間に限られます。最大で5年間の支給です。

夫が亡くなったときに妻が60歳未満であれば、60歳になるまでは支給が停止され、60歳に達した日のある月の翌月分から支給が開始されることになります。

例えば、5月2日生まれの人であれば、60歳の誕生日を迎えた翌月の6月分から支給されます。年金は2カ月分まとめて後払いなので、6月、7月分が8月15日に通帳に振り込まれます（第3章Ⅲ・2）。

▼妻が60歳以上のとき

夫が亡くなったときに妻が60歳以上であれば、夫が亡くなった日のある月の翌月分から65歳になるまで支給されます。妻自身の老齢基礎年金を受けるまでの繋ぎの役割です。

寡婦年金の額

寡婦年金の額は、夫が生きていればもらえたはずの老齢基礎年金（第1号被保険者としての保険料納付済期間および保険料免除期間のみに基づく）の4分の3です。

例えば、夫が国民年金の第1号被保険者として、国民年金保険料を40年納付していたとすると、夫が生きていればもらえたはずの老齢基礎年金額は年約78万円なので、その4分の3の約58万円が寡婦年金額となります。5年受けられるとしたら総額約290万円です。

また、夫が第1号被保険者として国民年金保険料を10年納付していたとすると、寡婦年金額は年約14万円です。5年受けられるとしたら、総額約70万円です。このように、寡婦年金の額は亡くなった夫の年金の加入状況によって異なります。

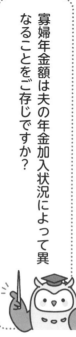

寡婦年金の支給期間

▼夫が亡くなったとき、妻が60歳未満

▼夫が亡くなったとき、妻が60歳以上

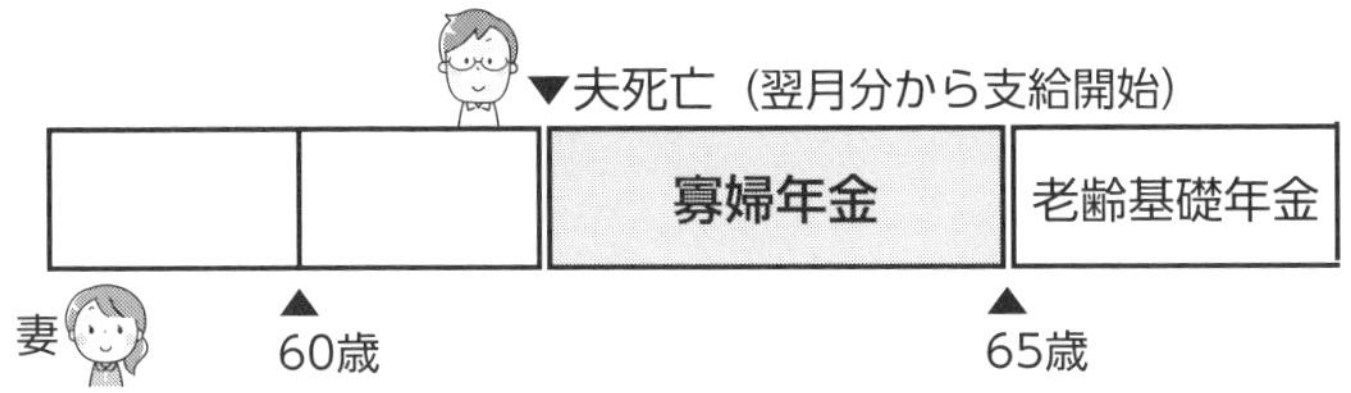

寡婦年金の年金額

▼夫が第１号被保険者期間として40年間納付済のとき

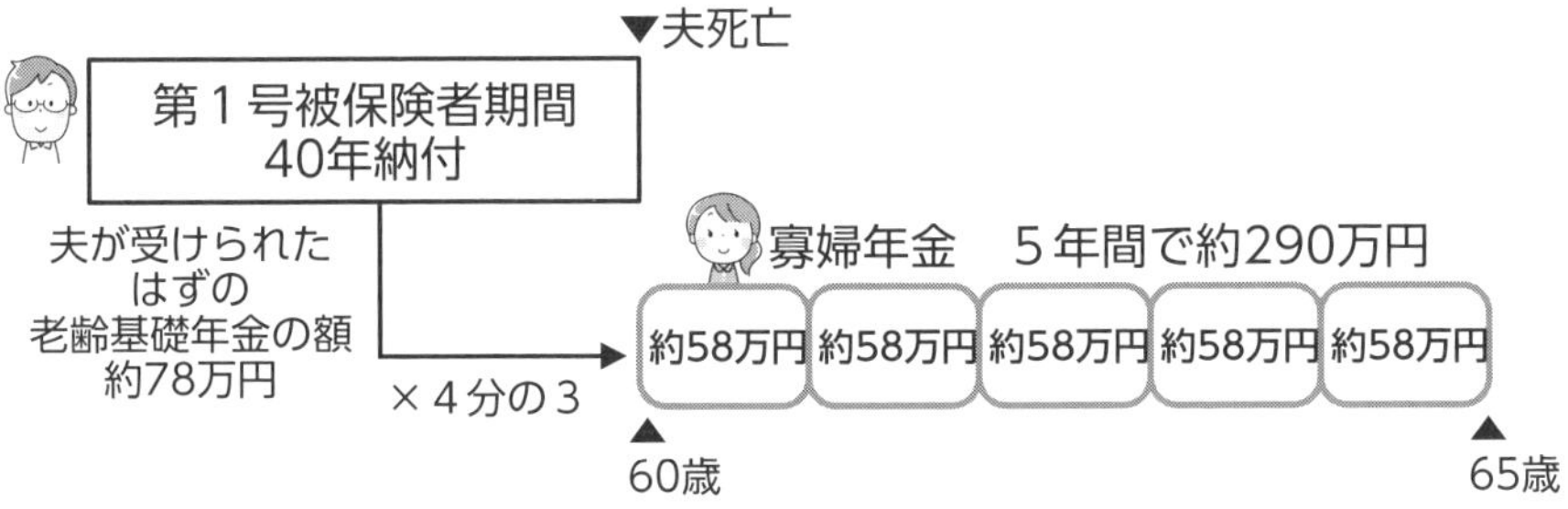

▼夫が第１号被保険者期間として10年間納付済のとき

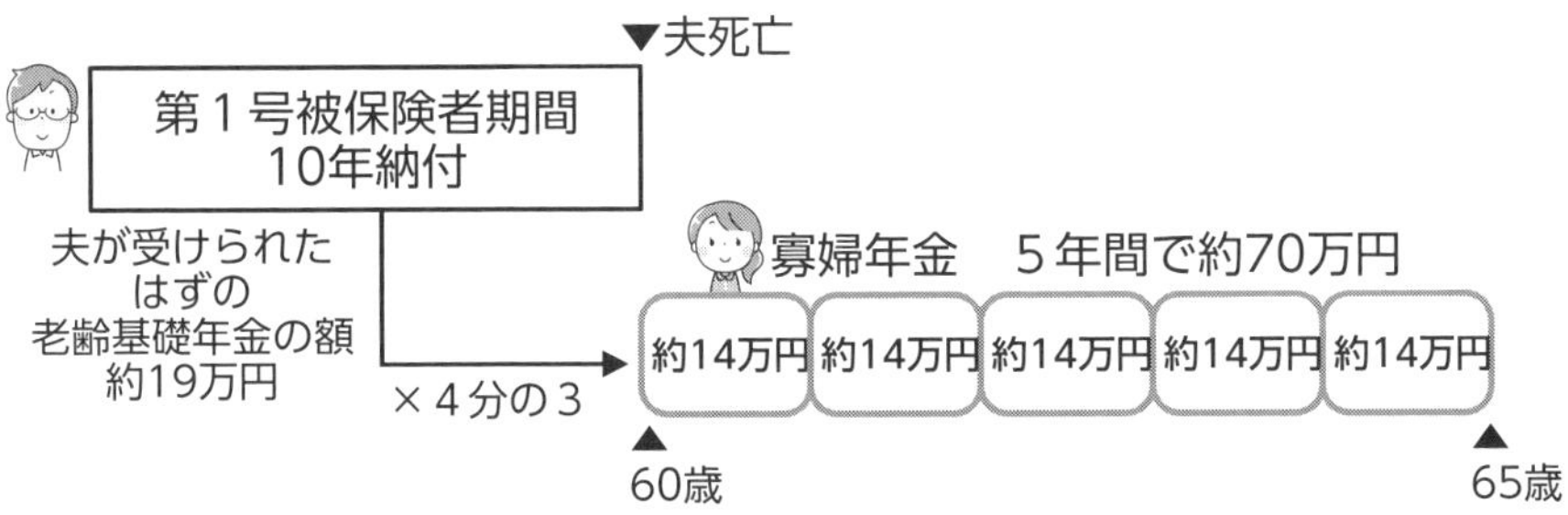

※老齢基礎年金の額は、第１号被保険者期間のみで計算

4 他の遺族年金も受けられるときは？

寡婦年金は他の年金と同時に受けられないことをご存じですか？

他の年金を受けられるとき

寡婦年金は、他の年金と同時に受けることができません。特別支給の老齢厚生年金（第10章３）や障害年金などが同じ期間に支給されるときは、いずれか一方を選びます（第10章２）。

遺族基礎年金を受けられるとき

遺族基礎年金を受けていた人であっても、要件を満たせば寡婦年金を受けられます。ただし、両方を同時に受けることはできないので、受ける期間が重なったときには、いずれか一方を選びます。通常は遺族基礎年金のほうが多いので、そちらを選択します。

遺族厚生年金を受けられるとき

遺族厚生年金を受けている人も、要件を満たせば寡婦年金を受けられます。ただし、受ける期間が重なったときにはいずれか一方を選びます。

遺族厚生年金の金額が多く、寡婦年金を受ける余地がないことが明らかであれば、寡婦年金ではなく死亡一時金を選択するほうがよいときもあります（本章Ⅱ・２）。

寡婦年金が支給されなくなるとき

寡婦年金が支給されなくなる事由は五つあります。

①65歳に達したとき
②死亡したとき
③婚姻をしたとき
④養子となったとき。ただし、直系血族または直系姻族の養子となったときを除く
⑤老齢基礎年金を繰り上げて受けたとき

老齢基礎年金を繰り上げて受ければ寡婦年金は支給されません。また、寡婦年金が支給された後に繰上げ支給の老齢基礎年金を受けると、以後寡婦年金は支給されなくなります。

遺族基礎年金と寡婦年金

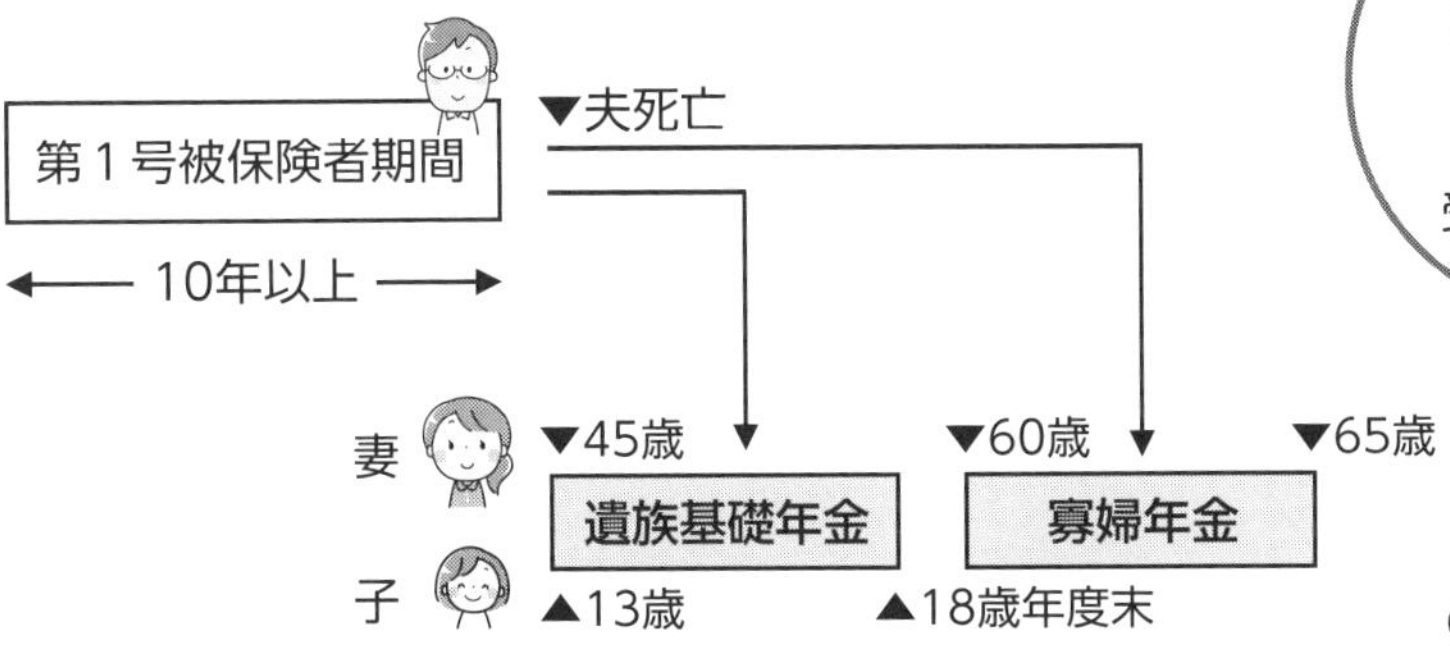

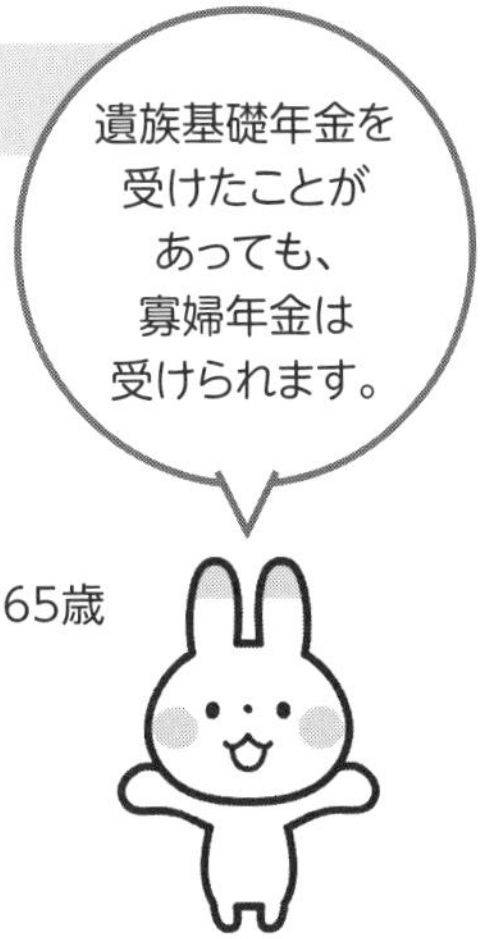

遺族厚生年金と寡婦年金

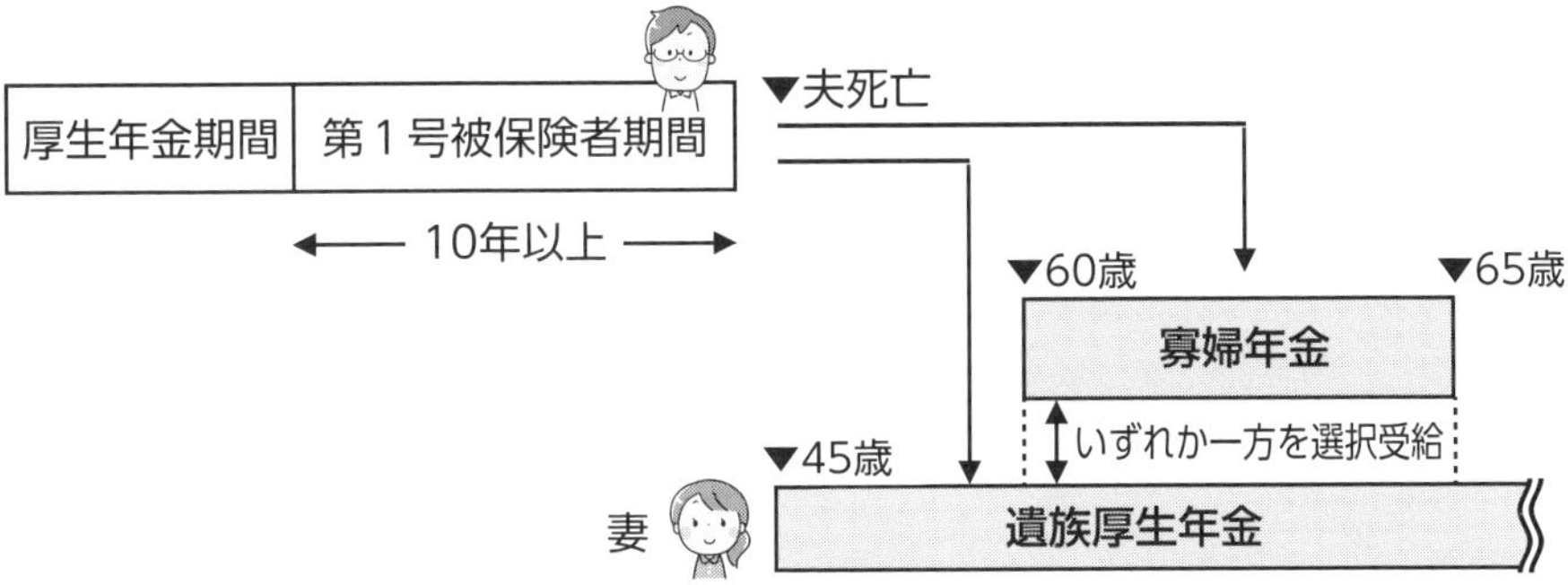

妻自身の年金と寡婦年金

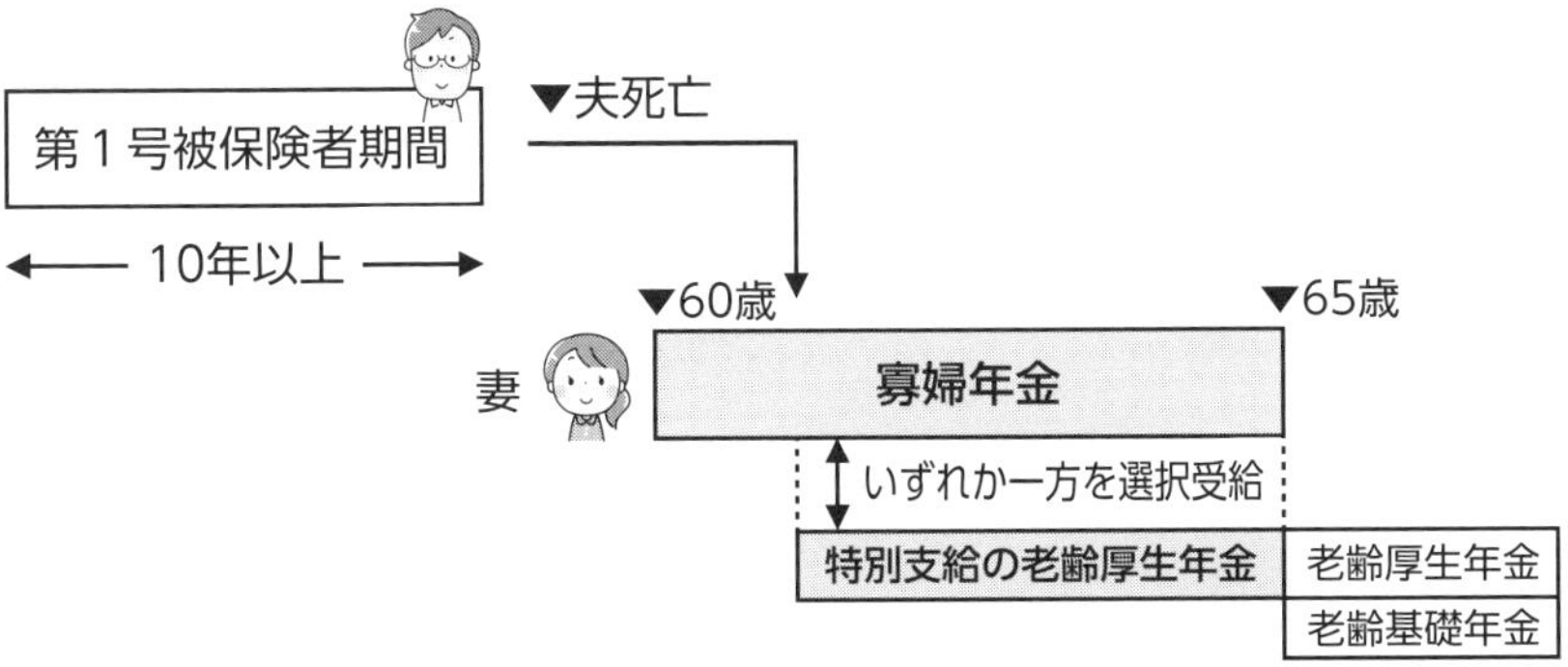

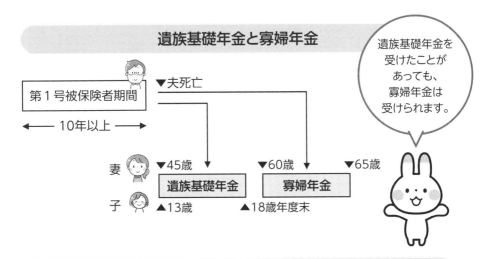

Ⅱ 死亡一時金のしくみ

1 死亡一時金の要件とは？

国民年金の保険料掛け捨て防止のための死亡一時金をご存じですか？

死亡一時金とは

死亡一時金は、第1号被保険者として国民年金保険料を一定期間以上納めている人が、年金を受けることなく亡くなったときに支給される一時金です。

死亡一時金の支給要件

死亡一時金の支給要件は、二つあります。

①国民年金保険料を36月以上納めたこと

ひとつ目は、亡くなった人が、亡くなった日の前日において、第1号被保険者として国民年金保険料を36月以上納めていることです。

免除期間があるときは、次のように計算します。

- 4分の1免除期間の月数➡4分の3で計算
- 半額免除期間の月数　➡2分の1で計算
- 4分の3免除期間の月数➡4分の1で計算

（全額免除期間は月数に含みません。）

②老齢基礎年金・障害基礎年金を受けていないこと

二つ目は、亡くなった人が老齢基礎年金または障害基礎年金を受けていないことです。

死亡一時金が支給されないとき

死亡一時金は遺族基礎年金を受ける人がいるときは支給されません。ただし、子が遺族基礎年金を受ける権利を取得したものの、その支給が停止されるようなときは、実際には遺族基礎年金を受けられないので、死亡一時金が支給されます。また、亡くなった日のある月に遺族基礎年金を受ける権利が消滅した場合には、遺族基礎年金が支給されないため、死亡一時金が支給されます。

掛け捨て防止が目的なので、どの遺族にも遺族基礎年金が支給されないときに、死亡一時金が支給されます。

死亡一時金・亡くなった人の要件

要件①

保険料を納付した月数が
36月以上あること

▼死亡

第1号被保険者期間

←36月以上納付→

要件②

亡くなった人が老齢基礎年金
または障害基礎年金
の支給を受けたことがないこと

遺族基礎年金と死亡一時金

▼遺族基礎年金を受けることができる人がいないとき

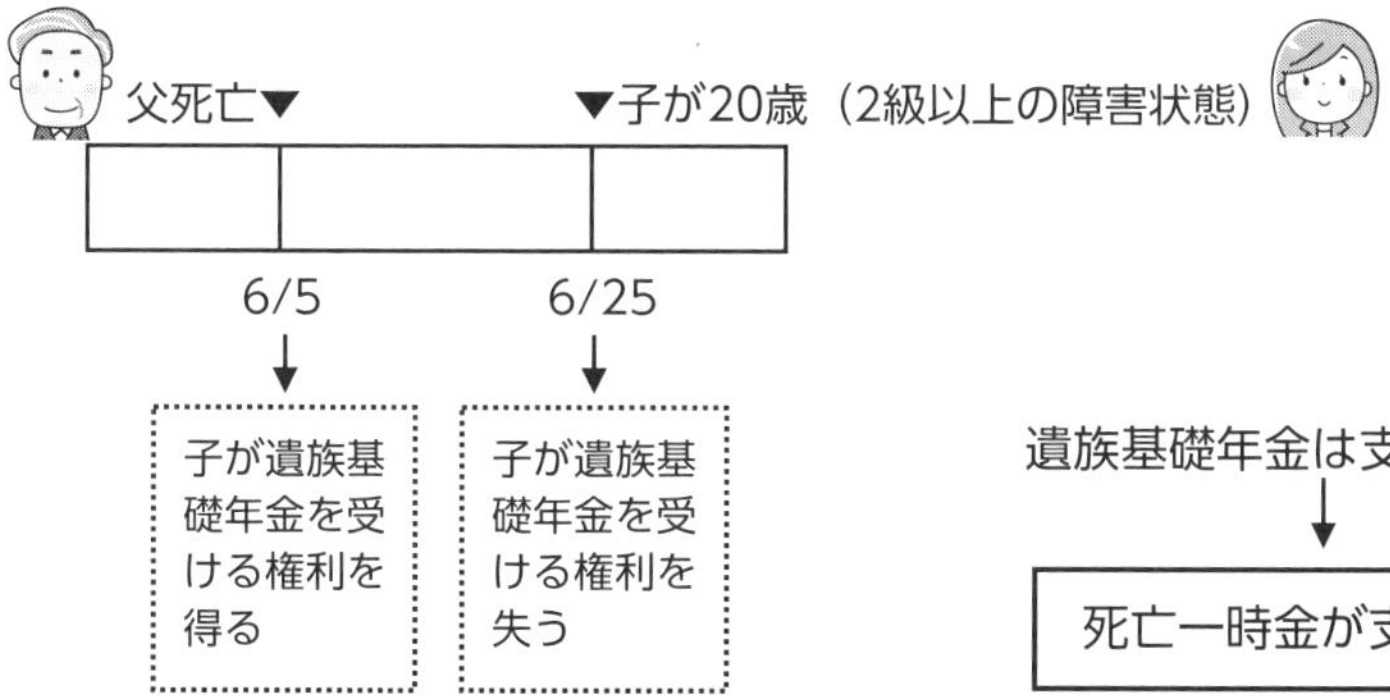

遺族基礎年金は支給されない
↓
死亡一時金が支給される

▼遺族基礎年金を受けることができる人がいるとき

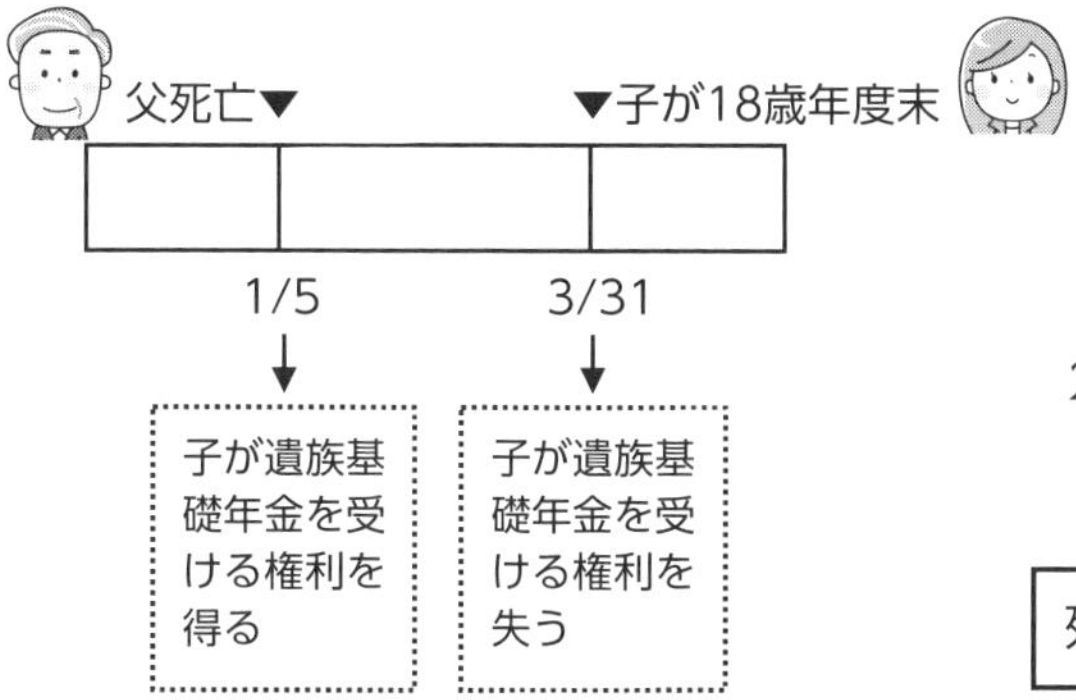

2カ月分の遺族基礎年金
が支給される
↓
死亡一時金は支給されない

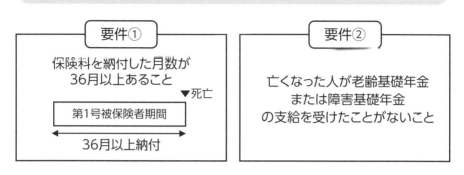

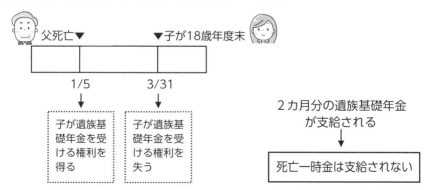

2 死亡一時金を受けられる人と支給額は？

死亡一時金を受けられるのは、生計を同じくしていた一定の遺族であることをご存じですか？

死亡一時金を受けられる遺族

死亡一時金を受けることができる遺族は、亡くなったときに、亡くなった人と生計を同じくしていた、配偶者、子、父母、孫、祖父母、または兄弟姉妹です。優先順位は、この順番のとおりです。

▼生計を同じくしていたこと

死亡一時金には生計同一要件（第6章Ⅱ・1）があります。例えば、長年にわたり音信不通の兄弟姉妹は生計同一関係にありませんので、遺族の要件を満たしません。

遺族基礎年金、遺族厚生年金、寡婦年金には生計維持要件がありますが、死亡一時金は生計同一要件です。つまり、死亡一時金には収入要件がないので、収入や所得が高い人でも受けることができます。

死亡一時金の額

死亡一時金の額は、亡くなった日のある月の前月までの第1号被保険者としての保険料の納付実績に応じ、次ページの表のように、12万円から32万円となります。また、死亡日のある月の前月までの付加保険料の納付済期間が3年以上ある場合には、８５００円が加算されます。

死亡一時金と寡婦年金

死亡一時金の要件と寡婦年金の要件を同時に満たすときがあります。この場合は、いずれか一方を選択することになり、選択しなかったほうを受ける権利はなくなります。

寡婦年金と死亡一時金のどちらを選択するかについては、金額だけで判断できないときも多いです。寡婦年金のほうが多くても、60歳から65歳になるまでの間に他の年金を受けることができれば、寡婦年金を受ける余地がないこともあります。つまり、死亡一時金を選んだほうがよいときもあります。

死亡一時金の額

亡くなった日の属する月の前月までの第１号被保険者としての保険料納付実績

合算月数

・保険料納付済期間の月数
・４分の１免除期間の月数を、４分の３で計算した月数
・半額免除期間の月数を、２分の１で計算した月数
・４分の３免除期間の月数を、４分の１で計算した月数
（全額免除期間は月数に反映しません）

合算した月数	死亡一時金の金額
36月以上　180月未満	120,000 円
180月以上　240月未満	145,000 円
240月以上　300月未満	170,000 円
300月以上　360月未満	220,000 円
360月以上　420月未満	270,000 円
420月以上	320,000 円

＋

付加保険料の納付済期間が３年以上あるとき
8,500円

死亡一時金と寡婦年金

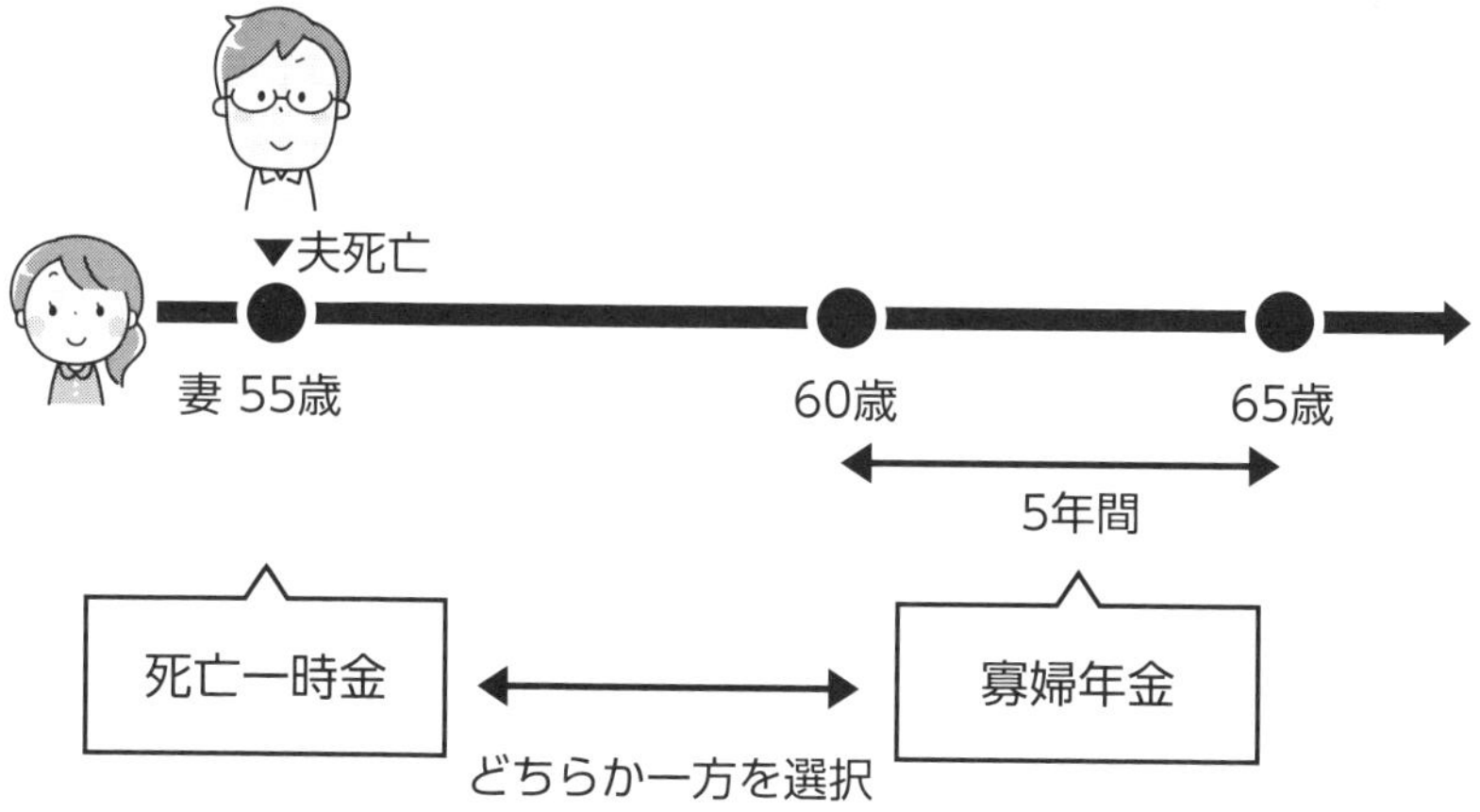

死亡一時金の時効は２年なので、原則として亡くなったときから２年を過ぎると「死亡一時金」を選択できなくなります。

3 寡婦年金と死亡一時金をチャートで確認

寡婦年金の要件

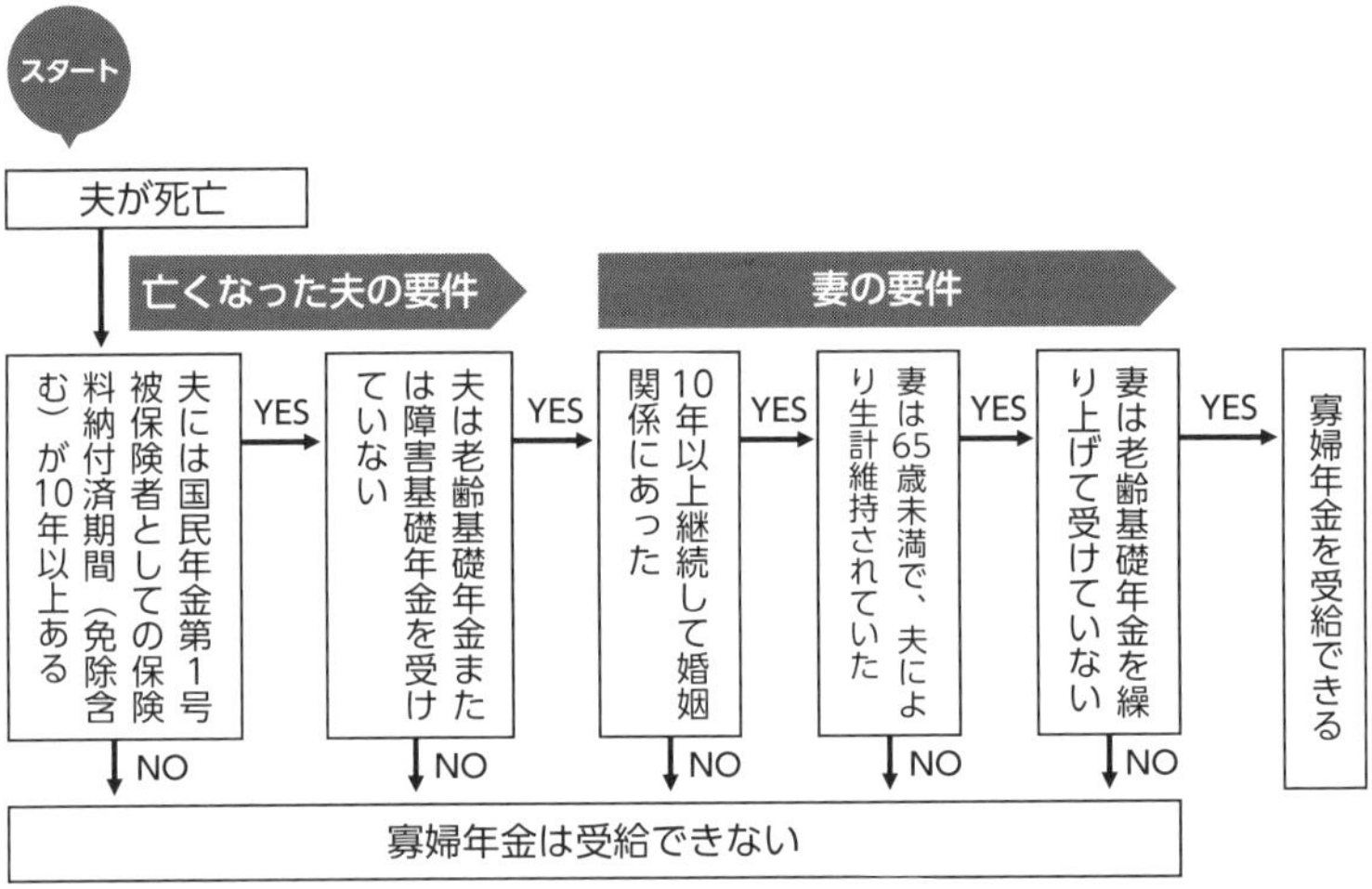
スタート
夫が死亡
亡くなった夫の要件
妻の要件
夫には国民年金第1号被保険者としての保険料納付済期間（免除含む）が10年以上ある
夫は老齢基礎年金または障害基礎年金を受けていない
10年以上継続して婚姻関係にあった
妻は65歳未満で、夫により生計維持されていた
妻は老齢基礎年金を繰り上げて受けていない
YES
NO
寡婦年金を受給できる
寡婦年金は受給できない

死亡一時金の要件

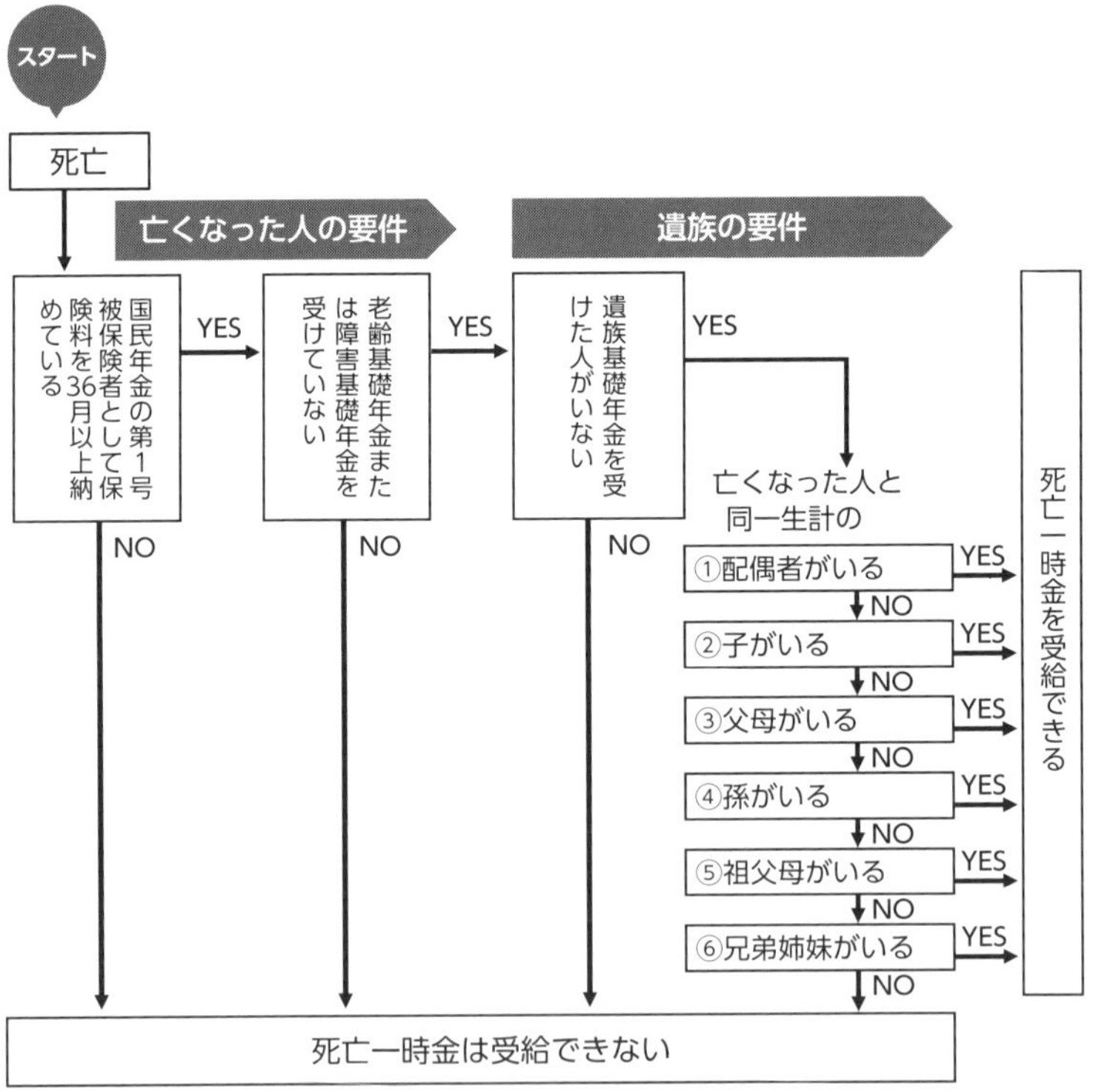
スタート
死亡
亡くなった人の要件
遺族の要件
国民年金の第1号被保険者として保険料を36月以上納めている
老齢基礎年金または障害基礎年金を受けていない
遺族基礎年金を受けた人がいない
YES
NO
亡くなった人と同一生計の
①配偶者がいる
②子がいる
③父母がいる
④孫がいる
⑤祖父母がいる
⑥兄弟姉妹がいる
死亡一時金を受給できる
死亡一時金は受給できない

第６章

遺族年金を受けるために必要な「生計維持要件」

遺族年金には、亡くなった人の要件、遺族の要件の他に、
生計維持要件があります。
亡くなった人とその遺族に生計維持関係がないという理由で、
遺族年金を受けられないときがあります。

第６章では、遺族年金を受けるのに必要な
「生計維持要件」についてお伝えします。

1 生計維持要件とは？

「生計維持関係がない」という理由で、遺族年金が支給されない人がいることをご存じですか？

遺族年金を受けるには生計維持関係が必要

国民年金法37条の2は次のように定めています。

「遺族基礎年金を受けることができる配偶者または子は、被保険者または被保険者であった者の配偶者または子であって、被保険者または被保険者であった者の死亡の当時その者によって生計を維持し、…。」

ここには、遺族基礎年金を受ける要件のひとつに「亡くなった当時に、亡くなった人に生計を維持」されていたこととあります。つまり、配偶者や子であっても、亡くなった人との生計維持関係がなければ、遺族年金は支給されません。これを「生計維持要件」といいます。遺族厚生年金と寡婦年金にも生計維持要件があります。

生計維持要件には「生計同一要件」と「収入要件」があり、この二つの要件を満たす必要があります。一部例外はあるものの、亡くなった後に要件を満たすように調整することはできません。亡くなる前の元気なうちであれば、対応できることがあるかもしれません。

「生計同一要件」とは

生計同一要件は、平たくいえば、亡くなった人と遺族年金の対象となる遺族が「ひとつ屋根の下で一緒に暮らしている」ことです。さまざまな理由により別居している家族もあると思いますが、そのようなときには生計がひとつであることを証明しなければなりません。

「収入要件」とは

収入要件は「遺族の収入が一定額以下であること」です。遺族年金は、遺族の生活の安定と福祉の向上に寄与する年金です。遺族に安定的な収入と所得があるのであれば、遺族年金は必要ないとの考えにも結び付きます。

遺族年金を受けるには生計維持関係が必要

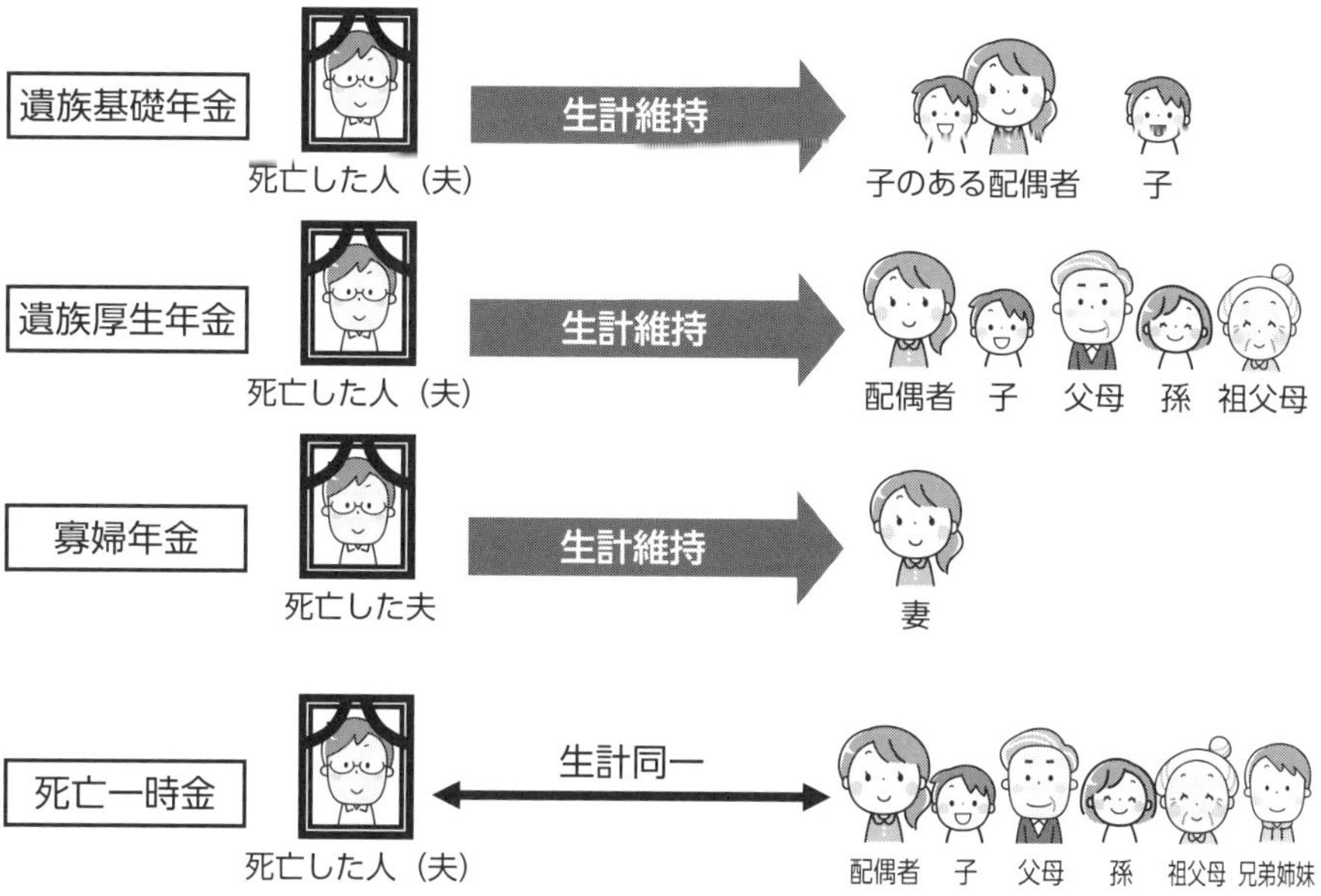

生計維持要件は生計同一要件と収入要件

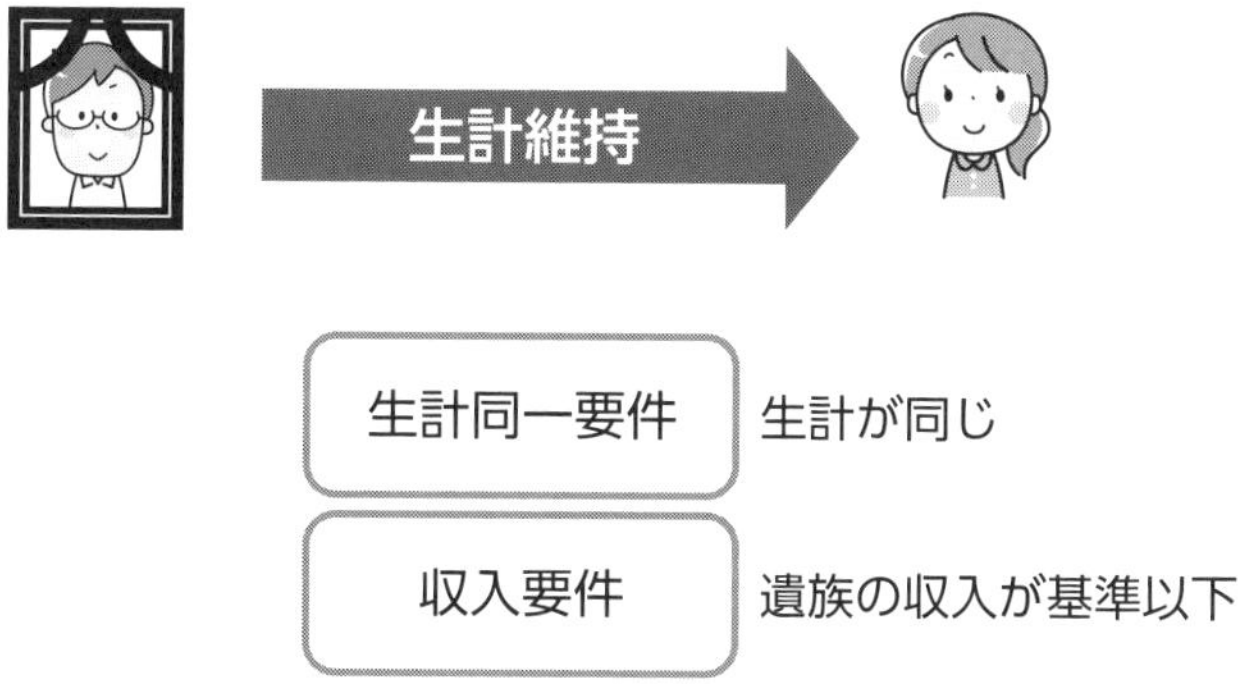

生計同一要件と収入要件の両方を満たすときに、亡くなった人と遺族との間に生計維持関係があるものと認められます。

Ⅱ 生計同一要件

1 生計同一要件の認定方法とは?

「生計同一要件」は、住民票上の記載内容によって基準が異なることをご存じですか?

住民票上の世帯の区分

住民票は、市区町村が管理する書類で、住民に関する住所や氏名、生年月日などの情報をまとめたものです。個人をひとつの単位としていますが、住所と生計を同じにする「世帯」ごとにまとめられています。

住民票謄本を取ると、その中に世帯全員の内容が含まれているという状態が「同一世帯」です。

家族であっても別のところに住んでいたり、同じ住所であっても生計が別だったりすると、「世帯」は分かれます。つまり、次のように区分できます。

「同一世帯」…………同じ住所で生計が同じ世帯
「同住所別世帯」……同じ住所で生計が別の世帯
「別住所別世帯」……違う住所で生計が別の世帯

遺族年金の生計同一要件は、これらの住民票の区分を基本にして、認定基準が定められています。

生計同一関係の認定

生計同一関係の基本的な考え方として、同居のときは、家計をひとつにしているなど生活における相互依存の実態が推認できることから、原則として生計同一関係にあるとして認められます。

一方で、別居のときは、亡くなった人から対象遺族に対しての経済的援助が確認できる場合には、生計同一関係があるとして認められるとされます。

住民票謄本の提出

遺族年金の手続きの際には、生計同一関係を確認するため、住民票謄本の提出を求められます。ただし、情報連携による確認ができる場合には、書類の提出を省略できる場合があります。

住民票上の世帯の区分

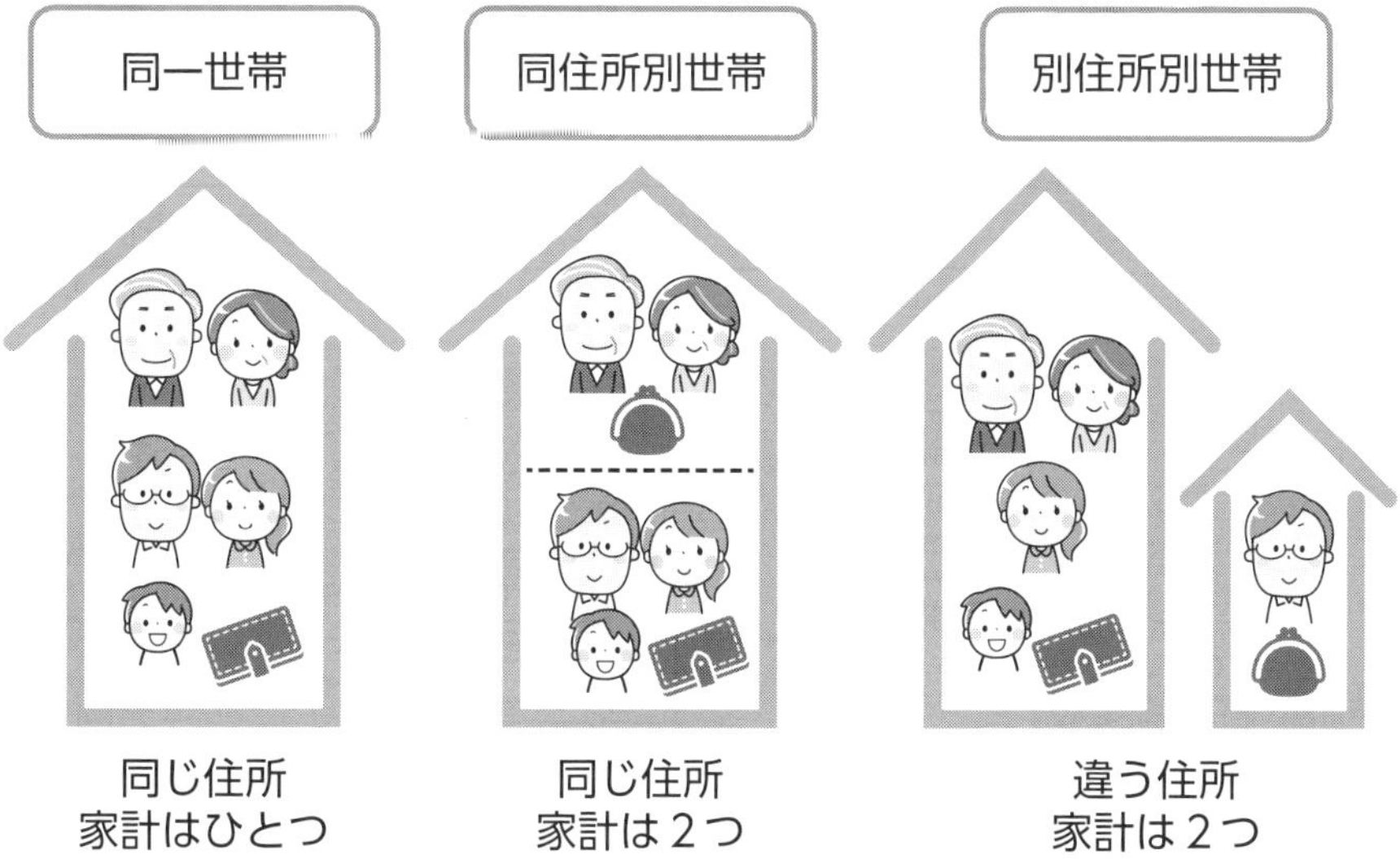

住民票謄本のイメージ

住　民　票

現住所 ○市○○町８丁目２８番地	世帯主 高橋　克己		
氏名 高橋　克己	昭和 45 年４月 20 日	男	続柄 世帯主
従前の住所 ○○市○○町１丁目２２番地	住民となった年月日 昭和 55 年５月５日		住民票コード (省略)
本籍 ○○市○○町８丁目８３８	筆頭者 高橋　克己		個人番号 (省略)
	平成 10 年６月 30 日転入		平成 10 年７月２日届出
氏名 高橋　裕子	昭和 45 年６月２日	女	続柄 妻
従前の住所 ○○市○○町１丁目２２番地	住民となった年月日 昭和 55 年８月５日		住民票コード (省略)
本籍 ○○市○○町８丁目８３８	筆頭者 高橋　克己		個人番号 (省略)
	平成 10 年６月 30 日転入		平成 10 年７月２日届出
氏名 高橋　三太	平成 15 年９月 24 日	男	続柄 子
従前の住所 出生による記載	住民となった年月日 平成 15 年９月 24 日		住民票コード (省略)
本籍 ○○市○○町８丁目８３８	筆頭者 高橋　克己		個人番号 (省略)
	平成 15 年９月 24 日転入		平成 15 年９月 30 日届出

この写しは住民票の原本と相違ないことを証明する

令和４年 10 月 10 日　　　　○○市長

2 同一世帯のときは？

住民票上の同一世帯であれば、基本的に生計同一関係が認められることをご存じですか？

住民票上の世帯が同じとき

亡くなった人と遺族が住民票上の同一世帯に属しているときは、基本的には、生計同一関係にあると認められます。

実態は生計が別々のとき

住民票上の同一世帯になっていても、実際には長年にわたり別居状態のご家族もいます。

音信や行き来や、お金のやり取りなどがあるなど、生計同一に関して否定的な状況がない限りは問題はないとされています。しかし、長年音信不通などの状態のときは、実態として生計同一とはいえません。住民票上の住所が異なっている場合を準用して判断された結果、遺族年金が支給されなかったケースがあります。

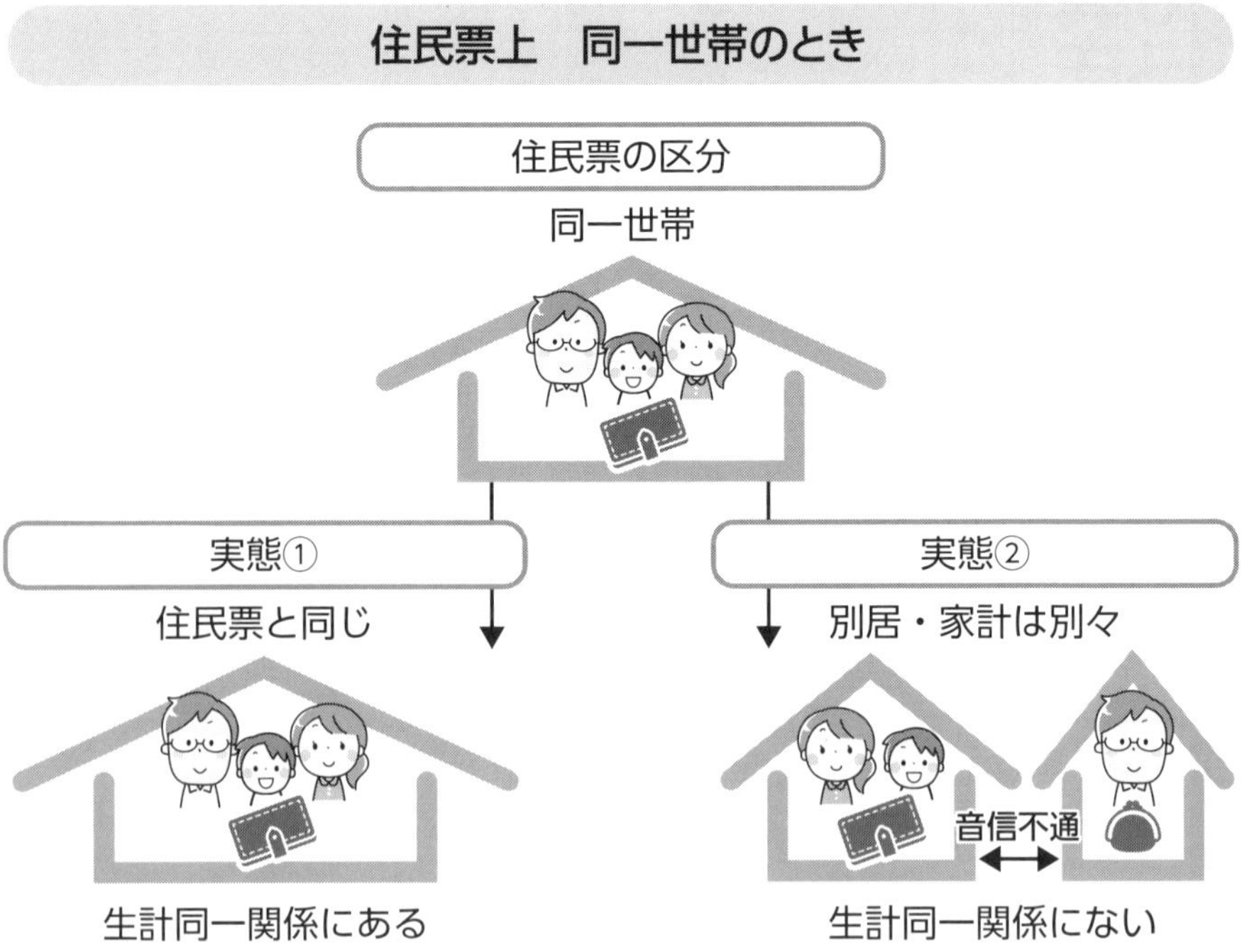

3 同住所別世帯のときは？

別世帯であっても生計同一関係が認められることがあるのをご存じですか？

住民票上の世帯が違うとき

住民票上の住所が同じでも、世帯が違うときは、生計が別ということを意味します。よって、基本的には生計同一要件を満たしません。

実態は生計が同じとき

しかし、家族によっては、実際には生計を同じくして一緒に暮らしているものの、医療費や扶養などのさまざまな理由により、住民票の世帯を分離していることがあります。

このように、実態として生計を同じくしているのであれば、別世帯となっていることについての理由書を添付し、その旨を申し立てることにより、生計同一の認定が行われます。

住民票上　同住所別世帯のとき

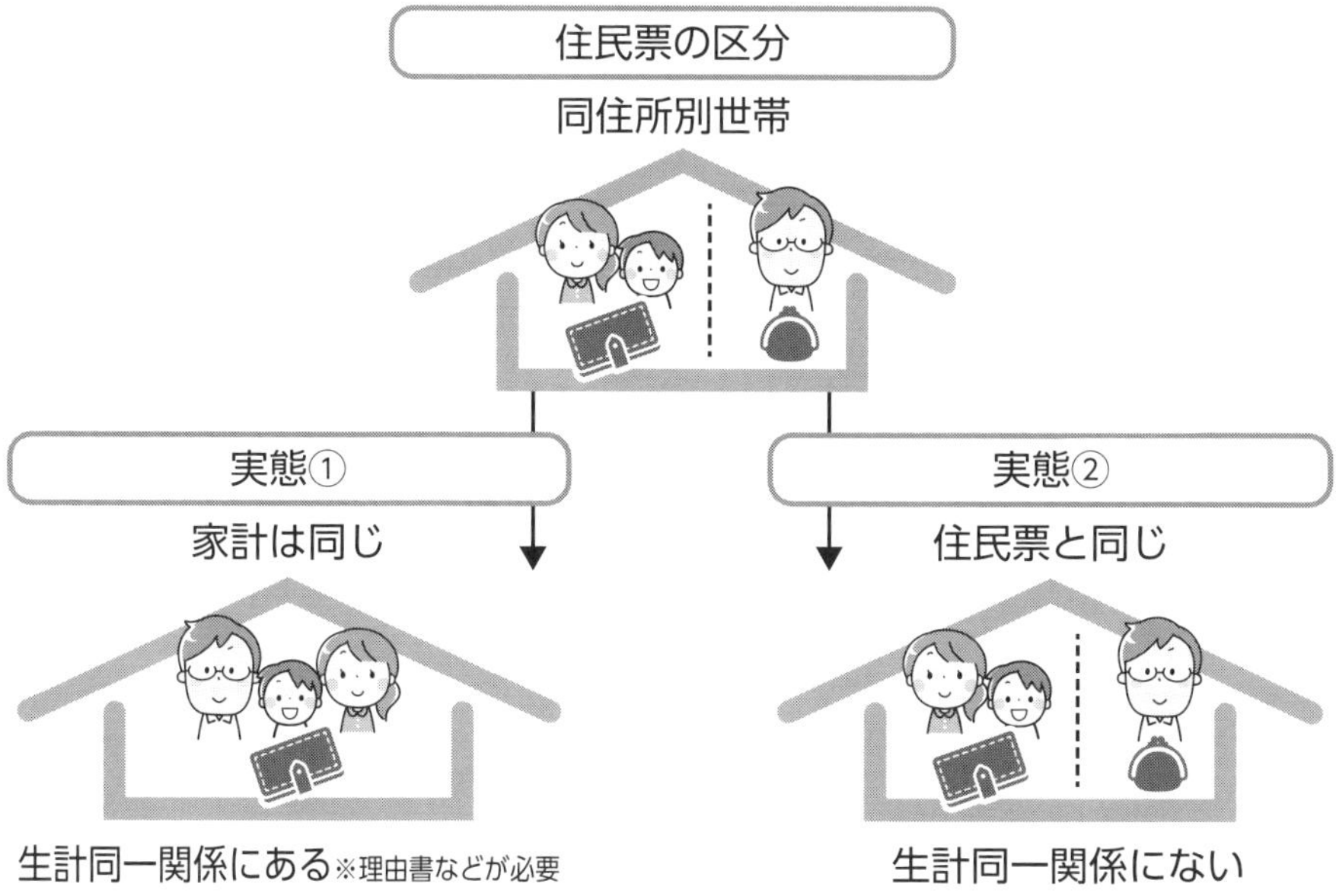

4 別住所別世帯のときは？

住民票上の住所は違っていても、状況によっては、生計同一関係が認められることがあるのをご存じですか？

住所と生計が別々のとき

亡くなった人と遺族の住民票上の住所が違うときは、生計が別々ということを意味します。実態が住民票の記載どおりであれば生計同一要件を満たしません。

しかし、住民票上の住所が違っていても、次のような場合には生計同一関係が認められることがあります。

①実態は起居を共にしているとき
②遺族が配偶者または子のときは、やむを得ない事情による別居であると認められるとき（本章Ⅱ・5）
③遺族が父母、孫、祖父母のときは、生計の基盤となる経済的な援助が行われていると認められるとき（本章Ⅱ・6）

実態は起居を共にしているとき

亡くなった人と遺族の住民票上の住所が違っているものの、実態として一緒に暮らし家計をひとつにしていると認められるときは生計同一関係が認められ、生計維持要件を満たします。

生計同一関係を証明する方法

一緒に暮らし家計をひとつにしていた事実を書面により証明する必要があります。

▼「別世帯となっていることについての理由書」

遺族が配偶者または子の場合には必要です。

▼「同居についての申立て」と証明書類

同居についての申立てをした上で、「生計同一関係を証明する書類」（125ページと127ページの表）を添付します。例えば、健康保険等の被扶養者であれば、健康保険被保険者証等の写しなどです。

証明する書類がないときは「第三者の証明書」が必要です。

住民票上　別住所別世帯のとき

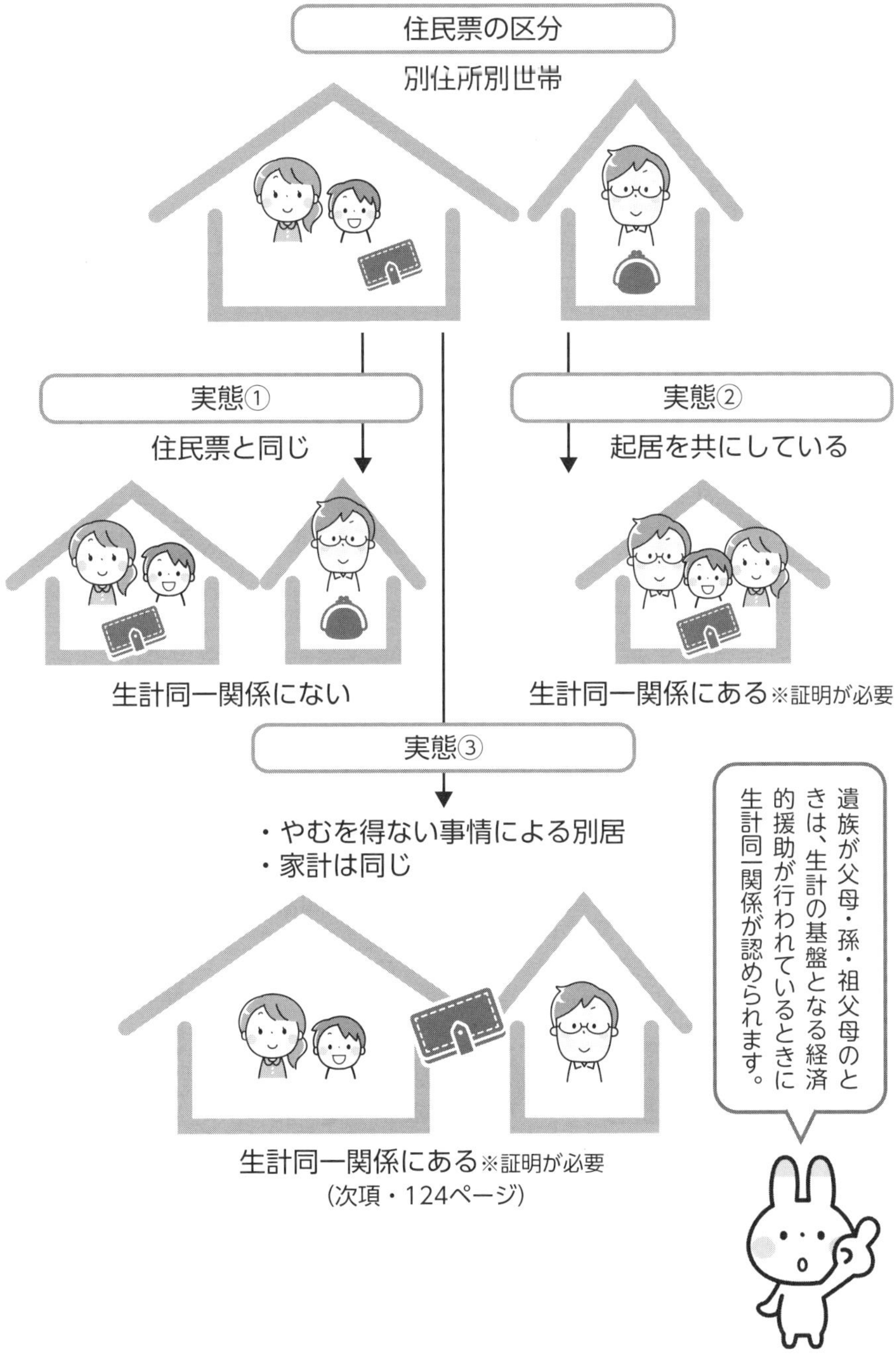
住民票の区分
別住所別世帯
実態①
住民票と同じ
生計同一関係にない
実態②
起居を共にしている
生計同一関係にある※証明が必要
実態③
・やむを得ない事情による別居
・家計は同じ
生計同一関係にある※証明が必要
(次項・124ページ)
遺族が父母・孫・祖父母のときは、生計の基盤となる経済的援助が行われているときに生計同一関係が認められます。

5 やむを得ない事情による別居とは？

配偶者または子とやむを得ない事情により別居するときは、生計同一関係が認められることがあるのをご存じですか？

住所も生計も別々のとき

亡くなった人と遺族の住民票上の住所が異なり、実態も別居しているときは、原則として生計同一要件を満たしません。しかし、別居していても遺族が配偶者または子であって、次のすべてを満たすときには、生計同一関係にあると認められます。

①単身赴任、就学または病気療養等のやむを得ない事情により住所が住民票上異なっている
②生活費や療養費等の経済的な援助が行われ、定期的に音信、訪問が行われている
③単身赴任、就学または病気療養等のやむを得ない事情が消滅したときは、起居を共にし、消費生活上の家計をひとつにすると認められる

生計同一関係を証明する方法

①②③に該当することを申し立て、生計同一関係にあると認定されるためには、書面により説明する必要があります。次のⒶ～Ⓒの書類の提出が求められます。

Ⓐ別居していることについての理由書

やむを得ない事情による別居であることを記載します。「単身赴任のため別居していた」「就学のため別居していた」等です。

Ⓑ経済的援助および定期的な音信、訪問等の申立書

亡くなった人から遺族年金を請求する遺族に対する経済的援助があったか否かを申立てします。また、音信・訪問の状況についても記載します。

Ⓒ生計同一関係を証明する書類など

次ページの表の「生計同一関係を証明する書類」があれば添付します。証明する書類がないときは「第三者の証明書」が必要です。第三者とは、民法上の三親等内の親族以外の人をいいます。

生計同一関係に関する申立書（別居のとき）配偶者・子

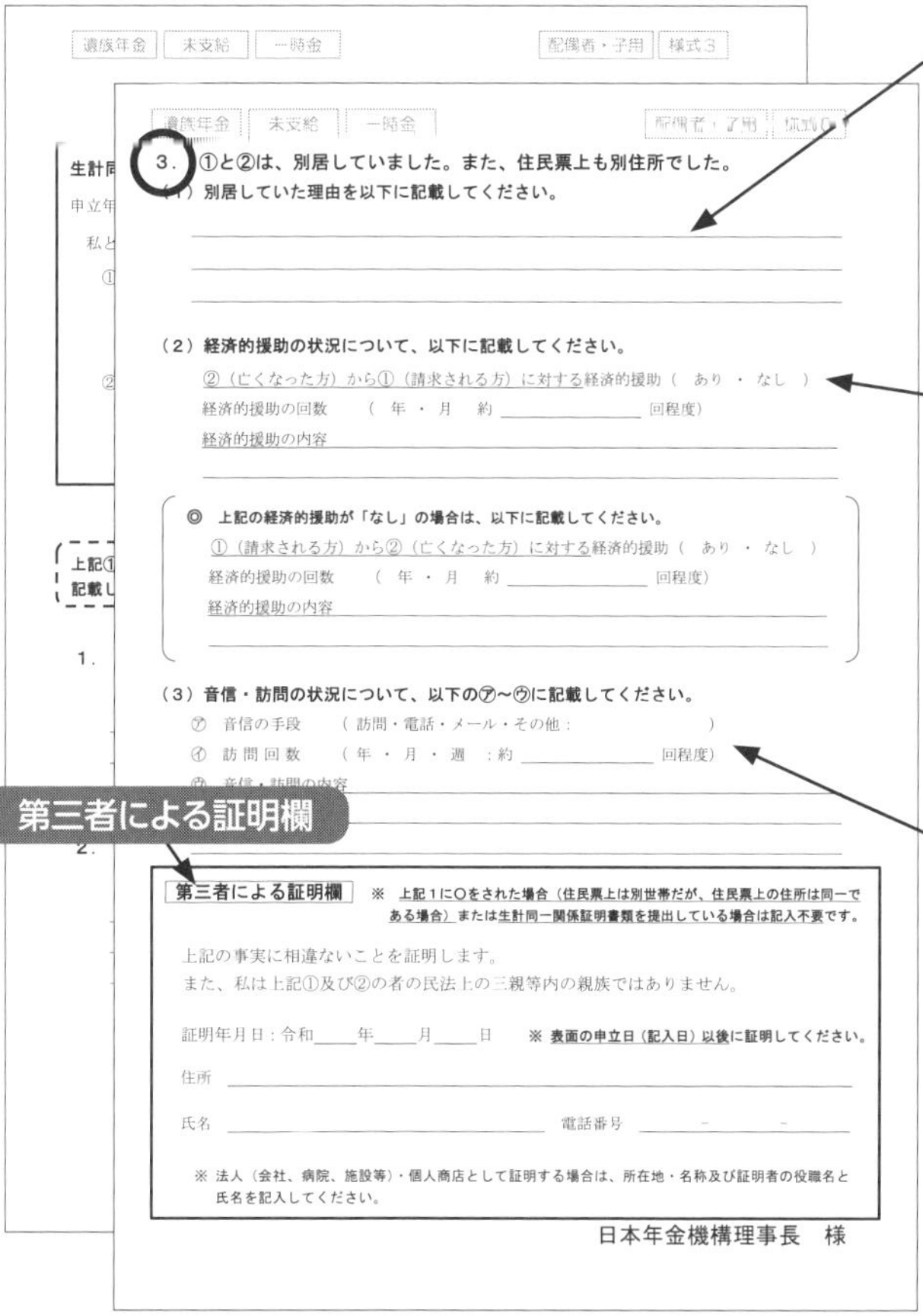

遺族年金　未支給　一時金　配偶者・子用　様式３

3.　①と②は、別居していました。また、住民票上も別住所でした。

（1）別居していた理由を以下に記載してください。

（2）経済的援助の状況について、以下に記載してください。

②（亡くなった方）から①（請求される方）に対する経済的援助（　あり　・　なし　）

経済的援助の回数　（　年　・　月　約　　　回程度）

経済的援助の内容

◎　上記の経済的援助が「なし」の場合は、以下に記載してください。

①（請求される方）から②（亡くなった方）に対する経済的援助（　あり　・　なし　）

経済的援助の回数　（　年　・　月　約　　　回程度）

経済的援助の内容

（3）音信・訪問の状況について、以下の㋐～㋒に記載してください。

㋐　音信の手段　（訪問・電話・メール・その他：　　　）

㋑　訪問回数　（　年　・　月　・　週　：約　　　回程度）

㋒　音信・訪問の内容

第三者による証明欄　※　上記1に○をされた場合（住民票上は別世帯だが、住民票上の住所は同一である場合）または生計同一関係証明書類を提出している場合は記入不要です。

上記の事実に相違ないことを証明します。

また、私は上記①及び②の者の民法上の三親等内の親族ではありません。

証明年月日：令和　　年　　月　　日　※ 表面の申立日（記入日）以後に証明してください。

住所

氏名　　　　電話番号　　－　　－

※ 法人（会社、病院、施設等）・個人商店として証明する場合は、所在地・名称及び証明者の役職名と氏名を記入してください。

日本年金機構理事長　様

別居していた理由

やむを得ない事情による別居であることを記載。「単身赴任のため別居していた」「病気療養のために施設入所していた」など

経済的援助の状況

亡くなった人から遺族年金を請求する遺族に対する経済的援助の有無と内容を記載。

「月1回ごとに、銀行口座に生活費として10万円ほどの振込みがあった」など

音信・訪問の状況

音信・訪問の状況について記載。

㋐音信の手段

㋑訪問回数

㋒音信・訪問の内容

第三者による証明欄

生計同一関係を証明する書類（配偶者または子）

ケース	提出書類
①健康保険等の被扶養者	健康保険被保険者証等の写し
②給与計算上、扶養手当等の対象	給与簿または賃金台帳等の写し
③税法上の扶養親族になっている	源泉徴収票または課税台帳等の写し
④定期的に送金がある	預金通帳、振込明細書または現金書留封筒等の写し
⑤単身赴任による別居	辞令や出向命令、単身赴任手当がわかる証明書等の写しなど
⑥就学による別居	学生証の写し、在学証明書など
⑦病気療養・介護による別居	入院・入所証明、入院・入所に係る領収書の写しなど
⑧その他①～④に準ずるとき	その事実を証する書類

6 生活基盤となる経済的な援助とは？

別居の父母、孫、祖父母に対する生活の基盤となる経済的な援助があるときは、生計同一関係が認められることがあるのをご存じですか？

父母、孫、祖父母が別世帯のとき

亡くなった人と、遺族である父母、孫、祖父母の住民票上の住所が違うときは、家計も別々ということになります。実態が住民票どおりであれば生計同一関係にありませんが、次のような例外があります。

経済的な援助が行われているとき

亡くなった人と、遺族である父母、孫、祖父母との住民票上の住所が違うときであっても生活費、療養費等について生計の基盤となる経済的な援助が行われていると認められるときは、生計同一関係にあるとされています。

▼生計の基盤となる経済的援助とは

仕送り等の額について明確な金額などは示されていませんが、少額であっても遺族の生活の基盤となる程度の額であれば生計同一関係があるものとされています。しかし、仕送りがなくても十分に生活できるようであれば、仕送りが途絶えることによる生活への影響は生じないため、生計同一関係がないものとされています。遺族の収入、生活費および療養費などの金額などから仕送りなどの経済的援助が必要なのかが判断されます。

生計同一関係を証明する方法

経済的援助の事実は、書面により説明する必要があります。次の書類の提出が求められます。

①経済的援助についての申立書

亡くなった人から遺族年金を請求する遺族に対して経済的援助があったことを申立てします。お金のやり取りなどの内容や頻度です。

②生計同一関係を証明する書類など

次ページの表の「生計同一関係を証明する書類」があれば添付します。書類がないときは「第三者の証明書」が必要です。

生計同一関係に関する申立書(別居のとき)父母・孫・祖父母

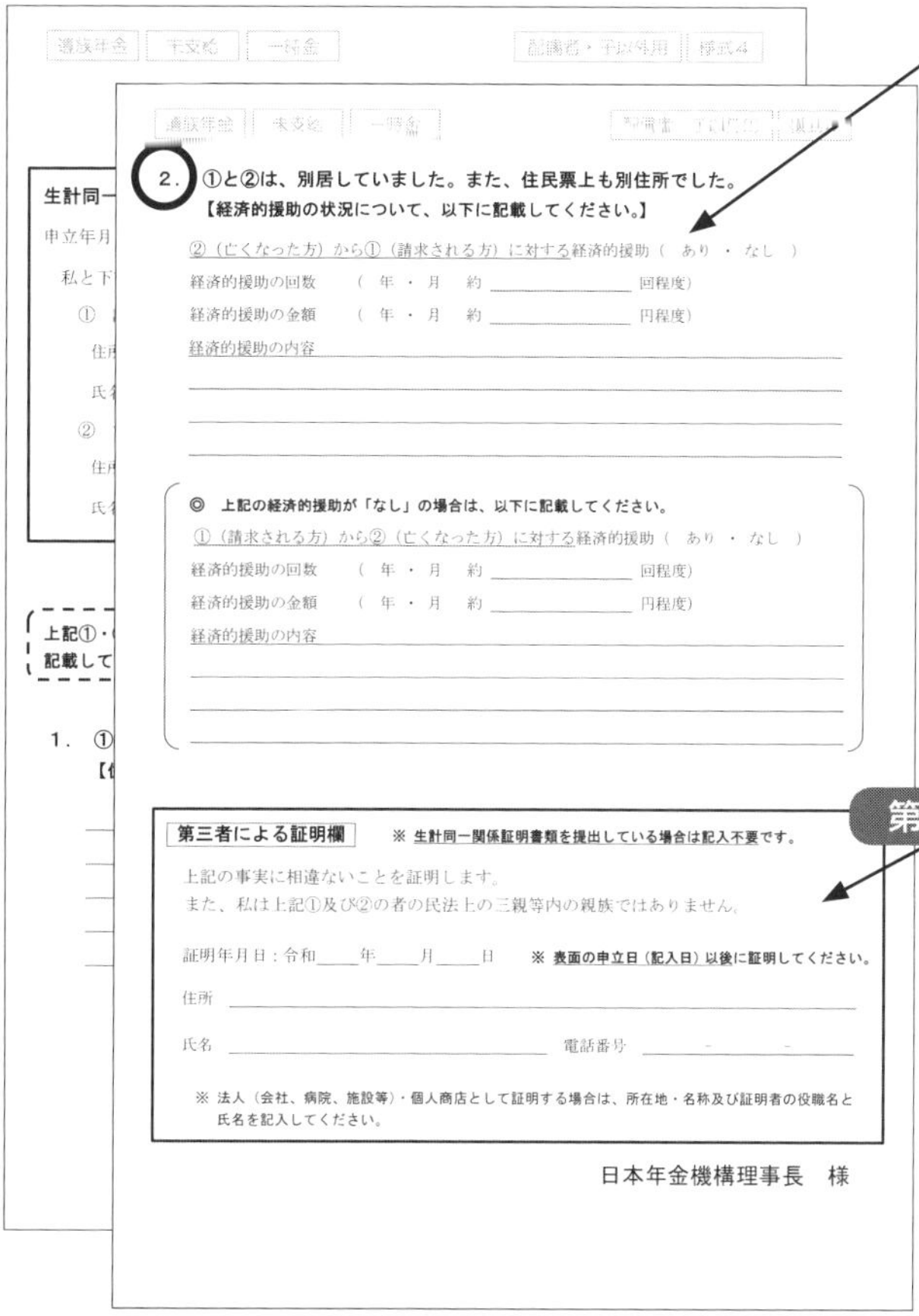

2. ①と②は、別居していました。また、住民票上も別住所でした。

【経済的援助の状況について、以下に記載してください。】

②（亡くなった方）から①（請求される方）に対する経済的援助（ あり ・ なし ）

経済的援助の回数 （ 年 ・ 月 約 ＿＿＿＿＿ 回程度）

経済的援助の金額 （ 年 ・ 月 約 ＿＿＿＿＿ 円程度）

経済的援助の内容

◎ 上記の経済的援助が「なし」の場合は、以下に記載してください。

①（請求される方）から②（亡くなった方）に対する経済的援助（ あり ・ なし ）

経済的援助の回数 （ 年 ・ 月 約 ＿＿＿＿＿ 回程度）

経済的援助の金額 （ 年 ・ 月 約 ＿＿＿＿＿ 円程度）

経済的援助の内容

第三者による証明欄　※ 生計同一関係証明書類を提出している場合は記入不要です。

上記の事実に相違ないことを証明します。
また、私は上記①及び②の者の民法上の三親等内の親族ではありません。

証明年月日：令和＿＿年＿＿月＿＿日　※ 表面の申立日（記入日）以後に証明してください。

住所

氏名　　　　電話番号　　-　　-

※ 法人（会社、病院、施設等）・個人商店として証明する場合は、所在地・名称及び証明者の役職名と氏名を記入してください。

日本年金機構理事長　様

経済的援助の状況

亡くなった人から遺族年金を請求する遺族に対する経済的援助の有無と内容を記載

第三者による証明欄

生計同一関係を証明する書類(父母・孫・祖父母)

ケース	提出書類
①健康保険等の被扶養者	健康保険被保険者証等の写し
②給与計算上、扶養手当等の対象	給与簿または賃金台帳等の写し
③税法上の扶養親族になっている	源泉徴収票または課税台帳等の写し
④定期的に送金がある	預金通帳、振込明細書または現金書留封筒等の写し
⑤その他①～④に準ずるとき	その事実を証する書類

7 ＤＶ被害者のときは？

配偶者からの暴力により別居していたときでも、生計同一関係が認められることがあるのをご存じですか？

ＤＶ被害者の生計同一関係

配偶者からの暴力（以下「ＤＶ」といいます）の被害者は、ＤＶを避けるために一時的な別居が必要になるときがあることから、ＤＶ被害者にかかる生計同一の認定の基準が定められています。

ＤＶ被害者の生計同一関係の認定基準

配偶者が亡くなったときに、次ページ記載の①から⑤までのいずれかに該当するために、住民票上の住所が違っている人については、ＤＶ被害者であるという事情を勘案して、「死亡したとき」という一時点の事情のみならず、別居期間の長短、別居の原因やその解消の可能性、経済的な援助の有無や定期的な音信・訪問の有無等を総合的に考慮して、一般的な生計同一要件の「別世帯（やむを得ない事情による別居）」（本章Ⅱ・4以下）に該当するかどうかが判断されます。ＤＶ被害者であることについては、証明書による確認が行われます（次ページ）。

長期間音信不通のとき

ＤＶ被害に関わる場合であっても、一時的な別居状態を超えて、消費生活上の家計を異にする状態（経済的な援助も、音信も訪問もない状態）が長期間（おおむね５年を超える期間）継続し固定化しているようなときは、原則として、生計同一関係にないとして取り扱うとされています。ただし、長期の別居期間において、経済的な援助または音信や訪問が行われている状態に準ずる状態と認められるときには、生計同一関係が認められます。

その他の例外

ＤＶ被害者の生計同一の認定は、基本的には以上のような認定基準により判断が行われます。しかし、それが、実態と著しくかけ離れたものとなり、かつ、社会通念上妥当性を欠くこととなる場合には、個別に判断されます。

DV被害者の生計同一認定要件

次のいずれかに該当するDV被害者であること

1. 配偶者からの暴力の防止及び被害者の保護等に関する法律（DV防止法）に基づき裁判所が行う保護命令に係るDV被害者であること
2. 婦人相談所、民間シェルター、母子生活支援施設等において一時保護されているDV被害者であること
3. DVからの保護を受けるために、婦人保護施設、母子生活支援施設等に入所しているDV被害者であること
4. DVを契機として、秘密保持のために基礎年金番号が変更されているDV被害者であること
5. 公的機関その他これに準ずる支援機関が発行する証明書等を通じて、①から④までの者に準ずると認められるDV被害者であること

証明する方法

- 裁判所が発行する保護命令に係る証明書
- 住民基本台帳事務における支援措置申出書（相談機関等の意見等によってＤＶ被害者であることが証明されているものに限る。）の写し
- 配偶者からの暴力の被害者の保護に関する証明書（配偶者暴力相談支援センター発行）
- 公的機関その他これに準ずる支援機関が発行する証明書

④に該当するDV被害者は、証明書不要

↓

「死亡したとき」という一時点の事情のみならず、別居期間の長短、別居の原因やその解消の可能性、経済的な援助の有無や定期的な音信・訪問の有無等を総合的に考慮して、一般的な生計同一要件の「別世帯（やむを得ない事情による別居）」（本章Ⅱ・４～５）に該当するかどうかが判断される。

8 行方不明のときは？

行方不明の場合にも遺族年金の手続きができることをご存じですか？

行方不明のときの「亡くなった日」

遺族年金は家族が亡くなったときに支給されるものですが、自然死の他、民法上の失踪宣告に該当するものが含まれます。

行方不明のときは、亡くなったと推定された日、またはみなされた日に遺族年金を受ける権利が発生します。遺族年金を受けるには、保険料納付要件や生計維持要件を満たす必要がありますが、これらは行方不明となった当時の状況が確認されます。

船舶や飛行機の事故による行方不明（特別失踪）

船舶、飛行機の事故による行方不明で生死が3カ月間わからないとき、または3カ月以内に亡くなったことが明らかとなったものの具体的な死亡時期が不明のときは、事故日または行方不明となった日に亡くなったものと推定されます。つまり、遺族年金を受ける権利は事故日または行方不明となった日に発生することになり、生計維持要件もその時点で判断されます。

その他の行方不明（普通失踪）

不在者の生死が不明なときについて、失踪宣告があったときは、死亡したとみなすこととされています。利害関係人は家庭裁判所に失踪宣告の請求ができます。

特別失踪以外の行方不明において失踪宣告があったときには、行方不明から7年の期間が満了したときに、死亡したものとみなされます。つまり、遺族年金を受ける権利は、死亡とみなされた日（行方不明となった日から7年を経過した日）に発生することになります。

この場合、支給要件をみる上で、身分関係や年齢は死亡とみなされた日で判断されますが、生計維持要件、被保険者の資格および保険料納付要件は、行方不明となった日で判断されます。

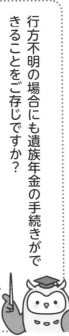

行方不明のとき

特別失踪　船舶沈没・航空機墜落など

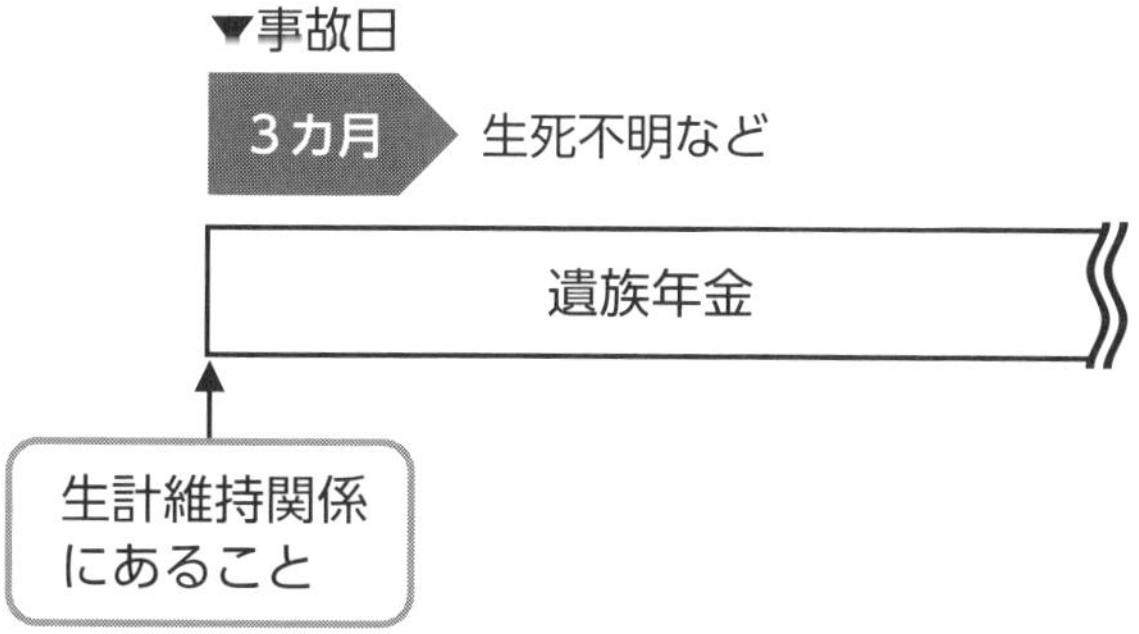

普通失踪（失踪宣告）

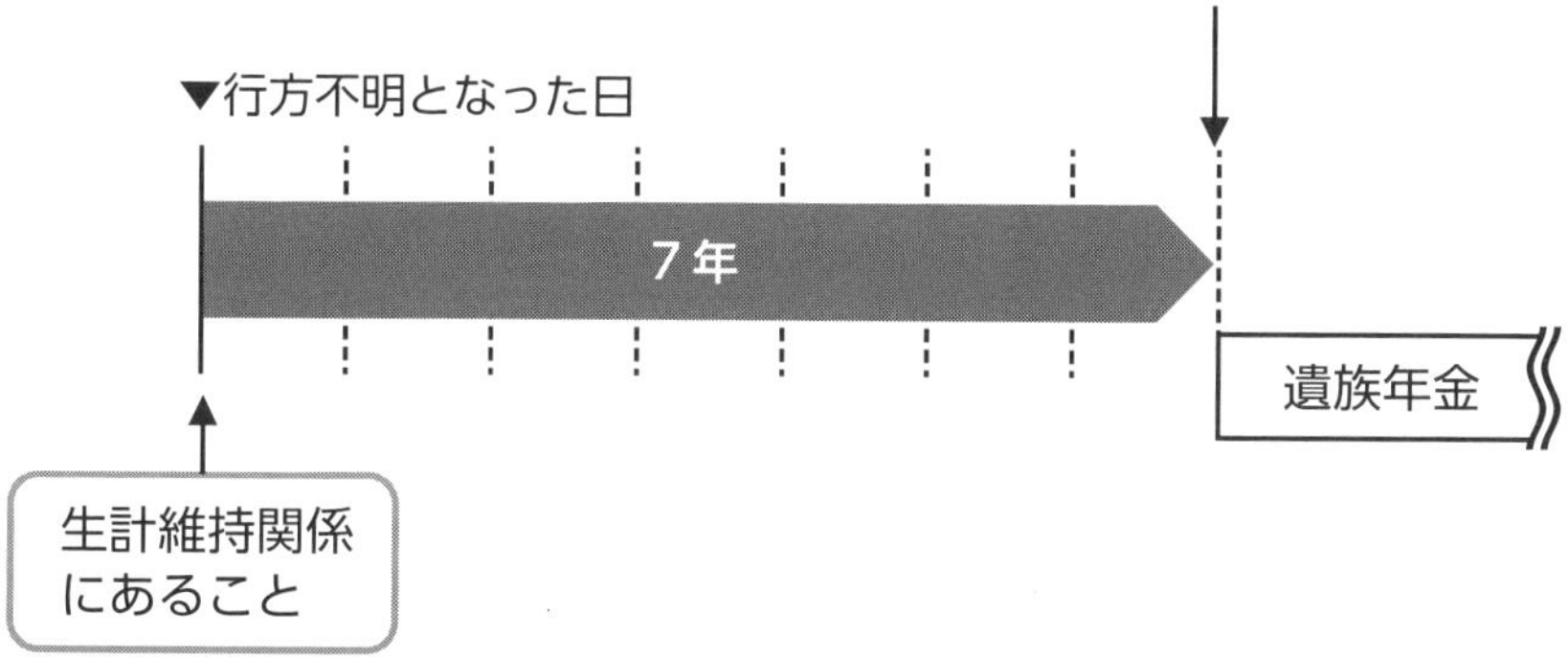

失踪宣告とは

失踪宣告とは、生死不明の者を法律上死亡したものとみなす効果を生じさせる制度です。民法は、普通失踪では７年間、戦争や船舶沈没のような特別失踪では１年間の失踪期間を定め、それぞれ生死不明の期間が継続した場合に、利害関係人の請求により、家庭裁判所が失踪の宣告をして、行方不明者を死亡したものとみなすことにしています。しかし、この失踪期間が経過するのを待っていると、必要なときの給付が受けられなくなることが考えられるため、遺族年金の制度では、特例（特別失踪）を設けています。

Ⅲ 収入要件

1 収入要件の認定方法とは？

遺族年金は、遺族に収入が多いと支給されないことをご存じですか？

収入が多いと遺族年金は受けられない

生計を支えていた人が亡くなったら、遺された家族の生活が困難になります。そのため、亡くなった人が生計を維持していた家族に対して、遺族年金が支給されます。

遺族年金の生計維持とは、「社会通念上普通の生活水準を保持するための相互維持の関係も含まれる」とされているため、いわゆる共働きのときも生計維持関係が認められています。しかし、遺族の収入が一定基準以上のときは、「生計を維持されていなくても、生活が可能であった遺族」として遺族年金は支給されません。

収入にかかる認定基準

『厚生労働大臣の定める金額（年額８５０万円）以上の収入を将来にわたって有すると認められる者でないこと』

右記が収入にかかる認定基準です。また、次のいずれかに該当する者は、認定基準に該当するとされています。

①前年の収入が年額８５０万円未満であること
②前年の所得が年額６５５万５０００円未満であること
③一時的な所得があるときは、一時的な所得を除いた後、前年の収入が年額８５０万円未満、または、前年の所得が年額６５５万５０００円未満であること
④①～③に該当しないが、定年退職等の事情により近い将来（おおむね５年以内）に収入が年額８５０万円未満、または、所得が年額６５５万５０００円未満となると認められること

前年の収入および所得が確定していないときは、前々年の収入と所得で判断されます。

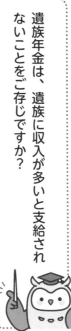

遺族年金の収入要件

『厚生労働大臣の定める金額（年額 850 万円）以上の収入を
将来にわたって有すると認められる者以外の者』
→　具体的には下のいずれかに該当する人

▼前年収入による基準（一時的な収入を除く）

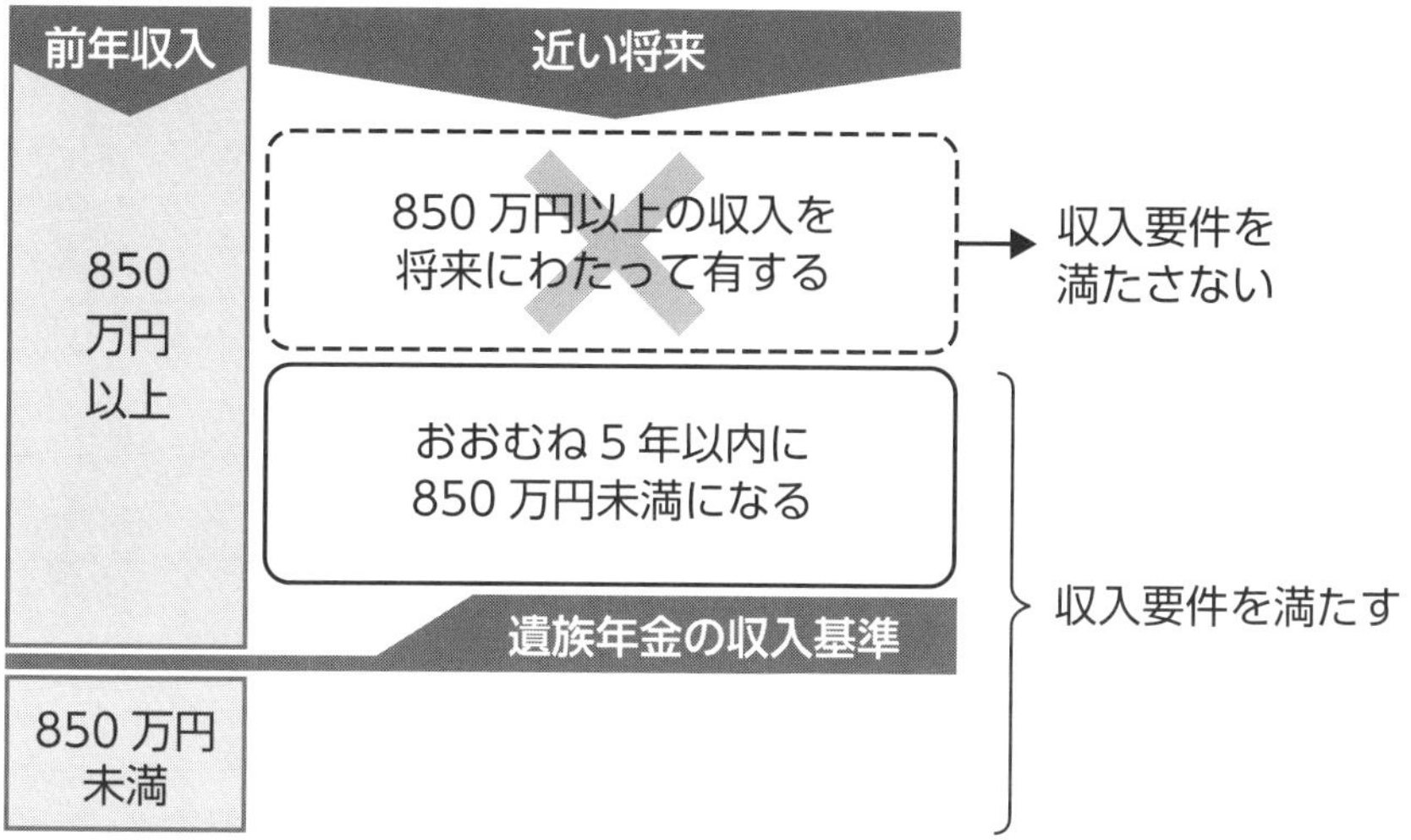

▼前年所得による基準（一時的な所得を除く）

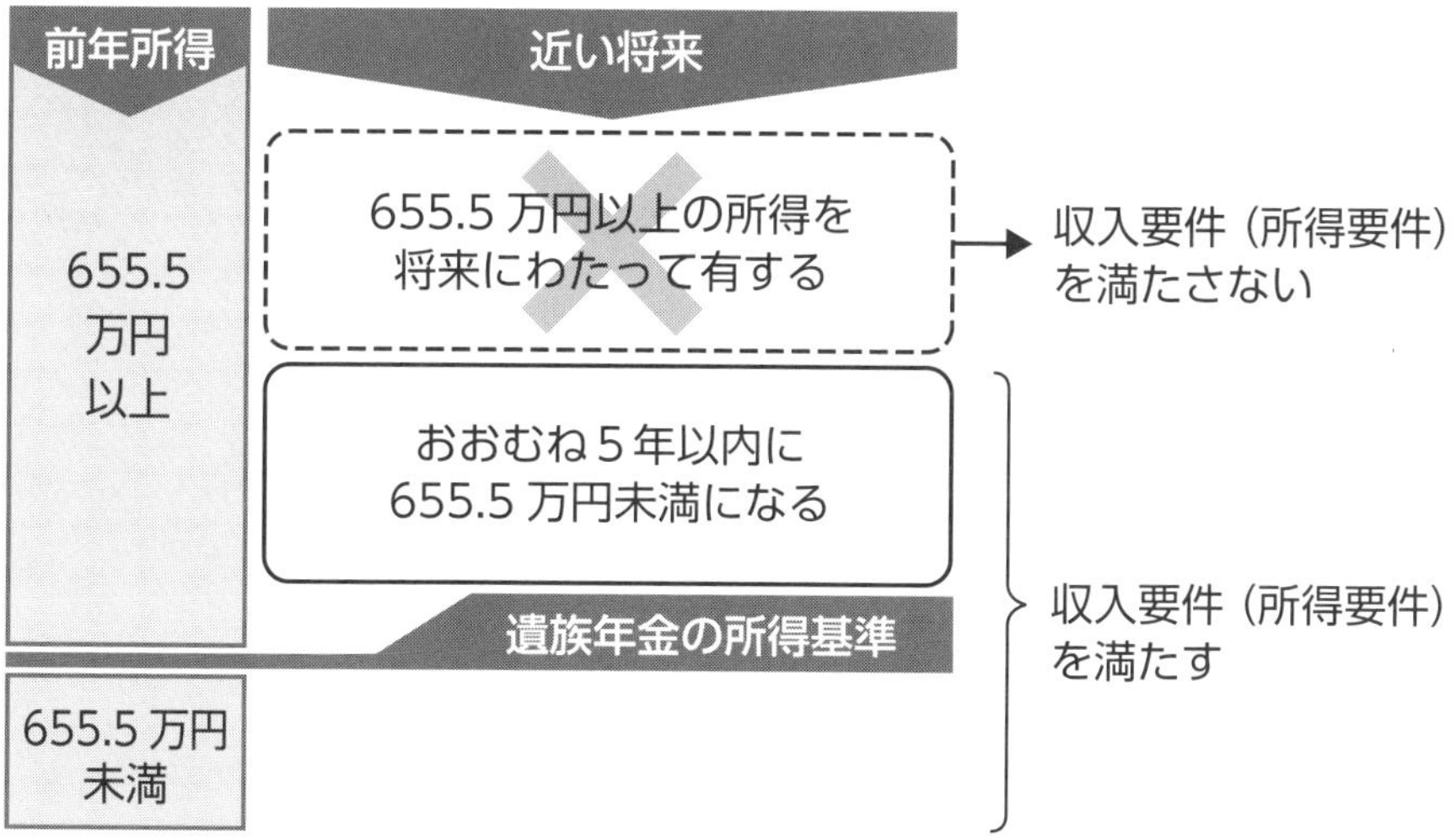

※ここでの「遺族年金」とは、遺族基礎年金、遺族厚生年金、寡婦年金をいいます。

2 将来の収入減少が推認できるときとは？

基準額以上の収入や所得があっても、収入要件が認められることがあるのをご存じですか？

将来の収入減少が明らかなとき

家族が亡くなったとき、その遺族に基準額以上の収入（前年の収入８５０万円以上および所得６５５万５０００円以上）があっても、おおむね5年以内に基準内になることが明らかなときには、収入要件を満たすとされています。例えば、会社の退職規定により5年以内に定年退職の年齢に到達するのであれば、収入がなくなることが推認され、「おおむね5年以内に基準内になることが明らかなとき」に該当します。

退職規定がない会社では、その会社のほとんどの人が一定年齢に到達した時点で退職しているようなときには、その慣例・通例に基づき退職すると推認されます。

その他の具体例は次ページのとおりです。

将来の収入減少を証明する書類

家族が亡くなったときに、その遺族に恒常的に収入８５０万円以上および所得６５５万５０００円以上があるものの、おおむね5年以内に基準内となることが明らかなときには、その事情を証明する書類を提出する必要があります。

例えば、定年退職であれば、就業規則等の退職規定の定年退職の条項の写しを提出すれば確認資料となります。

将来の収入の減少が見込まれる書類の提出ができないときは、過去複数年の収入の状況から、将来の収入が推認され判断されます。

「おおむね5年以内」とは

「おおむね5年以内」とは、亡くなった日から5年以内を指しますが、5年数カ月後の定年退職が明らかな場合等については、5年を超える場合であっても認められるとされています。具体的な範囲は決まっていませんが、5年と1～2カ月程度が適当とされています。

おおむね5年以内に基準内とされる具体的事例

5年以内に定年退職するとき（退職規定がある場合）

就業規則等により退職規定の定めがあり、5年以内に定年退職となることが確認できるとき

5年以内に定年退職するとき（退職規定がない場合）

事業所の慣例・通例に基づき、ほとんどの者が、一定年齢に到達した時点で退職している場合で、5年以内に定年退職となることが確認できるとき

農業経営者等であるとき

過去複数年の所得の推移を参考に5年後の所得を推認する。経営委譲の準備が行われている場合には、その事情を明らかにする関係資料に基づき判断する

有資格者の死亡であるとき

弁護士、医師等の有資格者により事業所の経営が成り立ち、その事業所から給与が支給されていた場合には、有資格者の死亡により収入がなくなることが推認される

死亡者の協力によることで収入が維持されていたとき

生命保険の外交員の業績が、死亡していた者に強く依存していた場合には、協力者の死亡により将来の収入が減少することが推認される

収入が毎年変動しているとき

収入が年額850万円以上と未満の間を毎年大きく変動するような場合には、恒常的な高収入が見込めないものであると推認される

取締役会で役員報酬が減額となることが決定されたとき

事業主の死亡により事業所の経営状況が悪化することが見込まれるため、取締役会において役員報酬の引下げが決定されたような場合には、減額について故意や偽りがない限り、将来の収入が減少することが認められる

国会議員等が任期満了となるとき

過去複数年の収入が恒常的に年額850万円を超えている場合には、認められない。ただし、議員自らがマスメディア等を通じて「議員活動から完全に退く」旨を公言している場合等には認められることがある

3 前年の収入を認定する資料とは？

収入が基準内であることについて、書類による証明が必要であるのをご存じですか？

前年の収入を認定する資料

収入に関する認定は、原則として、源泉徴収票、課税証明書、確定申告書などの資料に基づき行われます。情報連携による省略が可能な書類もあります。

資料に基づき、該当する年の収入または所得が基準内であることが確認できれば、収入要件を満たします。

該当する年に一時所得があるときは、これを除いた後に、収入850万円未満または所得655万5000円未満であればよいとされています。一時所得があることで基準を超えるときには、一時的な所得である事実を証明する書類が必要になります。また、「おおむね5年以内に収入減少が推認できる」のであれば、その事情を証明する書類が必要です（本章Ⅲ・2）。

課税証明書（一例）

市民税・県民税課税　課税証明書

住所　○○○○
氏名　○○○○

所得の内訳	給与所得	(収入金額)	¥0,000,000	所得控除の内訳	雑損控除額	********	課税総所得金額		¥0,000,000
		所得金額	¥0,000,000		医療費控除額	********	上記以外の課税所得金額		¥0,000,000
	年金所得	(収入金額)	¥0,000,000		社会保険料控除額	¥0,000,000	市民税	所得割額	¥00,000
		所得金額	¥0,000,000		小規模企業共済等控除額	********		均等割額	¥00,000
					生命保険料控除額	********	県民税	所得割額	¥00,000
					地震保険料控除額	********		均等割額	¥00,000
					配偶者控除額	********	年額税		¥00,000
					配偶者特別控除額	********			
					扶養障害者控除額	¥0,000,000			
					本人該当控除額	********			
					基礎控除額	¥0,000,000			
合計所得金額			¥0,000,000	所得控除額合計		¥0,000,000			

4 生計維持要件をチャートで確認

生計維持要件(配偶者・子)

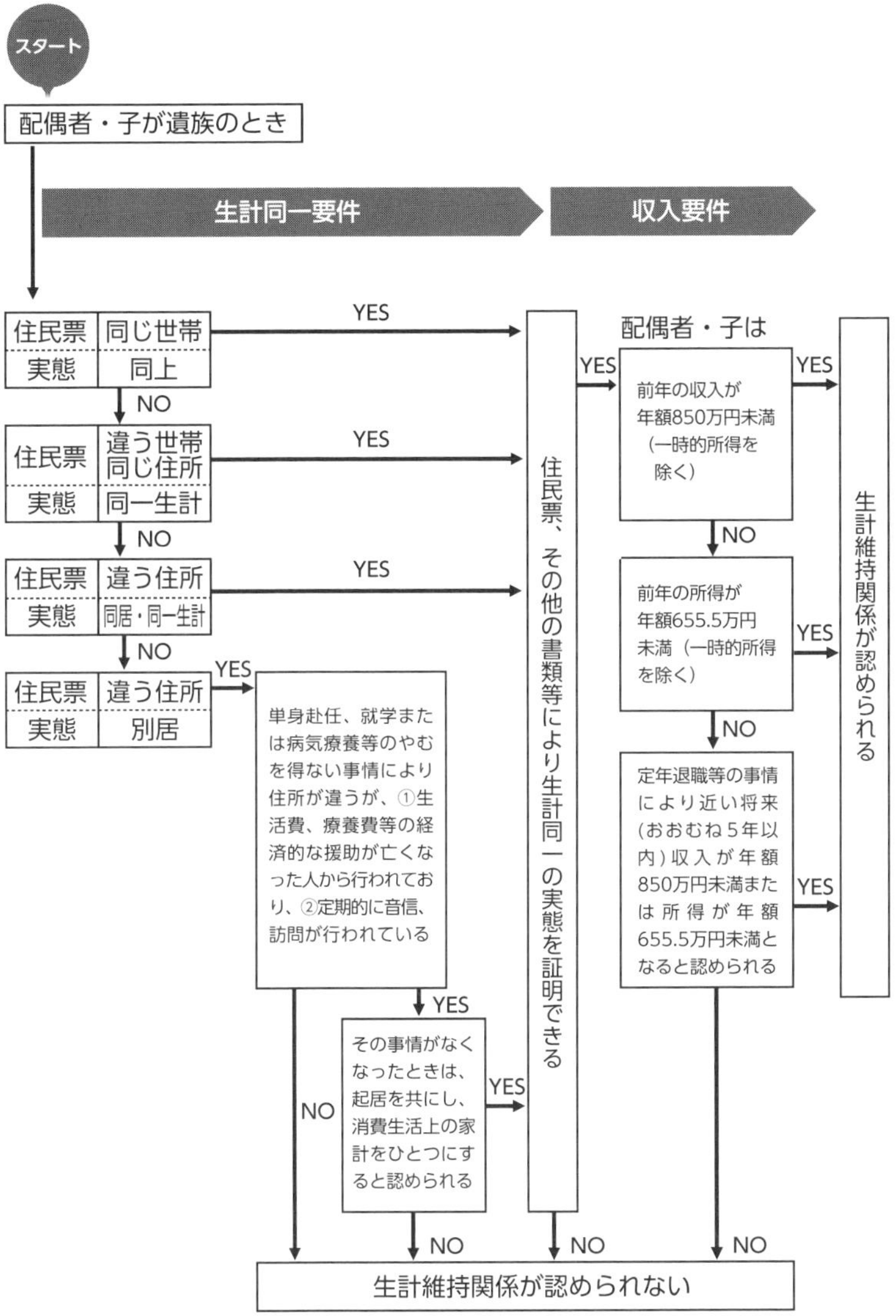
スタート
配偶者・子が遺族のとき
生計同一要件
収入要件
住民票 同じ世帯
実態 同上
YES
NO
住民票 違う世帯 同じ住所
実態 同一生計
YES
NO
住民票 違う住所
実態 同居・同一生計
YES
NO
住民票 違う住所
実態 別居
YES
単身赴任、就学または病気療養等のやむを得ない事情により住所が違うが、①生活費、療養費等の経済的な援助が亡くなった人から行われており、②定期的に音信、訪問が行われている
YES
その事情がなくなったときは、起居を共にし、消費生活上の家計をひとつにすると認められる
YES
NO
NO
住民票、その他の書類等により生計同一の実態を証明できる
YES
NO
配偶者・子は
前年の収入が年額850万円未満（一時的所得を除く）
YES
NO
前年の所得が年額655.5万円未満（一時的所得を除く）
YES
NO
定年退職等の事情により近い将来（おおむね5年以内）収入が年額850万円未満または所得が年額655.5万円未満となると認められる
YES
NO
生計維持関係が認められる
生計維持関係が認められない

【特別条項】
ただし、これらの基準により生計維持関係の認定を行うことが実態と著しくかけ離れたものとなり、かつ、社会通念上妥当性を欠くこととなる場合は、この基準の限りではない

生計維持要件（父母、孫、祖父母）

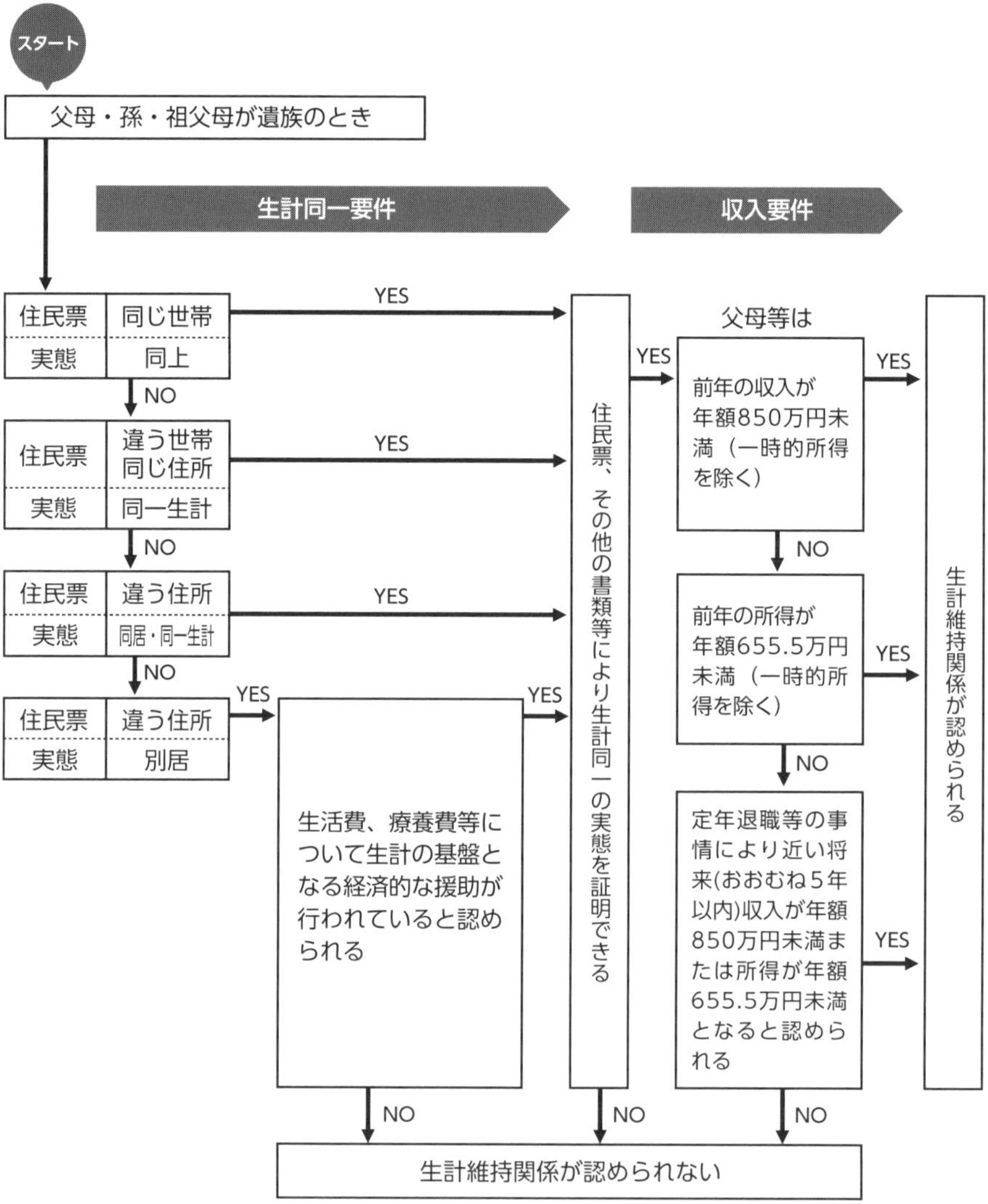

【特別条項】
ただし、これらの基準により生計維持関係の認定を行うことが実態と著しくかけ離れたものとなり、かつ、社会通念上妥当性を欠くこととなる場合は、この基準の限りではない

第７章

元気なうちに知っておきたい「家族の要件」

亡くなった人が長年にわたり年金保険料を払っていたとしても、
「要件を満たさないから遺族年金を支給しない」
といわれることがあります。
その原因として、亡くなった人との関係性の要件を
満たしていないことが考えられます。
元気なうちに対処しておけば……、と思われるケースも多いです。

第７章は、元気なうちに知っておきたい、家族との関係性について
お伝えします。

Ⅰ 亡くなった人との続柄

1 相続人と遺族年金の遺族は同じなの？

配偶者だからといって当然に遺族年金を受けられるわけではないことをご存じですか？

相談事例

妻の私は相続人なので、夫の遺産を相続するのと同様に、遺族年金も受けられると考えてよいですか。

相続人との違い

相続人とは亡くなった人の財産を承継する人をいいます。遺族年金を受けられる遺族と同じではありません。

例えば、亡くなった人の配偶者は常に相続人になることが民法で定められていますが、必ずしも遺族年金を受けられるわけでありません。また、相続放棄をしても遺族年金に影響はありません。遺族年金は、遺族の生活を保障することが目的であるため、受けることのできる要件が相続人とは異なるからです。

▼内縁関係の配偶者

相続人との違いのひとつに「内縁関係」があります。事実婚の場合は、法定相続人としての権利を得られない場合や、公的な控除を受けられない場合がありますが、遺族年金制度において事実婚は配偶者に含まれます（第8章1）。

▼生計維持要件

相続人には生計維持要件はありませんが、遺族年金は生計維持関係のある遺族にしか支給されません。

元気なうちに知っておきたいこと

相続人のイメージで考えてしまうと「配偶者である」という事実だけで、遺族年金が支給されると考えがちです。しかし、夫婦の一方が亡くなった後に、遺族年金が受けられないことがわかり、途方に暮れる人も少なくありません。相続人と遺族年金を受けられる遺族は同じではないと知っておくことです。

2 再婚後は養子縁組をしたほうがいいの？

子だからといって当然に遺族年金を受けられるわけではないことをご存じですか？

相談事例

国民年金加入中の夫が亡くなりました。私には中学生の子がいますが「遺族基礎年金は支給しない」といわれました。亡夫とは再婚であり、子は私の連れ子でした。再婚だと遺族基礎年金は受けられないのでしょうか。

亡くなった人の子でなければ支給されない

夫が亡くなったとき、子のある妻または子には遺族基礎年金が支給されますが（第3章Ⅰ・3）、「子」は夫の子である必要があります。夫と養子縁組をしていない妻の連れ子は夫の子でなく、要件を満たしません。

元気なうちに知っておきたいこと

連れ子は「届出されている養子」でなければ、亡くなった人の「子」とは認められません。

一方で、子連れの夫と再婚し、妻と子が養子縁組をしていない状態で夫が亡くなったときは、子は亡くなった夫の「子」ですから、妻と子が亡くなった夫によって生計を維持され、妻と夫の子が生計を同じくしていれば、妻に遺族基礎年金が支給されます。

養子縁組が他のところに影響を及ぼす場合もあるでしょうし、いろいろな事情があり、養子縁組ができないご家庭もあると思いますが、このような遺族年金のしくみは知っておいたほうがよいと思います。

養子縁組した子

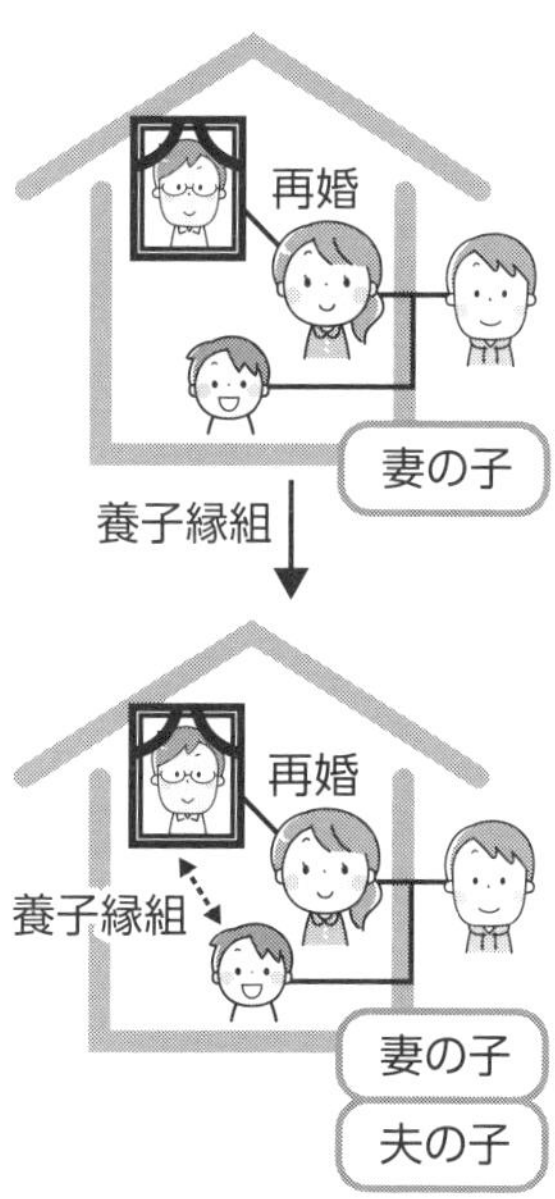

1 別居のときの経済的援助と音信・訪問とは？

別居することになった際には「生計維持関係」について特に気をつける必要があることをご存じですか？

相談事例

父母は晩年に介護が必要な状態となり、長年にわたり別々の施設で暮らしていました。老齢厚生年金を受けていた父が亡くなり、母が遺族年金を受けられると思い手続きをしたところ「支給しない」と通知が来ました。

生計維持関係がなければ支給されない

このケースでは、遺族年金の要件のひとつである生計維持要件を満たさないことを理由に不支給決定がなされています。生計維持関係は、原則として、亡くなった日の直近の状況で判断されます。どんなに長い期間、生計維持関係にあったとしても、基本的には亡くなった当時に生計維持関係になければ遺族年金は受けられません。

ただし、亡くなった直近に一時的に経済的援助や音信や訪問が途絶えているときは、認められないということではありません。関係資料に基づき総合的に判断されることになります。別居の場合には、経済的援助、音信、訪問等の実態が確認されます。

経済的援助の実態

夫婦が別居していたときは、亡くなった直近において、経済的援助の実態が認められる必要があります。ただし、その実態がなくても、入院などの理由により亡くなった人から対象遺族への仕送り等が期待できない状況にあることが推認できるときには、認められることがあります。生活費、療養費、施設入居費等の現金による経済的援助だけでなく、衣服、食事、住宅、介護等の現物給付も経済的援助に含まれます。

音信・訪問の実態

単純に回数による判断ではなく、音信・訪問等の存在と、その目的が確認され、通常の夫婦または親子に存在する状態であるかが確認されます。

　経済的援助が少なくても、頻繁に音信・訪問を行っている実態が確認できるときは、生計同一関係が認められることが適当とされています。逆に、音信・訪問が少ない場合でも、経済的援助が多いときには生計同一関係が認められることが適当とされています。

長年別居し音信不通のとき

　例えば、長年一緒に暮らしてきた夫婦が高齢となって、介護の必要があり、それぞれが違うところで暮らすようになったとき、そして、お互いの連絡手段もない状態が数年続いたとき、生計維持関係にあるといえるのか。

　心情的には、「長年夫婦として暮らしていたのだから認められるはず」と思うかもしれません。個別判断により認められるケースはありますが、認められずに不支給となることもあります。また、不支給処分の不服申立てを行い遺族年金が支給されたケースもあります。

元気なうちに知っておきたいこと

　別々に暮らすとき、そこに「やむを得ない理由」があるならば、別居の理由を証明できる書類や、経済的援助や定期的な音信の状況などについて、できるだけ書面で示せるように記録を残しておくことです。

　例えば、子を介してお金のやり取りがあっても、その証拠がなければ、いざという時に証明資料になりません。これがあれば大丈夫という資料があるわけではないのですが、例えば、面倒でもお金の流れを通帳で把握できるようにするとか、記録をつけるなどの工夫が必要です。

　元気なうちに、遺族年金の要件のひとつである生計維持関係のしくみを知ることで、対応できることがあるかもしれません。

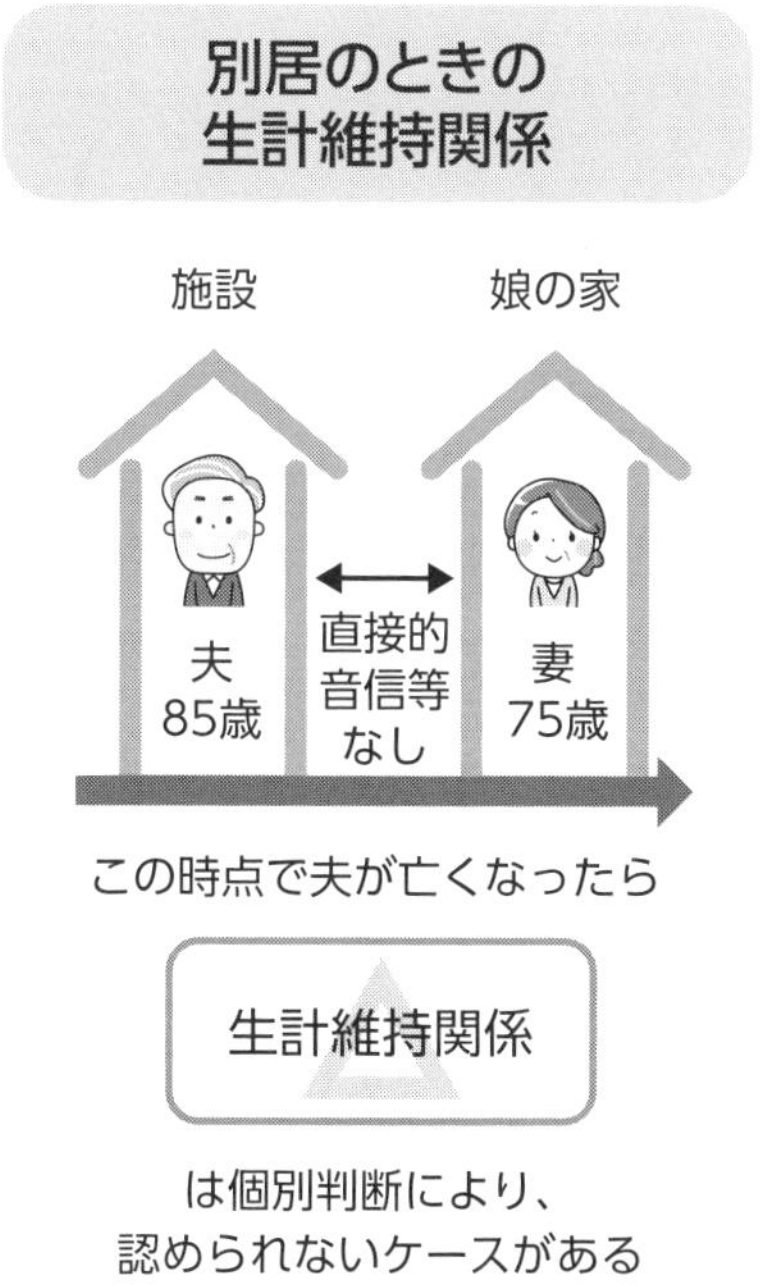

2 収入要件に合わせて報酬を見直す方法とは？

収入や所得を理由に、遺族年金を受けられない人がいることをご存じですか？

相談事例

夫婦共同で会社を経営し、夫が代表取締役、私が取締役でした。夫が亡くなり、遺族年金を受けるために年金事務所に行ったところ「前年の収入と所得が要件を満たさないので、遺族年金は支給されません」といわれました。

収入要件を満たさなければ支給されない

前年の収入と所得が基準外であれば、生計維持要件を満たさず、遺族年金は不支給となります。この点について、前年の収入が基準を超えていても、「おおむね5年以内に収入が減少さえすれば要件を満たす」とも考えられますが（第6章Ⅲ・2）、あくまでも個別に判断される扱いです。定年退職のように、資料等で確実に推認できる場合を除いて、生計維持関係が認められないケースは少なくありません。

亡くなった時点で収入減少が推認できるか

このケースの相談者は、夫死亡の3年後に収入と所得が下がったことから、遺族年金を請求していますが、支給されませんでした。このような場合に「おおむね5年以内に850万円未満への収入減少が推認」できるかが問題となりますが、原則として認められません。

中には、個別具体的判断により支給が認められるケースもあります（135ページ）。しかし、亡くなった時点で予測ができないような事故がその後に発生して、将来の収入が減少するに至ったようなときは「認定が行われる死亡日時点では推認できない」とされ、収入要件を満たさないのです。

元気なうちに知っておきたいこと

現在報酬が高い人について、自営業などで調整が可能であれば、常に遺族年金の収入要件を超えないようにしておく方法があります。いつ、何が起こるかわかりませんから、年収850万円未満か、所得655万5000円未満のいずれかの要件を常にクリアしておくのです。
ただし、遺族年金を受ける権利を得られたとしても、他の年金（例えば自身の老齢厚生年金）を受けることによる支給停止などにより、実際に受けられない場合もあります。その点について、年金事務所での確認も必要です。また、報酬を下げれば、会社の税金等の問題も出てくるかもしれません。報酬の改定時期や改定額など手順が必要な場合もありますので、税理士などの専門家にお尋ねください。

このようなことがありました

会社を経営する高齢のご夫婦が相談に来られたことがありました。ご主人は「高齢になったので、今できることをやっておきたい」とおっしゃっていました。聞くと奥様の役員報酬は1,000万円だということでした。遺族厚生年金の要件についてお話ししたところ、役員報酬を800万円に下げることにしたそうです。ご主人が亡くなったときに奥様が遺族厚生年金を受けられるよう事前の準備をしたことになります。

元気なうちに、収入要件を整えておく

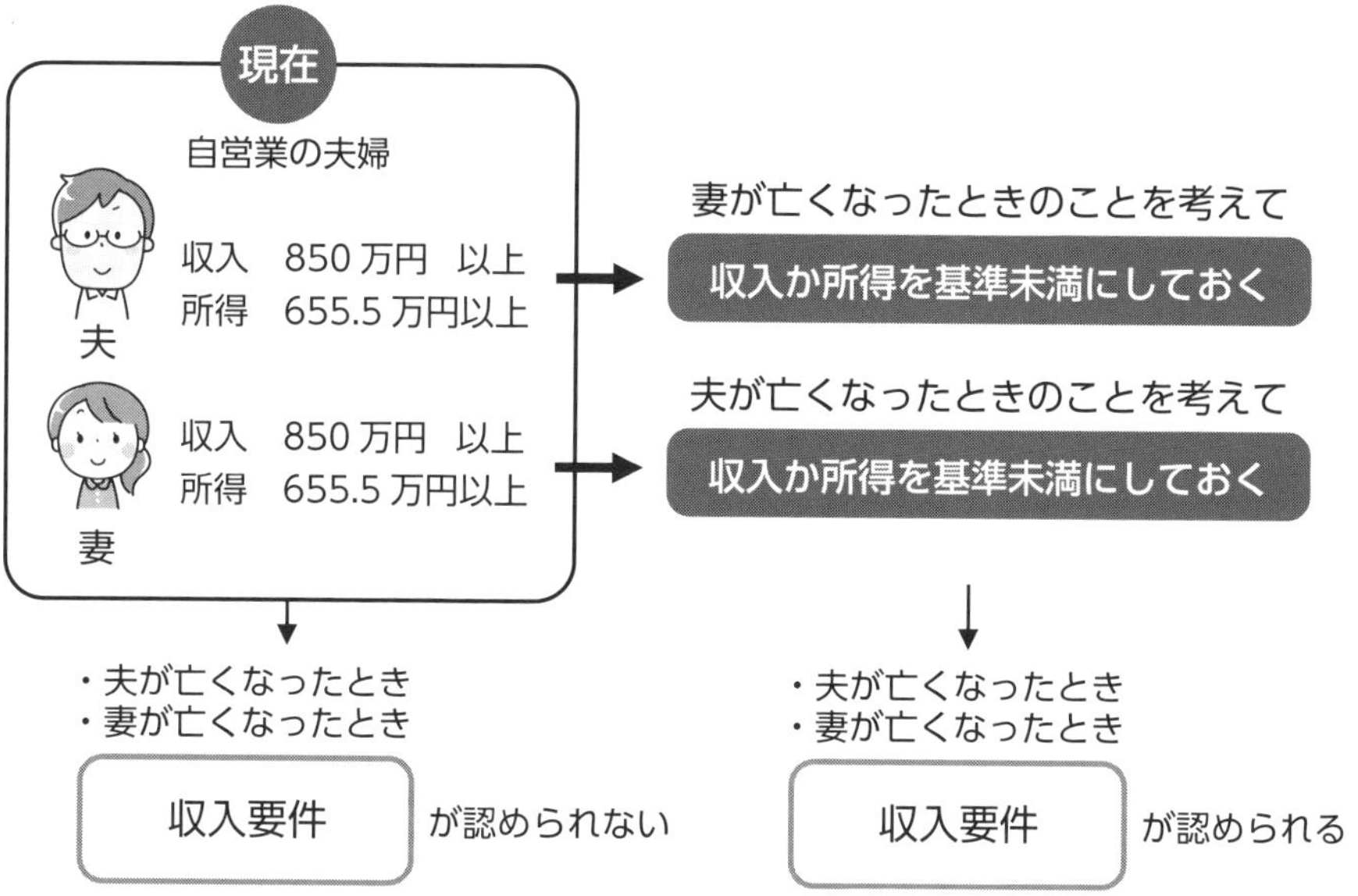

3 離婚後に支給される遺族年金はあるの？

離婚後に遺族基礎年金が受けられることがあるのをご存じですか？

相談事例

元夫が亡くなりました。数年前に離婚して以来、全く連絡を取っていませんでした。元夫との間には小学生の子が二人いますが「遺族年金は支給しない」といわれました。元夫は再婚しておらず、遺族年金を受ける人は誰もいないはずです。離婚すると遺族年金を受けることはできないのでしょうか。

生計維持関係のない子には支給されない

離婚した妻に遺族年金が支給されることはありませんが、亡くなった夫の子には支給される可能性があります。ただし、生計維持関係にある子に限られます。

亡くなった夫と子との間の生計維持関係が認められるには、養育費の送金が継続して行われていたなど、お金のやり取り等の事実を証明する必要があります。

ただし、生計維持関係が認められ、遺族基礎年金を受ける権利を得たとしても、子が母と生計を同じくしているときは、遺族基礎年金は支給停止になります（第3章Ⅲ・3）。また、他に遺族がいるとき（父に再婚相手と子がいるときなど）では、遺族厚生年金も支給停止になることがあります。

元気なうちに知っておきたいこと

離婚後は遺族年金が受けられないと思っている人も多いです。離婚した配偶者は受けることができませんが、子は要件さえ満たせば、受けられる可能性があります。

生計維持関係を証明する必要があるので、定期的なお金のやり取り等があれば、その事実を通帳に記録するなどしておくことです。

このような遺族年金のしくみを知っていれば、遺族年金の請求手続きに進むことができます。請求手続きを行わなければ、遺族年金が支給されることはありません。

第8章

元気なうちに知っておきたい「事実婚関係の遺族年金」

事実婚関係にある人も遺族年金の対象になります。
事実婚関係では、戸籍謄本などにより、
その関係性を把握できないため、
認定方法が別に定められています。

第8章では、事実婚関係の遺族年金についてお伝えします。

1 事実婚関係は遺族年金の対象になるの？

事実婚関係にある人も、遺族年金の対象になることをご存じですか？

相談事例

内縁関係でも遺族年金は支給されるのですか。

事実婚関係にある人も対象になる

事実婚関係にある人にも遺族年金は支給されます。事実婚関係とは、いわゆる内縁関係にある人をいい、婚姻の届出をしていないけれども、社会通念上、夫婦としての共同生活と認められる事実関係をいいます。

法律上の婚姻関係にある夫婦は、戸籍謄本などにより関係性を把握できますが、事実婚関係ではできません。そのため、事実婚関係にある当事者の生計維持関係を確認するため、次の二つの要件を満たす必要があります。

- ●事実婚関係の認定要件
- ●生計維持要件

事実婚関係の認定要件

事実婚関係の認定要件は二つあります。

①当事者間に、社会通念上、夫婦の共同生活と認められる事実関係を成立させようとする合意があること

②当事者間に、社会通念上、夫婦の共同生活と認められる事実関係が存在すること

生計維持要件

生計維持関係の認定要件は、法律婚のときと同様に、生計同一要件と収入要件を満たす必要があります。生計同一要件は、住民票上の世帯別に基準が定められています。すなわち、同一世帯、同住所別世帯、別住所別世帯の三つの区分です（第6章Ⅱ）。

元気なうちに知っておきたいこと

事実婚関係にあると認められ、遺族年金を受けるためには、「婚姻の意思」と「夫婦の共同生活の実態」がポイントになります。

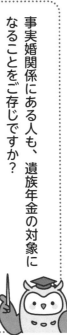

事実婚の遺族年金の認定方法

1 事実婚関係の認定要件

当事者間に、社会通念上、夫婦の共同生活と認められる事実関係があるか？

▼事実関係を成立させようとする合意があること

▼事実関係が存在すること

夫婦の共同生活の実態

2 生計維持要件

生計同一要件（下の住民票上の世帯別の基準） ＋ **収入要件**

同一世帯	同住所別世帯	別住所別世帯

同じ住所 家計はひとつ	同じ住所 家計は２つ	違う住所 家計は２つ

（証明方法は、次項・150 ページ）

2 事実婚関係を証明する方法とは?

事実婚関係が認められるには、婚姻の意思と夫婦の共同生活の実態を証明する必要があることをご存じですか?

相談事例

私たち夫婦は長年生活を共にしていますが入籍しておらず、住民票上の住所も違います。遺族年金のことを考えて、同じ住所に変えておいたほうがよいですか。

「婚姻の意思」を証明する

遺族年金を受けるには、「婚姻の意思」と「夫婦の共同生活の実態」を証明する必要があります。

遺族年金の請求時には当事者の一方が亡くなっている状態であるため、「婚姻の意思」は、原則として「第三者の証明書」により証明することになります。

「夫婦の共同生活の実態」を証明する

「夫婦の共同生活の実態」については、住民票上の区分により155ページの書類の提出が求められます。これらの書類は生計同一要件を証明する書類でもあります。

▼住民票上の同一世帯

住民票上の同一世帯は、「同じ住所で家計をひとつにしている」という証明となるため、原則として住民票の写しにより事実婚関係と生計同一関係が認められます。

▼住民票上同住所別世帯のとき

住民票上の世帯が異なり、その住所が同じであるときは、別世帯となっていることについての理由書を提出します。また、事実婚関係および生計同一関係を証明する書類（155ページ）または第三者の証明書が必要です。

▼住民票上別住所別世帯のとき

住民票上別住所のときは、事実婚関係に関する事実認定が慎重かつ厳格に行われます（本章4）。

元気なうちに知っておきたいこと

「夫婦の共同生活の実態」は、住民票上の同一世帯が認められやすいといえます。可能であれば、同じ世帯になるよう変更しておくことです。

夫婦の共同生活の実態の認定

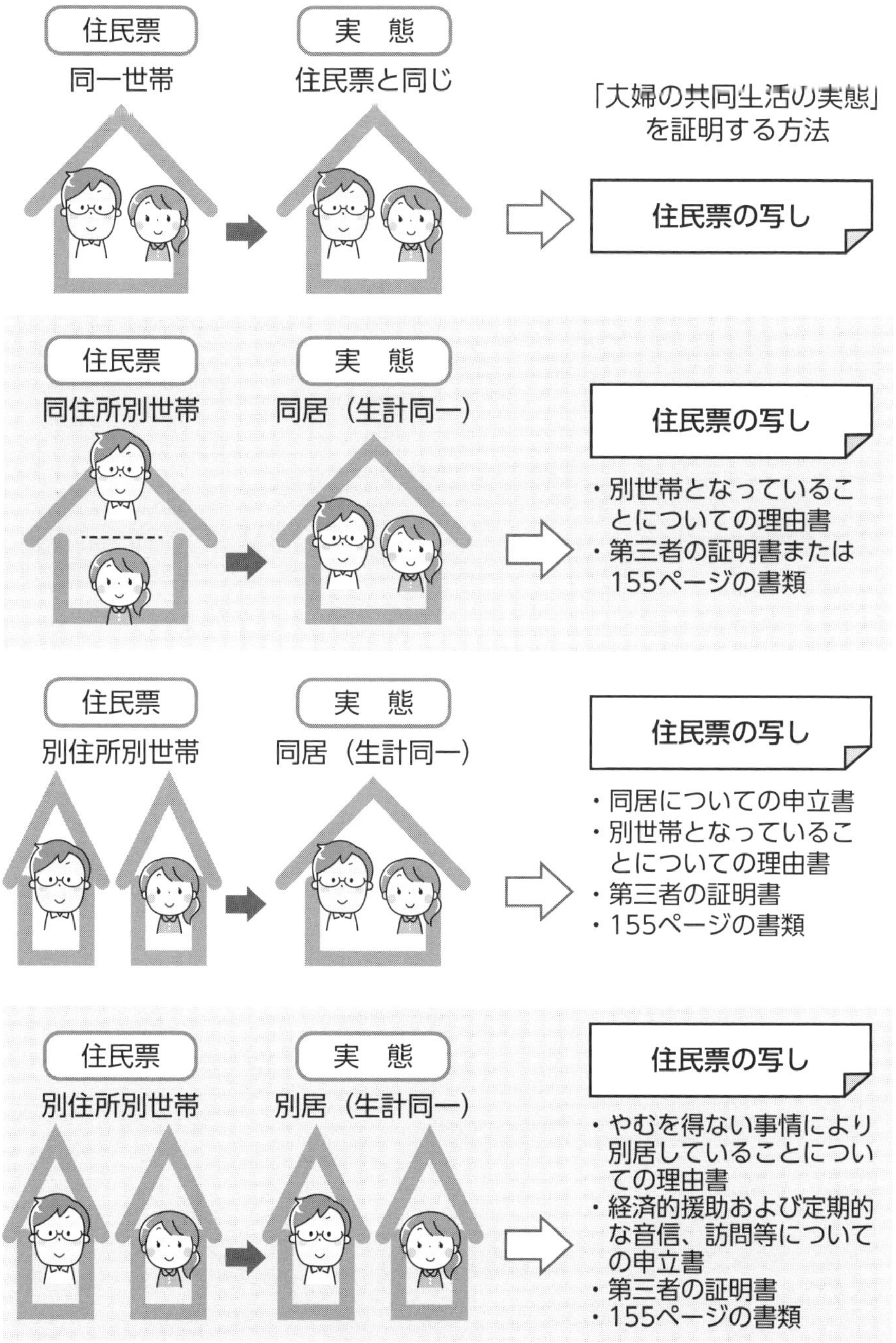

※情報連携により住民票の写しなどが省略できるときあり

3 事実婚の住民票が別住所のときは？

住民票上の住所が違う事実婚関係および生計同一関係の認定は厳格に行われることをご存じですか？

相談事例

私たち夫婦は長年一緒に暮らしていますが、入籍しておらず、住民登録住所は別々です。私が亡くなったとき、妻は遺族年金を受けることができるのでしょうか。

住民票上の住所が別々のとき

住民票上の住所が違うときは、生計も別々ということになります。生計が別々の状態において事実婚関係は認められません。しかし、次のような場合には事実婚関係および生計同一関係が認められることがあります。

- 実態は起居を共にしているとき
- やむを得ない事情による別居であるとき

実態は起居を共にしているとき

実態として一緒に暮らし生計をひとつにしていると認められるときは、生計同一関係が認められます。

やむを得ない事情による別居であるとき

実際に別々に暮らしている場合であっても、次のすべてを満たすときには生計同一関係が認められます。

①単身赴任、就学または病気療養等のやむを得ない事情により住所が住民票上異なっている
②生活費や療養費等の経済的な援助が行われ、定期的に音信、訪問が行われている
③単身赴任、就学または病気療養等のやむを得ない事情が消滅したときは、起居を共にし、消費生活上の家計をひとつにすると認められる

元気なうちに知っておきたいこと

内縁関係における生計同一関係の事実は「事実婚関係及び生計同一関係に関する申立書」（次ページ）により申立てをします。証明のための資料（155ページ）などを含めて、個別具体的に判断されます。資料の有無は、遺族年金の受給の可否に大きな影響を与えます。

事実婚関係及び生計同一関係に関する申立書

遺族年金　未支給　一時金　　事実婚用　様式7

事実婚関係及び生計同一関係に関する申立書

婚姻の意思及び夫婦として共同生活を営んでいたこと並びに生計同一関係にあったことの申立

申立年月日：令和＿＿年＿＿月＿＿日　※ この申立書の記入日を記載してください。

私と下記②の者は、下記②の者が亡くなった当時、戸籍簿上の婚姻関係にはありませんでしたが、共に婚姻する意思を持って夫婦としての共同生活を営み、生計を同じくしていました。

① 請求される方の住所、氏名

住所 ＿＿＿＿＿＿＿＿＿＿

氏名 ＿＿＿＿＿＿＿＿＿＿

② 亡くなった方（配偶者）の住所（亡くなった当時）、氏名

住所 ＿＿＿＿＿＿＿＿＿＿

氏名 ＿＿＿＿＿＿＿＿＿＿

上記①、②の方の状況に応じて、次の1～3のいずれか1つに○を付した上で、必要事項を

1．①と②は、住民票上は別世帯でしたが、住民票上の住所は同一でした。

【住民票

遺族年金　未支給　一時金　　事実婚用　様式7

3．①と②は、別居していました。また、住民票上も別住所でした。

（1）別居していた理由を以下に記載してください。

＿＿＿＿＿＿＿＿＿＿

（2）経済的援助の状況について、以下に記載してください。

②（亡くなった方）から①（請求される方）に対する経済的援助（ あり ・ なし ）

経済的援助の回数　（ 年 ・ 月　約 ＿＿＿＿ 回程度）

経済的援助の内容 ＿＿＿＿＿＿＿＿＿＿

◎ 上記の経済的援助が「なし」の場合は、以下に記載してください。

①（請求される方）から②（亡くなった方）に対する経済的援助（ あり ・ なし ）

経済的援助の回数　（ 年 ・ 月　約 ＿＿＿＿ 回程度）

経済的援助の内容 ＿＿＿＿＿＿＿＿＿＿

（3）音信・訪問の状況について、以下の㋐～㋒に記載してください。

㋐ 音信の手段　（ 訪問・電話・メール・その他：　　　）

㋑ 訪問回数　（ 年 ・ 月 ・ 週 ：約 ＿＿＿＿ 回程度）

㋒ 音信・訪問の内容 ＿＿＿＿＿＿＿＿＿＿

第三者による証明欄

上記の事実に相違ないことを証明します。

また、私は上記①及び②の者の民法上の三親等内の親族ではありません。

証明年月日：令和＿＿年＿＿月＿＿日　※ 表面の申立日（記入日）以後に証明してください。

住所 ＿＿＿＿＿＿＿＿＿＿

氏名 ＿＿＿＿＿＿＿＿＿＿　電話番号 ＿＿ - ＿＿ - ＿＿

※ 法人（会社、病院、施設等）・個人商店として証明する場合は、所在地・名称及び証明者の役職名と氏名を記入してください。

日本年金機構理事長　様

事実婚関係の申立て

「戸籍簿上の婚姻関係にありませんでしたが、共に婚姻する意思を持って夫婦としての共同生活を営み、生計を同じくしていました」

別世帯の理由

同居の申立て

別居していた理由

別居のときはやむを得ない事情による別居であることを記載。「単身赴任のため別居していた」「病気療養のために施設入所していた」など

経済的援助の状況

別居のときは亡くなった人から遺族年金を請求する遺族に対する経済的援助があったか否かを記載。「月1回ごとに、銀行口座に生活費として10万円ほどの振込みがあった」など

音信・訪問の状況

別居のときは音信・訪問の状況について記載

㋐音信の手段

㋑訪問回数

㋒音信・訪問の内容

第三者による証明欄

4 事実婚関係を証明する書類とは？

当事者が別世帯のときに、事実婚関係および生計同一を証明する書類が必要なことをご存じですか？

相談事例

私たち夫婦は長年一緒に暮らしています。入籍しておらず、住民登録住所は別々ですが、事情があって変えることができません。夫が亡くなったときに遺族年金を受けるために準備しておくことはありますか。

事実婚関係を証明する資料

事実婚関係については、事実婚関係の認定と、生計維持関係の認定が行われます（本章1）。住民票上の同一世帯であれば、住民票の写しにより認定されますが、それ以外は、事実婚関係の証明書類が必要です（本章2）。

このケースの相談者のように住民票上別住所のときは事実認定が慎重かつ厳格に行われます。当事者間の婚姻の意思に基づく「夫婦の共同生活の実態」を確認するため、理由書や申立書の他に証明する書類（次ページ）および第三者の証明書（153ページ）などの書類が求められます。これらの関係資料に基づき、総合的な判断が行われます。

例えば、健康保険等の被扶養者であれば、健康保険証の写しがあればよいですが、このような書類がないときは、生活の実態を示す書類が必要です。

元気なうちに知っておきたいこと

事実婚関係の認定では、当事者間の婚姻の意思に基づく「夫婦の共同生活の実態」が確認されるため、次ページ記載のような資料が複数あったほうがよいです。しかし、このケースのような相談を受けたとき、例えば「連名の郵便物などはないですか」と聞くと「捨てた」といわれることが多いのが現状です。

遺族年金の手続きは書類による審査が基本であることを念頭に、「夫婦の共同生活の実態」を示せそうな書類があれば捨てずに取っておくことです。

事実婚関係および生計同一を証明する書類

健康保険被保険者証の写し

- 健康保険等の被扶養者になっているとき

給与簿または賃金台帳等の写し

- 給与計算上、扶養手当の対象になっているとき

他制度の遺族年金証書等の写し

- 同一人の死亡について、他制度から遺族給付が行われているとき

結婚式場などの証明書または挙式、披露宴等の実施を証する書類

- 挙式、披露宴等が最近（１年以内）に行われているとき

葬儀を主催したことを証する書類（会葬御礼の写し等）

- 葬儀の喪主になっているとき

これは、内縁関係にある当事者間での挙式、披露宴のことを指します。

「事実婚関係および生計同一を証明する書類」に準ずる書類

連名の郵便物

- 当事者双方が宛名になっている
- 郵便局の消印が押印されている

公共料金の領収書

- 住民票、戸籍等とは異なる苗字、住所が記載されている
- 夫（妻）が妻（夫）の公共料金を負担している

生命保険の保険証

- 夫（妻）が保険料を負担し、死亡保険金の受取人が妻（夫）
- 続柄欄に「未届の妻（夫）」等と記載されている

未納分の税の領収書

- 住民票、戸籍等とは異なる苗字、住所が記載されている
- 夫（妻）が妻（夫）の税を負担している

賃貸借契約書の写し

- 当事者双方が同居人として名を連ねている
- 続柄欄に「未届の妻（夫）」等と記載されている

5 離婚後に内縁関係にあるときは？

離婚後においても、事実婚関係および生計同一関係が認められることがあるのをご存じですか？

相談事例

離婚後も引き続き一緒に暮らしているときは、事実婚関係として、遺族年金が受けられますか。

離婚後も同居を継続するとき

離婚届を提出すると戸籍上の離婚の処理がされますが、離婚後も同居を継続しているケースがあり、遺族年金を考える上で事実婚関係にあるか問題となります。

このようなケースでは、離婚後も事実上婚姻関係と同様の事情にあるときは、事実婚の認定の要件（本章1）に該当すれば、「事実婚関係にある者」と認定されます。

事実婚関係の認定要件

遺族年金において、離婚後の事実婚関係が認定されるには、亡くなったときに事実婚関係にある必要があります。「婚姻の意思」と「夫婦の共同生活の実態」が確認できるときには、原則として、事実婚関係が認められるとされています。つまり、法律上の婚姻関係は解消したものの、お互いに婚姻意思があり、事実上夫婦同然の生活を送っていた場合には、事実上の婚姻関係が成立します。

元気なうちに知っておきたいこと

「単なる同居人」として、同じ家で生活を継続しているだけでは、夫婦の共同生活とは認められません。ルームシェアをしている他人同士のような関係性です。例えば、離婚後に次の住まいが見つかるまで同じ家で暮らしていたケースがありましたが、事実上の婚姻関係はないと判断されています。

離婚の意思があり、離婚の届出をしたにもかかわらず、「婚姻の意思」を肯定するのは、難しいケースが多いようです。亡くなった人にかかる婚姻の意思についての第三者の証明書とともに、提出資料（151ページ）の内容を含めて、総合的に判断されます。

6 事実婚関係が認められないときとは？

近親婚者は原則として事実婚関係が認められませんが、認められる場合もあることをご存じですか？

相談事例

事実婚関係が認められないときはあるのですか。

近親婚者は原則として事実婚関係が認められない

内縁関係が反倫理的な内縁関係である場合は、「事実婚関係にある者」とは認められていません。

反倫理的な内縁関係とは、いわゆる近親婚者で、次のいずれかに違反するような内縁関係です。

- 近親婚の制限　（民法７３４条）
- 直系姻族間の婚姻禁止　（民法７３５条）
- 養親子関係者間の婚姻禁止　（民法７３６条）

近親婚者の事実婚関係が認められるとき

ただし、次の①～④のすべての要件に該当する近親婚者は、事実婚関係が認められる場合があります。

①三親等の傍系血族間の内縁関係にあること。
②内縁関係が形成されるに至った経緯が、内縁関係が開始された当時の社会的、時代的背景に照らして不当ではないこと。
③地域社会や周囲に抵抗感なく受け入れられてきた内縁関係であること。
④内縁関係が長期間（おおむね40年程度以上）にわたって安定的に継続されてきたものであること。

三親等の傍系血族とは、叔父母・甥・姪等をいいます。

近親婚者について、一定の要件に該当する場合に事実婚関係を認めることとされたのは平成19年の最高裁判決（叔父と姪の関係にある人の事実婚関係を争った裁判。国側が敗訴）が影響しています。

元気なうちに知っておきたいこと

三親等の傍系血族間の内縁関係が認められたケースはどれも内縁関係が長期間（おおむね40年程度以上）にわたって安定的に継続していたと判断されています。

7 重婚的内縁関係は遺族年金の対象になるの？

重婚的内縁関係にあるときでも、事実婚関係および生計同一関係が認められることがあるのをご存じですか？

相談事例

私には戸籍上の妻がいますが、実際に長年暮らしているのは別の女性です。私が死んだとき、遺族年金はどのようになるのでしょうか。

届出による婚姻関係が内縁関係よりも優先

重婚的内縁関係とは、内縁関係にある双方、または一方に、法律上の配偶者がいる状態をいいます。法律上婚姻している人が、別の家庭を持って内縁関係になっている状態です。

婚姻は、戸籍法の定めるところにより届け出ることによってその効力を生じるため、当然に届出による婚姻関係が内縁関係よりも優先されます。

重婚的内縁関係の認定では生計維持要件が問題となります。生計維持関係のない内縁関係はあり得ませんが、生計維持関係のない法律婚関係はあり得るためです。

遺族年金にかかる事実婚関係の認定に際しては、届出による婚姻関係がその実体を全く失った状態となっているときに限り、内縁関係にある人が事実婚関係にある人と認められます。

届出による婚姻関係の形骸化

届出による婚姻関係がその実体を全く失っている状態を「法律婚の形骸化」といいます。法律婚の形骸化が認められるのは、次のいずれかに該当する場合です。

- 当事者が離婚の合意に基づいて夫婦としての共同生活を廃止していると認められるが、戸籍上離婚の届出をしていないとき
- 一方の悪意の遺棄によって「夫婦としての共同生活が行われていない場合」であって、その状態が長期間（おおむね10年程度以上）継続し、当事者双方の生活関係がそのまま固定していると認められるとき

つまり、「夫婦間に明示または黙示による婚姻解消の合意がある」および「夫婦として共同生活の状態にない状況が固定化して、近い将来解消される見込みがない」と認められる場合には「実体を全く失った」状態とみなされます。

夫婦としての共同生活の状態にないこと

「夫婦としての共同生活の状態にない」と判断されるためには、次のすべての要件に該当することが必要です。

①当事者が住居を異にすること

②当事者間に経済的な依存関係が反復して存在していないこと

③当事者間の意思の疎通を表す音信または訪問等の事実が反復して存在していないこと

ここでいう「経済的な依存関係」は、当事者間の婚姻関係の維持、継続のための経済的援助に限られ、例えば、子どもの養育費、冠婚葬祭費、財産分与等は除かれます。

また「音信または訪問等」は、当事者の婚姻関係の維持または修復を目的とした音信や訪問等に限られます。

おおむね10年程度以上の基準

「おおむね10年程度以上」が基準とされている理由は、「本人が内面的にどのような意識を持っているにせよ、10年間も戸籍上の配偶者と何らの交流も持たず、また持とうとしなかった場合には、客観的に見て、本人が実質的に離婚に合意しているとみなし得る」ことによります。

10年に満たない場合でも、客観的な事実から「夫婦間に明示または黙示により婚姻解消の合意がある」ことが明らかであり、かつ「夫婦として共同生活の状態にない状況が固定化している」ときには、「当事者が離婚の合意に基づいて夫婦としての共同生活を廃止していると認められるが、戸籍上離婚の届出をしていないとき」に基づき、「実体を全く失った」状態と認められるとされています。

元気なうちに知っておきたいこと

重婚的内縁関係の遺族年金は、個別具体的に判断されます。具体的には次ページです。

法律婚が形骸化している事実が認定されれば、内縁関係にある人が遺族厚生年金を受けられる可能性があります。

8 重婚的内縁関係を判断するときの調査とは?

重婚的内縁関係にあるとき、さまざまな調査が行われることをご存じですか?

相談事例

私には戸籍上の妻がおり毎月生活費を渡していますが、実際には長年別の女性と暮らしています。私が死んだとき、現在一緒に暮らす女性に遺族年金を受け取ってほしいのですが、可能でしょうか。

法律婚の形骸化の調査

自身が亡くなったときの遺族年金について、受ける人を指定することはできません。重婚的内縁関係の当事者が遺族年金を受けられるのは、法律婚の形骸化が認められるときに限られます（本章7）。

法律婚の形骸化については調査が行われます。戸籍上の配偶者に対して「重婚に関する調査書」が送付され、実地調査が行われることもあります。調査の結果を踏まえ、次のような審査が実施されます。

- ●離婚の合意があったか
- ●合意がない場合、10年以上別居状態にあるか
- ●経済的援助が年1回以上あったか
- ●直近10年に音信や訪問があったか

代表的な調査項目は、次ページのとおりです。

元気なうちに知っておきたいこと

内縁関係の当事者に対して遺族年金が支給されるのは、法律婚の形骸化を証明できた場合に限られます。法律婚上の配偶者への経済的援助があるような状況なら認められません。ただし、離婚の合意を得られれば状況が変わるかもしれません。

一方で、法律上の配偶者側からのご相談もあります。法律上の配偶者が遺族年金を受けるためには、夫婦の共同生活の実態の証明が必要になります。定期的な経済的援助や訪問などあれば、書面で証明できるように記録しておくことです。

重婚的内縁関係の代表的な調査項目

法律上の配偶者への調査項目

別居の理由	▼別居の開始時期 ▼別居期間 ▼別居解消の話し合いの有無など
経済的援助	▼現金の手渡し、現金振込み、送金額など ▼定期的な援助か ▼援助の理由 (生活費・療養費・養育費など) ▼家計費に占める経済的援助額の割合
音　信	▼電話、手紙など ▼定期的な音信か
訪　問	▼自宅訪問か、外出先か ▼定期的な訪問か
被扶養者	▼健康保険等の被扶養者となっているか ▼老齢厚生年金等の加給年金額の対象者となっているか
夫婦としての公然性	▼近所付き合い ▼冠婚葬祭などへの出席の有無
看病など	▼入院中の看病、見舞い ▼緊急連絡先
葬　儀	▼喪主 ▼参列時の立場 (親族として参列しているか否か)

内縁関係の当事者への調査項目

同居の時期	▼住民票上の続柄 ▼別世帯となっている理由
経済的援助	法律上の配偶者への調査内容と同様
音　信	
訪　問	
被扶養者	
夫婦としての公然性	
看病など	
葬　儀	

重婚的内縁関係とは

重婚的内縁関係：内縁関係にある双方、または一方に、法律上の配偶者がいる状態

【原則】法律上の婚姻が内縁関係より優先される
【例外】法律上の婚姻関係がその実体を全く失ったものとなっているときに限り内縁関係にある人が事実婚関係にある人と認められることがある

法律上の婚姻関係が実体を全く失っている状態

法律上の婚姻関係が実体を全く失っている状態

どちらかの状態

- **当事者の離婚の合意**
  に基づいて夫婦としての共同生活を廃止していると認められるが戸籍上離婚の届出をしていないとき
- **一方の悪意の遺棄**
  によって「夫婦としての共同生活が行われていない」状態が固定化(おおむね10年程度以上)して近い将来解消される見込みがない

①当事者が住居を異にすること
②当事者間に経済的な依存関係が反復して存在していないこと
③当事者間の意思の疎通を表す音信または訪問等の事実が反復して存在していないこと

第９章

元気なうちに知っておきたい「遺族厚生年金の要件」

亡くなった人に家族がいても、亡くなった人にかかる要件を
満たしていないのであれば、遺族年金は支給されません。
「元気なうちに対処しておけば……」と思われるケースも多いです。
中でも、遺族厚生年金は生涯受けられる可能性の高い年金です。
遺族基礎年金は、死亡した人に保険料の滞納がなければ
原則として支給されますが、
遺族厚生年金の要件は、とても複雑です。
元気なうちであれば、対応できることもあるかもしれません。

第９章では、元気なうちに知っておきたい
遺族厚生年金の要件についてお伝えします。

I

保険料の未納が多ければ要件を満たさない

1 未納期間が多いとどうなるの？

保険料をきちんと納めていなければ、遺族年金が支給されないことをご存じですか？

相談事例

遺族厚生年金は誰にでも支給される年金ですか。

亡くなった人の四つの要件

遺族厚生年金の亡くなった人の要件は四つあります。このうち、下の図①と②には保険料納付要件があります。③の障害厚生年金にはそもそも保険料納付要件がありません。④は保険料を納付または免除された期間が25年以上必要であり、未納期間が多ければ満たしません。

元気なうちに知っておきたいこと

未納期間が多いと基本的にどの要件も満たしません。元気なうちにできることとして、まずは保険料を納めることです。難しい状況なら免除申請をすることです。

すべての要件に保険料の納付が影響する

遺族厚生年金　亡くなった人の要件

短期要件	①	厚生年金加入中に亡くなったとき	→	国民年金に加入すべき期間について、3分の2以上の保険料納付の要件がある（免除期間等含む）※直近1年納付の特例がある
短期要件	②	厚生年金加入中に初診日がある傷病が原因で初診日から5年以内に亡くなったとき	→	（同上）
短期要件	③	1級または2級の障害状態にある障害厚生年金を受けている人が亡くなったとき	→	障害厚生年金を受けるには、上と同様の保険料納付要件がある
長期要件	④	厚生年金加入期間があって、保険料の納付や免除が25年以上ある人が亡くなったとき	→	未納期間が多いと要件を満たせない

●すべての要件において、保険料の納付状況が問われる

2 国民年金保険料の免除制度とは？

国民年金保険料を納付できないとき、免除制度を利用できることをご存じですか？

相談事例

国民年金保険料の納付が難しいなら免除申請をするようにいわれましたが、そもそも免除申請とは何ですか。

免除制度と猶予制度

国民年金保険料を納付する義務があるのは第1号被保険者です。1月当たりおおむね1万7000円で、毎年金額が変更になります。収入がないなどの理由で、保険料の納付が難しい状態であれば、申請または申し出により、基準を満たせば保険料が免除・猶予されます。

免除された期間は、年金の受給資格期間となります。保険料納付要件を満たさない事態は避けられますし、長期要件（第4章Ⅰ・1）の25年にもカウントされます。申請窓口は年金事務所または市区町村の国民年金課です。

国民年金保険料の免除制度

法定免除	1級または2級の障害基礎年金を受けるようになったときなどに、国民年金保険料が全額免除される制度です
申請免除	本人と配偶者と世帯主の前年所得が一定額以下であるときに利用することができる免除制度で、全額免除と一部免除があります
納付猶予	本人と配偶者の前年所得が一定額以下である20歳から50歳未満の人の保険料の納付が、申請により全額免除されます（令和12年6月までの時限制度）
学生納付特例	学生は、本人の前年所得が一定額以下であれば、申請により保険料納付が全額免除されます
産前産後免除	出産予定日または出産日が属する月の前月から4カ月間（多胎妊娠の場合は、出産予定日または出産日が属する月の3カ月前から6カ月間）の国民年金保険料が全額免除されます（保険料納付済期間に算入される）

3 亡くなった人の年齢によって要件が違うの？

保険料納付要件には二つの種類がありますが、特例要件（直近1年要件）が使えないことがあるのをご存じですか？

相談事例 1

夫は自営業で20歳から60歳になるまで国民年金保険料を納めてきました。62歳のときに初めて知り合いの会社で厚生年金に加入して働くようになったのですが、在職中の66歳のときに不慮の事故により亡くなりました。私は専業主婦で子はいません。

▼遺族厚生年金は支給される

厚生年金の加入期間が短いため、遺族厚生年金が支給されるのかという不安があったようですが、「厚生年金加入中の人が亡くなったとき」の要件に該当し、保険料納付要件も満たしていることから、遺族厚生年金が支給されます。しかし、厚生年金の加入期間が短いなら、短いなりの金額しか受けられないと思うでしょう。

このケースの場合、厚生年金の加入期間は約4年ですが、25年厚生年金に加入したとみなして遺族厚生年金が計算されます（第4章Ⅱ・2）。また、妻が40歳以上であれば、上乗せ加算（中高齢寡婦加算。第4章Ⅱ・3）があります。タイプ10（34ページ）に該当します。

相談事例 2

夫は自営業でしたが、40年間国民年金保険料をほとんど納めておらず、免除申請もしていませんでした。62歳のときに初めて、知り合いの会社で働くようになり、厚生年金に加入したのですが、在職中の66歳のときに亡くなりました。私は専業主婦で子はいません。

▼遺族厚生年金は支給されない

このケースも「厚生年金加入中の人が亡くなったとき」に該当しますが、保険料納付要件を満たさず遺族厚生年金は支給されません。亡くなった時期が65歳を過ぎているため、特例要件（直近1年要件）（第4章Ⅰ・2）は使えず基本要件（3分の2要件）を満たす必要がありますがが、未納期間が多く要件を満たすことは不可能です。

元気なうちに知っておきたいこと

保険料未納期間が多くても、直近1年間に未納がなければ保険料納付要件を満たすことがあります。しかし、特例要件（直近1年要件）は、死亡日が令和8年4月1日前にある65歳未満の人に限られます。

基本は3分の2要件を満たすことですから保険料を納めることが大切です。納付することが難しいようなら、きちんと免除申請を行いましょう。

厚生年金加入中の65歳以上の人が亡くなったとき（相談事例1）

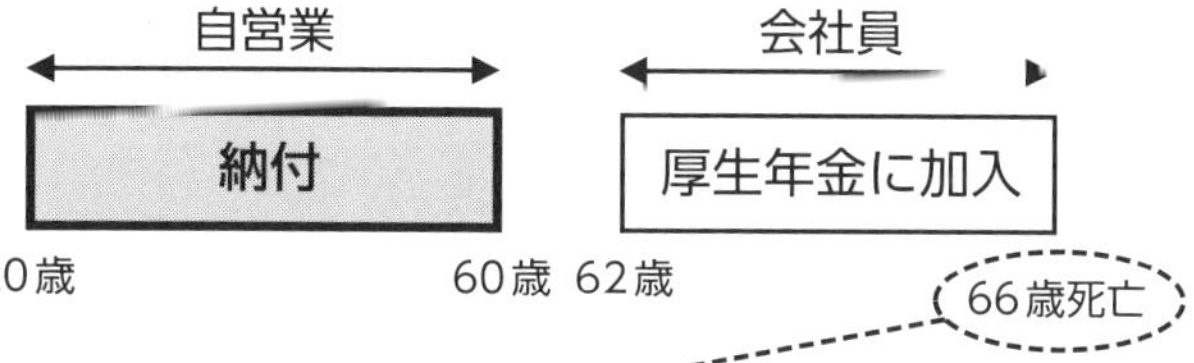

- 厚生年金加入中の死亡
- 保険料納付要件（3分の2要件）を満たす

→ 遺族厚生年金は支給される

厚生年金加入中の65歳以上の人が亡くなったとき（相談事例2）

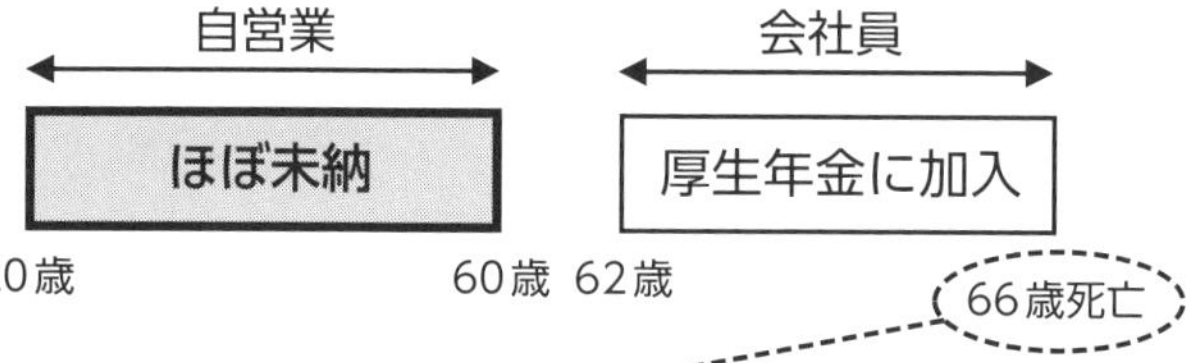

- 厚生年金加入中の死亡
- 保険料納付要件（3分の2要件）を満たさない

→ 遺族厚生年金は支給されない

65歳以上は保険料納付要件の特例（第4章Ⅰ・2）が適用されないので、保険料を納めていない期間が長い人には遺族厚生年金が支給されない可能性が高くなります。

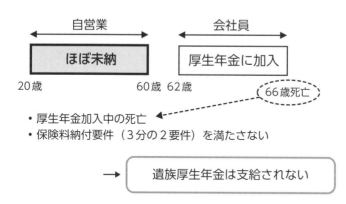

Ⅱ 「受給資格期間25年以上の老齢厚生年金の受給権者等が亡くなったとき」の要件

1 厚生年金期間が長ければ遺族厚生年金は受けられる？

老齢厚生年金を受けている人が亡くなったからといって、遺族厚生年金が支給されるとは限らないことをご存じですか？

相談事例

67歳の夫（昭和30年生まれ）が亡くなりました。厚生年金が20年、国民年金が3年あり、老齢厚生年金を受けていたのですが「遺族年金は支給しない」といわれました。私は60歳で子はいません。

遺族年金と老齢年金の要件は違う

「老齢厚生年金を受けている人が亡くなったとき、遺族厚生年金は支給される」と考える人は多いのですが、そうではありません。

25年以上の受給資格期間がなければ受けられなかった老齢基礎年金や老齢厚生年金が、平成29年8月以降は10年以上の期間があれば受けられるようになりました。

一方で、遺族基礎年金や遺族厚生年金を受けるために必要な受給資格期間は25年のままです（第4章Ⅰ・5）。

このケースは厚生年金と国民年金を合わせて23年となり、要件である25年に2年不足し短縮特例（81ページ）にも該当しないため、遺族厚生年金は支給されません。

元気なうちに知っておきたいこと

高齢期の人が亡くなったときに遺族厚生年金が支給されるのは、おおむね「保険料納付済期間と免除期間とを合算した期間が25年以上ある老齢厚生年金を受けている人が亡くなったとき」の要件に該当することによります。

つまり、受給資格期間が25年以上なければ、基本的には遺族厚生年金が支給されないということです。

このケースの相談者は「厚生年金が20年もあるのに遺族年金が支給されないなんて信じられない」といい、とても驚いてました。老齢年金と遺族年金の要件の違いを知ることです。

遺族厚生年金の25年要件を考える

遺族厚生年金　亡くなった人の要件

1. 厚生年金加入中に亡くなったとき
2. 厚生年金加入中に初診日がある傷病により、初診日から５年以内に亡くなったとき
3. １級または２級の障害状態にある障害厚生年金の受給権者が亡くなったとき
4. **老齢厚生年金を受けている人、受ける資格のある人が亡くなったとき（資格期間25年以上の人に限る）**

老齢厚生年金を受けている人が亡くなったとき

▼厚生年金の加入期間がある受給資格期間が25年以上の人が亡くなったとき

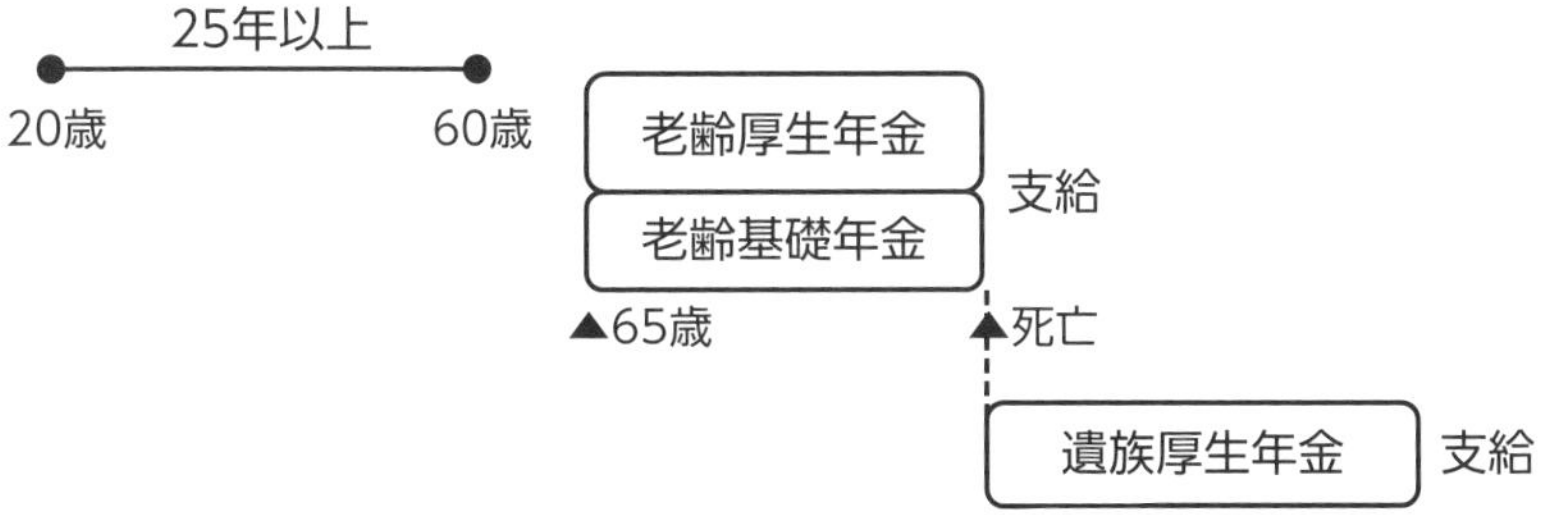

▼厚生年金の加入期間がある受給資格期間が10年以上25年未満の人が亡くなったとき

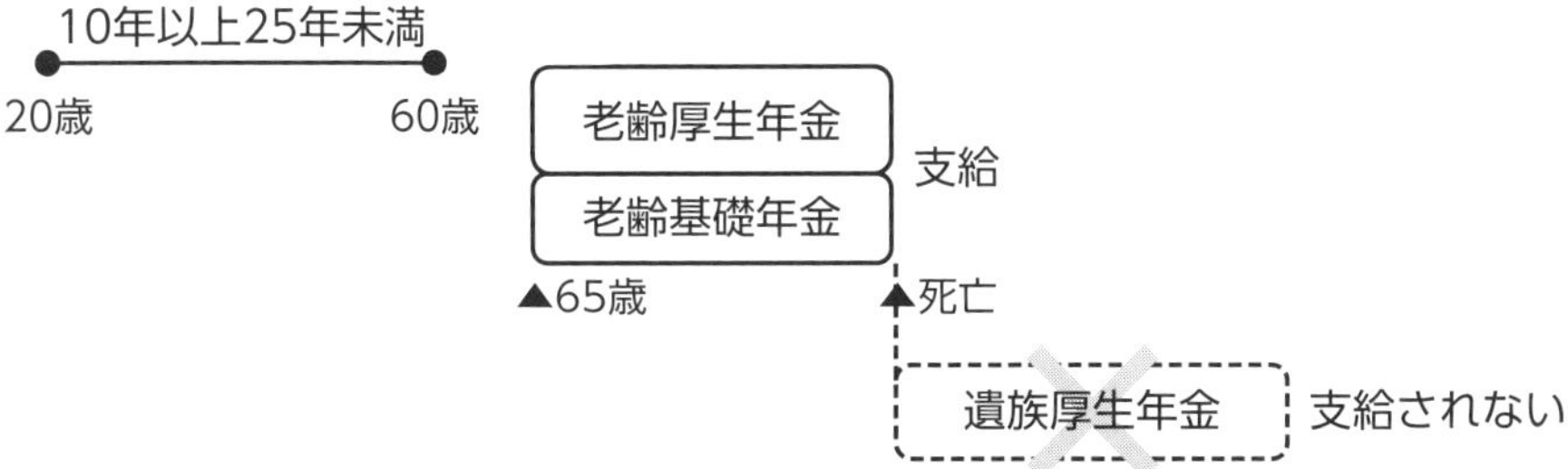

※25年未満であっても短縮特例（81ページ参照）に該当するときは支給される。

2 遺族厚生年金を受けるために今からできることは？

受給資格期間が25年に満たないとき、期間を増やす方法があることをご存じですか？

相談事例

まもなく60歳になります。若い頃に加入した厚生年金期間が15年くらいありますが、自営業となってからは余裕がなく保険料を納付したのは8年くらいです。私が亡くなったとき、妻は遺族年金をもらえますか。

受給資格期間25年以上の要件

このケースの相談者が現時点で亡くなったとすると、短期要件に該当しないのであれば、25年以上の受給資格期間がない限りは遺族厚生年金を受けることができません。前項168ページのケースと同じ状況です。

元気なうちに知っておきたいこと

厚生年金の加入期間がある受給資格期間が10年以上の人には、65歳から老齢厚生年金が支給されるため、「25年」を強く意識する人は多くありません。しかし、家族がいるのであれば、遺族厚生年金についても考えたほうがよいと思います。つまり、受給資格期間を25年以上にしておくほうが安心です。

方法としては、遅くとも60歳になったときに、自身の年金加入歴を振り返り、25年の受給資格期間を満たしているかを確認しておくことです。

例えば、そこで2年足りないという事実がわかったら、25年の受給資格期間を満たす行動をとることです。

60歳以降に厚生年金に加入しないのであれば、任意加入という方法で国民年金保険料を納めることができます。遺族年金を目的とした任意加入が利用できるのは60歳から65歳までに限られます。

60歳以降に厚生年金に加入するのであれば、任意加入する必要はありません。25年の受給資格期間を満たすまでは可能な限り厚生年金に加入して在職することです。

自身の年金加入状況を振り返ってみることが大切です。

遺族厚生年金の25年要件を満たすためにできること

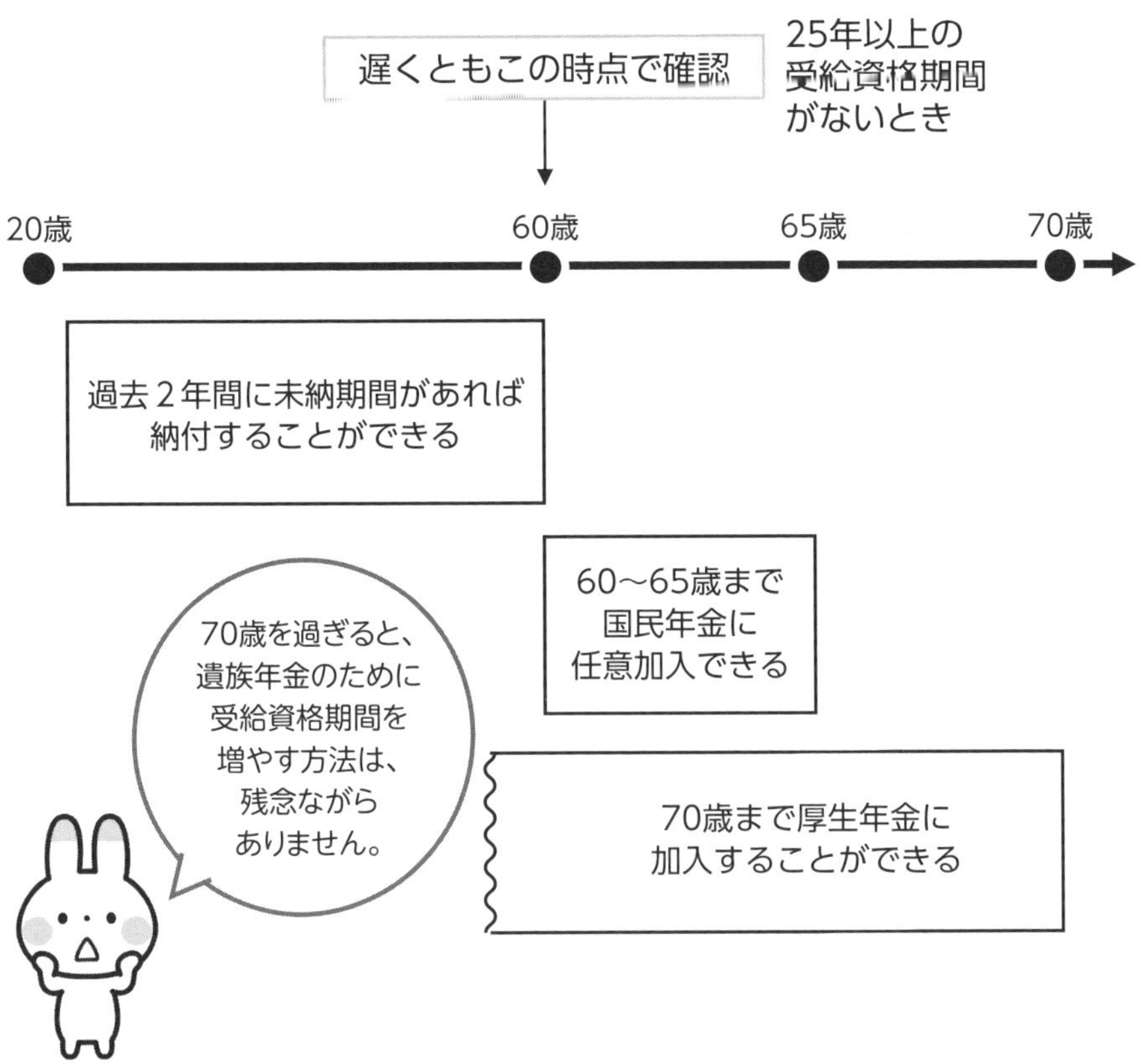
遅くともこの時点で確認
25年以上の受給資格期間がないとき
20歳
60歳
65歳
70歳
過去２年間に未納期間があれば納付することができる
60～65歳まで国民年金に任意加入できる
70歳まで厚生年金に加入することができる
70歳を過ぎると、遺族年金のために受給資格期間を増やす方法は、残念ながらありません。

厚生年金期間20年も大きな節目

現在厚生年金に加入中であれば「厚生年金期間20年」も考える必要があります。妻が受ける遺族厚生年金は、夫の受給資格期間25年を満たした上で、厚生年金の加入期間が20年以上あったほうが安心です。長期要件だけに該当したとき、中高齢寡婦加算が加算される基準が「厚生年金期間20年以上」だからです。一方で、「厚生年金期間20年」は老齢厚生年金に加算される加給年金や老齢基礎年金に加算される振替加算などにも影響があります。ご夫婦の生年月日や年齢差、年金加入状況などによって、厚生年金期間20年以上か未満かの違いが影響を及ぼします。あくまでも夫婦の状況や受けることのできる年金とのバランスが大切で、人それぞれです。今後年金制度が改正されることもあるので、年金事務所で個別に相談するとよいでしょう。

Ⅲ 「厚生年金加入中に亡くなったとき」の要件

1 休職中に亡くなったときは？

「厚生年金加入中に亡くなったとき」という要件には、休職中も含まれることをご存じですか？

相談事例

会社員だった夫が病気が原因で亡くなりました。会社は期限を決めずに休職してもよいといってくれましたが、会社に迷惑はかけられないといって退職の手続きをした1カ月後のことでした。10年勤めていたので遺族年金は受けられると思っていたところ「遺族年金は支給しない」といわれました。私は専業主婦で子はいません。

遺族厚生年金の要件に該当しない

遺族である妻がいるのに遺族厚生年金が支給されないのは、亡くなった人の四つの要件のいずれも満たしていないからです（第4章Ⅰ・1）。退職を急がなければ「厚生年金加入中に亡くなったとき」の要件を満たし、遺族厚生年金を受けることができたケースでしょう。休職期間は会社に在籍しているので厚生年金加入中です。

元気なうちに知っておきたいこと

病気になると、会社に貢献できないことを負担に思い、退職を考える人は多いです。しかし、在籍できるのであれば、慌てて退職の手続きをすることはなかったのです。

「休職期間を過ぎても復職できないときは退職」との規定がある会社もありますが、可能な限りは退職しない（厚生年金に加入しておく）ことも選択肢のひとつです。

「亡くなる日」は想定できるはずもありませんが、遺族厚生年金の要件は亡くなったときで確認されます。元気なうちに要件を確認して状況を整えることができるなら、要件に合わせていくという考え方もできます。

既にこのケースのような状況に置かれているのであれば、今から障害厚生年金を請求する可能性はないでしょうか（本章Ⅴ・7）。検討してみましょう。

遺族厚生年金の要件を考える

遺族厚生年金　亡くなった人の要件

1. 厚生年金加入中に亡くなったとき
2. 厚生年金加入中に初診日がある傷病により、初診日から５年以内に亡くなったとき
3. １級または２級の障害状態にある障害厚生年金の受給権者が亡くなったとき
4. 老齢厚生年金を受けている人、受ける資格のある人が亡くなったとき（資格期間25年以上の人に限る）

休職中に亡くなったとき

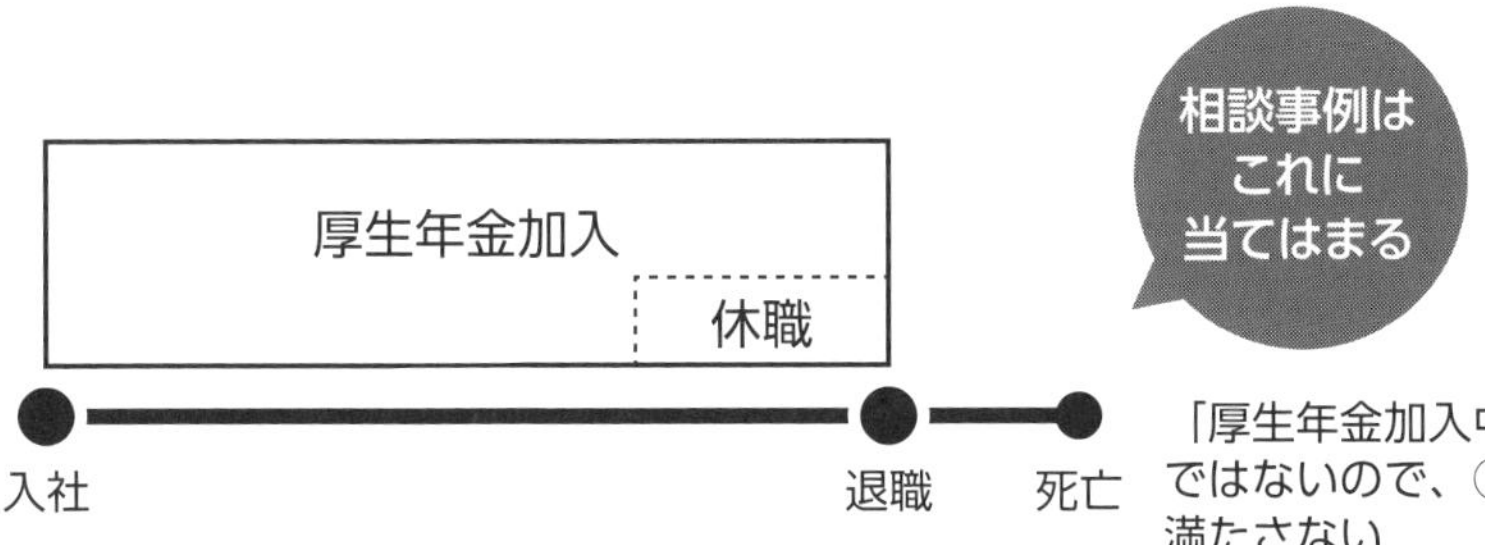

「厚生年金加入中の死亡」ではないので、①の要件を満たさない

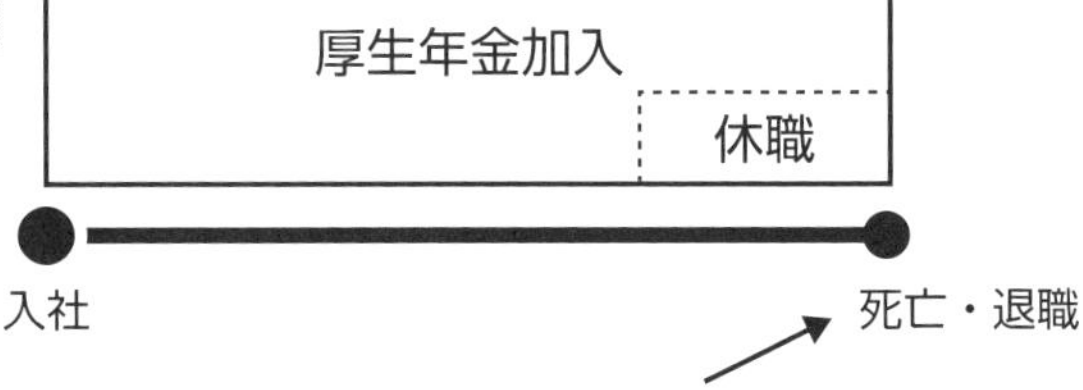

休職中であっても退職していなければ、「厚生年金加入中の死亡」により、遺族厚生年金の要件を満たす

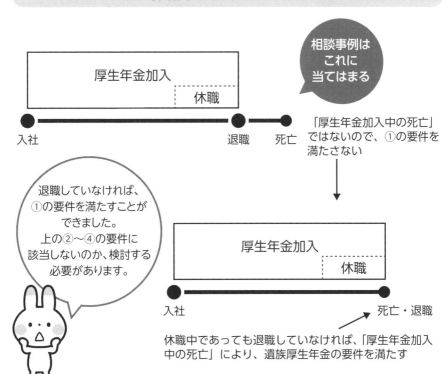

2 子を養育する世帯が厚生年金に加入したら？

子を養育する世帯において、国民年金加入のみの人が厚生年金に加入したらどうなるのか、ご存じですか？

相談事例

夫は自営業であり国民年金に加入しています。夫が亡くなったときのことを考えると不安に思います。将来のことを考えて、今から厚生年金に加入したほうがよいですか。子が一人います。

厚生年金加入による遺族厚生年金の可能性

国民年金の加入期間のみの夫が亡くなったとき、要件を満たす子または配偶者がいれば遺族基礎年金が支給されます。一方で遺族厚生年金は支給されませんが、今後夫が厚生年金に加入することで、遺族厚生年金の要件を満たせば受けられる可能性があります。【タイプ1】（14ページ）の年金から【タイプ2】（16ページ）や【タイプ3】（18ページ）の年金に変わるイメージです。

元気なうちに知っておきたいこと

ただし、亡くなったときの年金加入状況や該当する要件によって、その年金額はさまざまです。

例えば、厚生年金が20年未満の長期要件（第4章Ⅰ・1、72ページ）に該当するときは、【タイプ2】です。夫の厚生年金の平均月収が30万円で厚生年金に1年間加入、妻と子一人がいたとすると、遺族基礎年金と合わせて年約１０２万円、子が一定年齢を迎えると年２万円弱に減ります。

一方で、短期要件（第4章Ⅰ・1、72ページ）に該当すれば、【タイプ３】です。夫の平均月収が30万円とすると、遺族基礎年金と合わせて年約１３６万円です。子が一定年齢を迎えると年約95万円（中高齢寡婦加算約58万円含む）になり、妻が65歳になると中高齢寡婦加算分がなくなり年約37万円になります。

厚生年金に加入すれば遺族厚生年金が支給されるといっても、その金額は状況により随分違います。

厚生年金に加入による遺族厚生年金の変化

【タイプ1】国民年金加入期間のみの夫が亡くなったとき（14ページ）

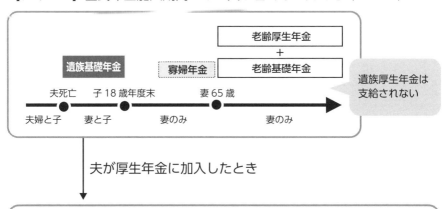

遺族基礎年金

寡婦年金

老齢厚生年金
＋
老齢基礎年金

夫死亡　子18歳年度末　妻65歳

夫婦と子　妻と子　妻のみ　妻のみ

遺族厚生年金は支給されない

夫が厚生年金に加入したとき

【タイプ2】退職後に夫が亡くなったときなど（16ページ）

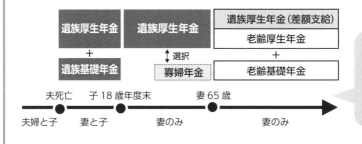

遺族厚生年金
＋
遺族基礎年金

遺族厚生年金
↕ 選択
寡婦年金

遺族厚生年金（差額支給）
老齢厚生年金
＋
老齢基礎年金

夫死亡　子18歳年度末　妻65歳

夫婦と子　妻と子　妻のみ　妻のみ

遺族厚生年金が支給されるが、厚生年金の加入状況によっては、年金額が少ない

【タイプ3】在職中に夫が亡くなったときなど（18ページ）

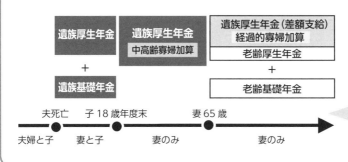

遺族厚生年金
＋
遺族基礎年金

遺族厚生年金
中高齢寡婦加算

遺族厚生年金（差額支給）
経過的寡婦加算
老齢厚生年金
＋
老齢基礎年金

夫死亡　子18歳年度末　妻65歳

夫婦と子　妻と子　妻のみ　妻のみ

遺族厚生年金が支給される。厚生年金加入中に亡くなる等であれば、厚生年金加入期間が短くても、25年加入したとみなして計算される。妻が40歳以上であれば、中高齢寡婦加算（約58万円）が加算される

3 子を養育しない世帯が厚生年金に加入したら？

子を養育しない世帯において、国民年金加入のみの人が厚生年金に加入したらどうなるのか、ご存じですか？

相談事例

60歳の夫は40年間国民年金保険料を納めており、今も自営で働いています。夫が亡くなったときのことを考えると不安に思います。例えば、今から厚生年金に加入したら受ける遺族年金は変わりますか。子はいません。

厚生年金加入による遺族厚生年金の可能性

国民年金の加入期間のみの夫が亡くなったとき、要件を満たせば、寡婦年金または死亡一時金が支給される可能性はありますが、子のない配偶者には遺族基礎年金は支給されません。厚生年金の加入期間がなければ遺族厚生年金も支給されません。

今後夫が厚生年金に加入することで、遺族厚生年金の要件を満たせば受けられる可能性があります。【タイプ8】（30ページ）の年金から【タイプ9】（32ページ）や【タイプ10】（34ページ）の年金に変わるイメージです。

元気なうちに知っておきたいこと

ただし、該当する要件によって年金額はさまざまです。

このケースの相談者の夫が60歳から70歳まで厚生年金に加入し、その後亡くなったときは、長期要件（厚生年金が20年未満）になるため【タイプ9】です。夫の平均月収が30万円とすると、年15万円弱の遺族厚生年金です。

一方で、厚生年金加入中に亡くなる等の短期要件（72ページ）に該当すれば、【タイプ10】です。夫の平均月収が30万円で妻が65歳未満とすると、遺族厚生年金は年約95万円（中高齢寡婦加算約58万円含む）です。妻が65歳になると中高齢寡婦加算分がなくなります。このように金額はさまざまです。

遺族厚生年金は権利を失わない限りは生涯受けられますが、他の年金を受けることによる支給停止もあります。詳しくは年金事務所でご確認ください。

厚生年金に加入による遺族厚生年金の変化

【タイプ8】国民年金加入期間のみの夫が亡くなったとき (30ページ)

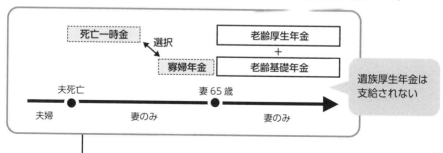

死亡一時金
選択
寡婦年金
老齢厚生年金
＋
老齢基礎年金
夫死亡
妻65歳
夫婦
妻のみ
妻のみ

遺族厚生年金は支給されない

夫が厚生年金に加入したとき

【タイプ9】退職後に夫が亡くなったときなど (32ページ)

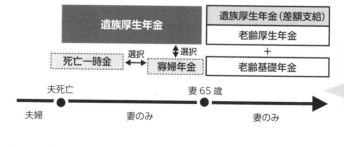

遺族厚生年金
遺族厚生年金(差額支給)
老齢厚生年金
選択
死亡一時金
選択
寡婦年金
＋
老齢基礎年金
夫死亡
妻65歳
夫婦
妻のみ
妻のみ

遺族厚生年金が支給されるが、厚生年金の加入状況によっては、年金額が少ない

【タイプ10】在職中に夫が亡くなったときなど (34ページ)

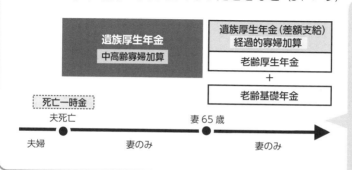

遺族厚生年金
中高齢寡婦加算
遺族厚生年金(差額支給)
経過的寡婦加算
老齢厚生年金
＋
老齢基礎年金
死亡一時金
夫死亡
妻65歳
夫婦
妻のみ
妻のみ

遺族厚生年金が支給される。厚生年金加入中に亡くなる等であれば、厚生年金加入期間が短くても、25年加入したとみなして計算される。妻が40歳以上であれば、中高齢寡婦加算(約58万円)が加算される

4 高齢期世帯が厚生年金に加入したら？

70歳までの高齢期世帯において、国民年金加入のみの人が厚生年金に加入したらどうなるのか、ご存じですか？

相談事例

65歳の夫は40年間国民年金保険料を納めてきました。老齢基礎年金を受けながら、現在も自営で働いています。夫が亡くなったときのことを考えると不安に思うのですが、私は遺族年金を受けられるのでしょうか。

高齢期世帯の遺族厚生年金

国民年金の加入期間のみを有し、老齢基礎年金を受ける夫が亡くなったとき、遺族厚生年金は支給されません。

元気なうちに知っておきたいこと

▼厚生年金への加入は70歳まで

かなり限定されますが、70歳までなら厚生年金への加入ができます。現在は【タイプ13】（42ページ）の年金ですが、厚生年金に加入することによって要件を満たせば【タイプ14】（44ページ）のように、遺族厚生年金が受けられる可能性があります。ただし、厚生年金加入中に亡くなったときと、退職後に亡くなったときとでは、年金額が大きく違う可能性が高いです。

▼老齢厚生年金を受けているとき

老齢厚生年金を受けている人が厚生年金に加入すると、報酬額によっては受けている老齢厚生年金額が減額されることがあります（在職老齢年金制度）。

また、遺族厚生年金の要件を満たしても、遺族の年金加入状況によっては支給停止になることもあります。例えば、遺された妻に老齢厚生年金があれば遺族厚生年金は差額分の支給です。老齢厚生年金のほうが多ければ、全額支給停止になるので実質支給されません（第10章6）。

遺族年金の受け方を変化させることが可能なときでも、有利かどうかはケースバイケースです。それぞれの家族の状況は異なるので、詳しくは年金事務所でご確認ください。

高齢期の遺族厚生年金の変化

【タイプ13】国民年金加入期間のみの夫が亡くなったとき (42ページ)

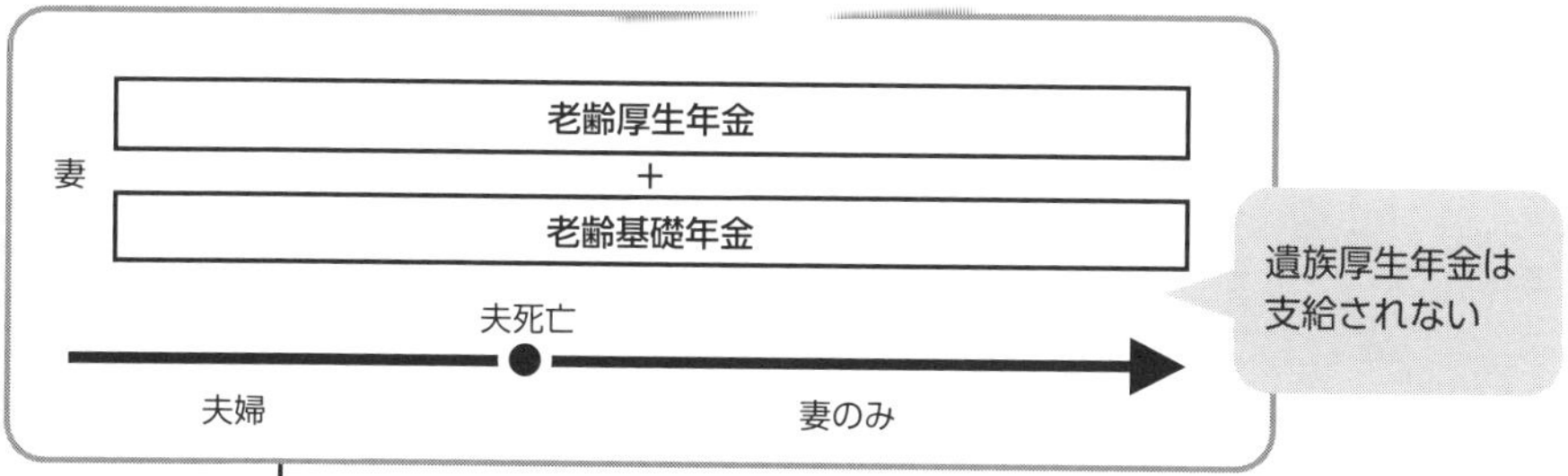

妻
老齢厚生年金
＋
老齢基礎年金
夫死亡
夫婦
妻のみ
遺族厚生年金は支給されない

夫が厚生年金に加入したとき

【タイプ14】厚生年金加入期間のある夫が亡くなったとき (44ページ)

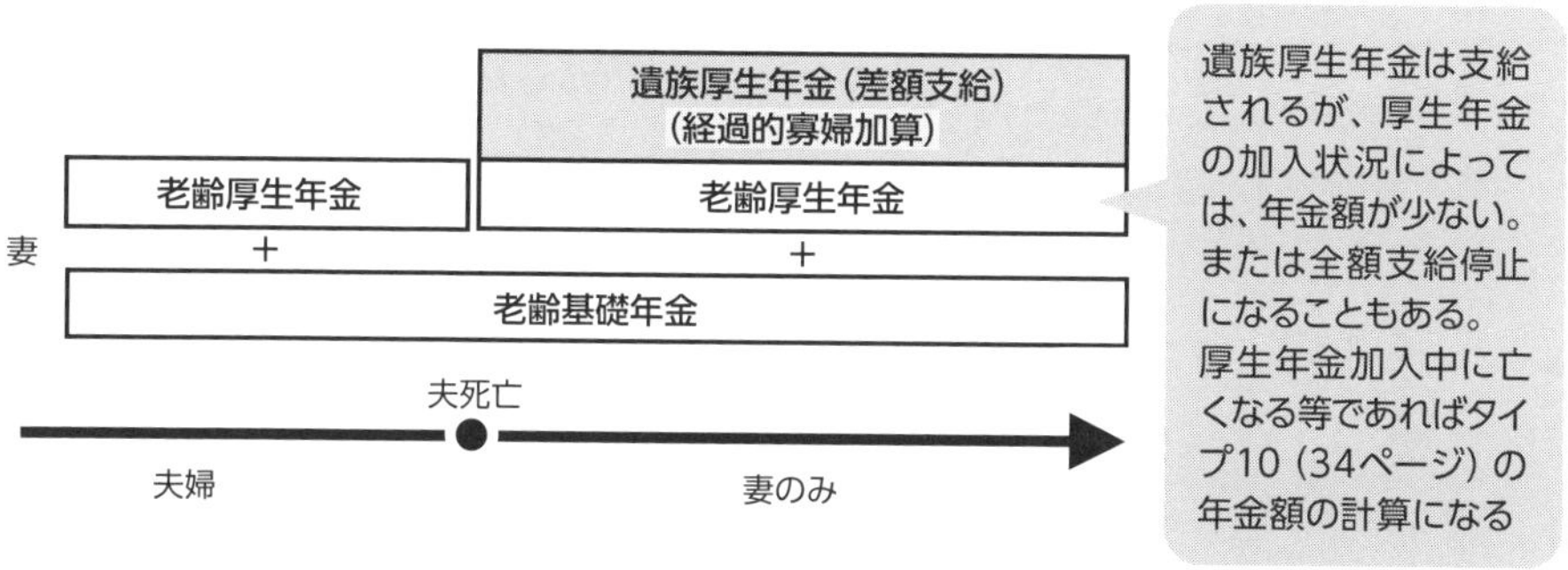

妻
遺族厚生年金（差額支給）（経過的寡婦加算）
老齢厚生年金
老齢厚生年金
＋
＋
老齢基礎年金
夫死亡
夫婦
妻のみ
遺族厚生年金は支給されるが、厚生年金の加入状況によっては、年金額が少ない。または全額支給停止になることもある。厚生年金加入中に亡くなる等であればタイプ10 (34ページ) の年金額の計算になる

遺族厚生年金のために厚生年金に加入する?

国民年金の期間しかない人が厚生年金に加入することによって、その遺族に遺族厚生年金が支給される可能性が出てきます。ただし、あらゆる要件を満たし、受けることができたとしても、亡くなったときの状況によって、年金額は大きく違います。高齢期の遺族であれば老齢厚生年金を受けることによる支給停止もあります。
年金の加入状況によって、遺族年金を劇的に変えられる場合もありますが、そこはケースバイケースです。家族の状況はそれぞれに異なるので、すべての人に当てはまるわけではありません。詳しくは年金事務所でご確認ください。

5 親世帯の遺族厚生年金の額を知る方法は？

70歳を過ぎると厚生年金に加入できなくなるため、遺族年金額がほぼ確定します。年金事務所で試算ができることをご存じですか？

相談事例

もし父が亡くなったとしたら、母が受けられる遺族厚生年金額を知る方法はありますか。

年金事務所で試算ができる

親のどちらかが亡くなったとき、遺された親が受ける年金額は、子世代の生活に影響を及ぼす重要事項です。遺族厚生年金額は、年金事務所で試算できます。子が代理で確認するときは委任状が必要です。

遺族厚生年金額は老齢厚生年金額の4分の3

一方で「試算まで必要ないから、大体でよいので金額を知りたい」というご相談も多いです。老齢厚生年金は「平均月収×乗率×厚生年金加入月数」で計算され、遺族厚生年金の基本額は、その4分の3の金額です（第4章Ⅱ・1）。つまり、老齢厚生年金額がわかれば遺族厚生年金の額が把握できるので、老齢年金の年金額改定通知書（次ページ）が参考になります。

遺族厚生年金の計算の基礎になるのは、老齢年金の年金額改定通知書の記載金額のうち「厚生年金保険」の「基本額※」のみです。この基本額の4分の3がおおよそ遺族厚生年金の基本額と考えることができます。

ただし、正確には、老齢厚生年金の基本額は、報酬比例部分と経過的加算に分かれており、遺族厚生年金の計算の基礎になるのは、報酬比例部分だけです。報酬比例部分の4分の3が遺族厚生年金の基本額になります。

元気なうちに知っておきたいこと

老齢年金の年金額改定通知書からある程度の金額は読み取れても確実ではありません。そもそも25年の要件を満たすのか（第4章Ⅰ・5）や他の年金を受けることによる支給停止なども考慮する必要があります。人それぞれですので、年金事務所での試算が確実です。

年金を受ける人あてに毎年6月頃に郵送される通知書（例）

大切なお知らせ

日本年金機構

国民年金・厚生年金保険　年金額改定通知書

年金の種類　　老齢 基礎　厚生　年金

「老齢」年金の通知書

基礎年金番号　　年金コード　　受給権者氏名

		令和４年４月からの年金額	参考：改正前の年金額
国民年金（基礎年金）	基　本　額	680,575円	円
		円	円
	支給停止額	0円	円
	年　金　額	680,575円	円
厚生年金保険	※ 基　本　額	1,412,945円	円
	加給年金額	388,900円	
	支給停止額	0円	
	年　金　額	1,801,845円	
合計年金額（年額）		2,482,420円	

遺族厚生年金に関係するのは、厚生年金保険の基本額のみ

令和４年５月30日

上のケースで

おおよその遺族厚生年金額の計算をするなら

1,412,945円　×　3/4 ＝ 1,059,708円

ただしこの額は正確ではありません。厚生年金の基本額の内訳は下のようになっており、遺族厚生年金は「報酬比例部分」を基に計算されるからです

【報酬比例部分】　1,315,440円
【経過的加算】　　　97,505円
（合計）1,412,945円

※経過的加算の額は人それぞれです

遺族厚生年金額の正確な基本額は

1,315,440円　×　3/4 ＝ 986,580円　になります

共済組合等の通知書は様式が異なり、経過的職域加算が含まれているときもあります。共済組合等で相談ができます。

Ⅳ 「厚生年金加入中に初診日がある傷病により5年以内に亡くなったとき」の要件

1 退職後すぐに病院にかかったときは？

退職前に病院にかかっておくことが、遺族厚生年金に影響を与えることがあることをご存じですか？

相談事例

夫が亡くなりました。体調不良が続いたため退職し、すぐに病院にかかったところ、かなり状態が悪く、その1年後に亡くなりました。厚生年金の加入期間が15年間あったのですが「遺族年金は支給しない」といわれました。私たちには子はいません。

初診日から起算して5年以内に亡くなったとき

このケースの相談者は、15年も厚生年金に加入したのだから遺族年金は受けられるはずと思ったようですが、遺族厚生年金の要件（次ページ）にひとつずつ当てはめると、すべての要件に該当していません。

①厚生年金加入中ではない
②厚生年金加入中に初診日がない
③障害厚生年金を受けていない
④受給資格期間が25年に満たない

このケースでは、会社を退職する前に病院にかかっていれば、②の要件の「厚生年金加入中に初診日がある傷病により、初診日から5年以内に亡くなったとき」を満たし遺族厚生年金が支給された可能性が高いです。

元気なうちに知っておきたいこと

②の要件は、厚生年金加入中に初診日があることが大前提です。言い換えれば、在職中に病院にかかっている必要があります。

在職中に体調が悪くても、また健診で異常を指摘されても、我慢をして勤務を続け、退職してから病院にかかる人がいますが、退職前には、病院にかかっておくことです。退職前の厚生年金加入中に受診しておくことが、後々の年金に大きな影響を与えることがあるからです。

遺族厚生年金の要件を考える

遺族厚生年金　亡くなった人の要件

1. 厚生年金加入中に亡くなったとき
2. **厚生年金加入中に初診日がある傷病により、初診日から５年以内に亡くなったとき**
3. １級または２級の障害状態にある障害厚生年金の受給権者が亡くなったとき
4. 老齢厚生年金を受けている人、受ける資格のある人が亡くなったとき（資格期間25年以上の人に限る）

厚生年金加入中の初診日から５年以内に亡くなったとき

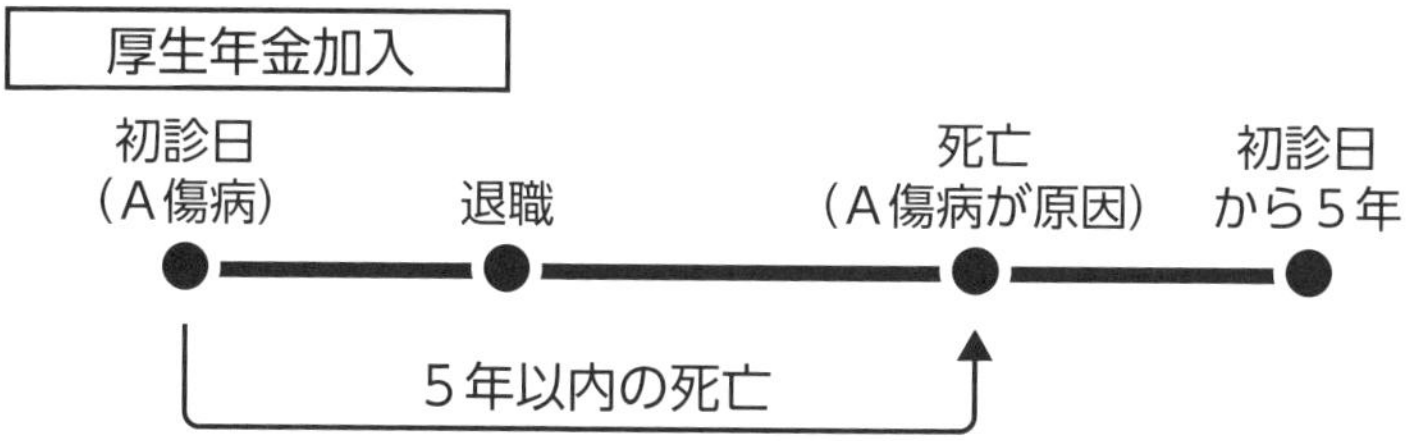

「厚生年金加入中に初診日がある傷病により、初診日から５年以内に亡くなったとき」に該当するので、遺族厚生年金の要件を満たす。

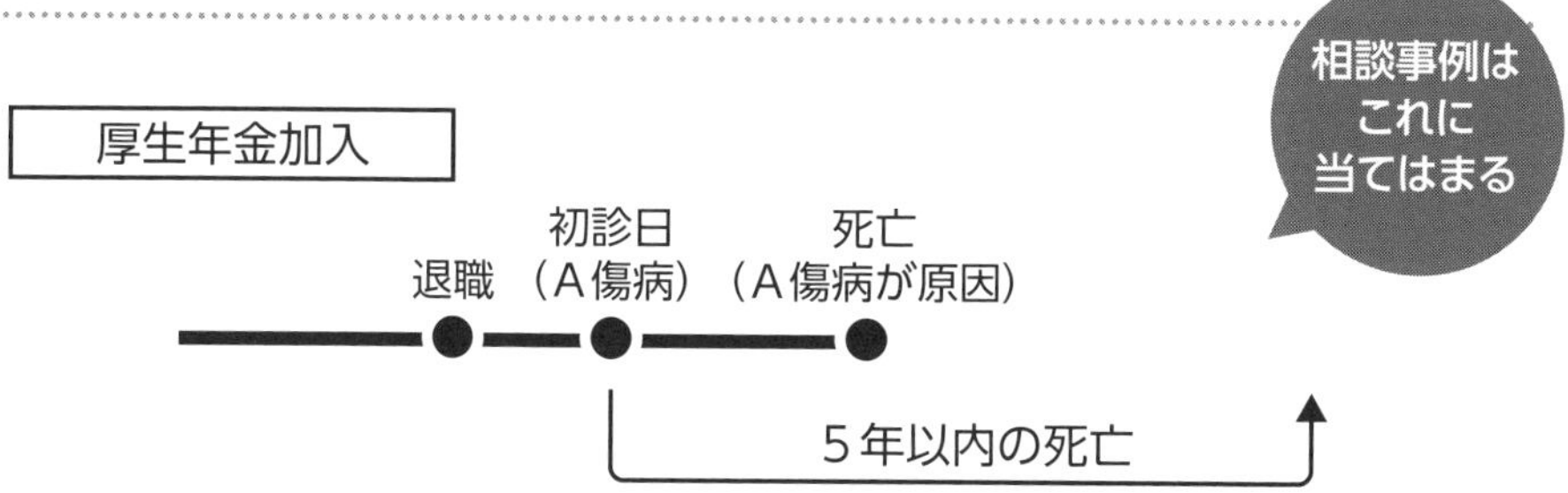

「初診日から５年以内に亡くなったとき」に該当するものの、厚生年金加入中の初診日でないので、遺族厚生年金の要件を満たさない。

2 厚生年金加入中の初診日とは？

「厚生年金加入中に初診日がある傷病によって5年以内に亡くなったとき」の要件にある「初診日」についてご存じですか？

相談事例

夫は会社員のときに体調不良になり、いくつかの病院を受診しましたが原因不明でした。傷病名が確定されたのは退職後のことであり、その後亡くなりました。この場合の初診日とはいつを指すのですか。

初診日とは

「厚生年金加入中に初診日がある傷病によって5年以内に亡くなったとき」の要件を満たすには、厚生年金加入中に初診日があったことの証明が必要です。

初診日とは、死亡の原因となった傷病について、初めて医師または歯科医師（以下「医師等」といいます）の診療を受けた日をいいます。発病日（体調が悪くなった日）ではなく、実際に病院にかかり、治療行為や療養に関する指示があった日のことをいいますが、「同一傷病で転医があった場合は、一番初めに医師等の診療を受けた日」など、細かな規定が定められています（次ページ上図）。

相当因果関係のある傷病があるとき

死亡の原因となった傷病の前に相当因果関係があると認められる傷病があるときには、最初の傷病の初診日が起算点です。一般的には、前の傷病がなかったなら、後の傷病が起こらなかったであろうと認められる場合は、相当因果関係があるとされ、前後の傷病は同一傷病として取り扱われています。相当因果関係ありとして取り扱われることが多い例は次ページに記載のとおりです。

元気なうちに知っておきたいこと

例えば、糖尿病が原因で糖尿病性網膜症に至ったときは、糖尿病で初めて医師等の診療を受けた日が初診日です。相当因果関係の有無は、個々のケースごとに判断されます。医学的見解と異なるときもあります。

初診日とは

受診や傷病の状況		初診日
ずっと同じ病院にかかっているとき	➡	初めて診療を受けた日
同じ病気やケガで転医したとき	➡	一番初めに医師等の診療を受けた日
病気やケガが治癒し、その後同じ病気やケガを再度発症したとき	➡	再度発症し医師等の診療を受けた日
当初は病名が確定しておらず、現在と異なる傷病名だったが同じ傷病と判断されるとき	➡	当初の傷病名で医師等の診療を受けた日
じん肺症（じん肺結核を含む）	➡	じん肺と診断された日
障害の原因となった傷病の前に相当因果関係があると認められる傷病があるとき	➡	最初の傷病で医師等の診療を受けた日

相当因果関係ありとして取り扱われることが多いもの

前の傷病①		後の傷病②
糖尿病	➡	糖尿病性網膜症、糖尿病性腎症、糖尿病性壊疽
糸球体腎炎（ネフローゼを含む）、多発性のう胞腎、慢性腎炎	➡	慢性腎不全
肝炎	➡	肝硬変
結核	➡	聴力障害（化学療法による副作用）
輸血の必要な手術	➡	肝炎（輸血による）
ステロイドの投薬が必要な傷病	➡	大腿骨頭無腐性壊死（投薬の副作用）
事故または脳血管疾患	➡	精神障害（事故または脳血管障害が原因）
肺疾患の手術	➡	呼吸不全
がん（悪性新生物）	➡	転移性悪性新生物（原発とされるものと組織上一致または転移と確認できたもの）

前の傷病①の初診日が遺族厚生年金の要件である「初診日」になります

「高血圧と脳出血または脳梗塞」「近視と黄斑部変性、網膜剥離視または視神経萎縮」「糖尿病と脳出血または脳梗塞」は、原則として相当因果関係なしとして取り扱われています。

3 傷病の初診日を証明する方法とは？

「厚生年金加入中に初診日がある傷病」であった事実は受診状況等証明書によって証明しなければならないことをご存じですか？

相談事例

夫は会社の健診で大腸がんが判明し、約4年後に状態が悪化し亡くなりました。遺族厚生年金を請求するに当たり、「厚生年金加入中に初診日がある傷病」であることは、どのように証明すればよいのでしょうか。

受診状況等証明書により初診日を証明する

厚生年金加入中の初診日と傷病は「受診状況等証明書」により証明します。初診日のある病院で記載してもらう書類で、その内容は次ページのとおりです。

受診状況等証明書の留意点

受診状況等証明書の「初診年月日」に記載の日が初診日になります。ただし、「発病から初診までの経過」欄に、「他院からの紹介」「～より転医」等の記載がある場合は、前医の受診状況等証明書が必要です。「傷病の前に相当因果関係があると認められる傷病があるときは、最初の傷病の初診日」が初診日とされるからです（前項）。

例えば、直接死因ががんの場合、原発性か転移性かの確認が行われます。原発性は他傷病との相当因果関係は認められませんが、転移性は認められる可能性があります。転移性の場合は、最初の傷病の初診日を証明する受診状況等証明書が併せて必要です。

元気なうちに知っておきたいこと

初診日の特定が難しかったり、受診した病院の廃院等により受診状況等証明書が手に入らなかったりするときもあります。元気なうちに事前準備をすることは困難ですが、障害厚生年金の請求を考えたほうがよいケースもあります。その際に、同様の初診日の証明が必要になります。「1級または2級の障害状態にある障害厚生年金を受けている人が亡くなったとき」の要件による遺族厚生年金を受ける可能性が広がります。

受診状況等証明書（初診日を証明する書類）

年金等の請求用

障害年金等の請求を行うとき、その障害の原因又は誘因となった傷病で初めて受診した医療機関の初診日を明らかにすることが必要です。そのために使用する証明書です。

受　診　状　況　等　証　明　書

① 氏　　　　名 ＿＿＿＿＿＿＿＿

② 傷　病　名 ＿＿＿＿＿＿＿＿

③ 発 病 年 月 日　昭和・平成・令和　　年　　月　　日

④ 傷病の原因又は誘因 ＿＿＿＿＿＿＿＿

⑤ 発病から初診までの経過

前医からの紹介状はありますか。⇒　有　　無　（有の場合はコピーの添付

※診療録に前医受診の記載がある場合
右の該当する番号に○印をつけてください

1　初診時の診療録より記載したものです。
2　昭和・平成・令和　　年　　月　　日の診療録より記載したものです。

⑥ 初 診 年 月 日　昭和・平成・令和　　年　　月　　日

⑦ 終 診 年 月 日　昭和・平成・令和　　年　　月　　日

⑧ 終診時の転帰（ 治癒・転医・中止 ）

⑨ 初診から終診までの治療内容及び経過の概要

⑩ 次の該当する番号（1～4）に○印をつけてください。

複数に○をつけた場合は、それぞれに基づく記載内容の範囲がわかるように余白に記載してください。

上記の記載は　1　診療録より記載したものです。
2　受診受付簿、入院記録より記載したものです。
3　その他（　　　　　　　　）より記載したものです。
4　昭和・平成・令和　　年　　月　　日の本人の申し立てによるものです。

⑪ 令和　　年　　月　　日

医療機関名　　　　　　　　診療担当科名

所　在　地　　　　　　　　医師氏名

（提出先）日本年金機構　　　　（裏面もご覧ください。）

【傷病名】
死亡原因との相当因果関係が確認されます

【発病から初診まで】
前にかかった病院の記載があるときは、その病院の受診状況等証明書が必要です

【初診年月日】
基本的にはこの日が5年の起算日です

【1 診療録により記載したものです】に○があれば、問題ありません。
1以外であれば、他の書類が必要になる可能性があります。

4 相当因果関係を証明する方法とは？

「厚生年金加入中に初診日がある傷病によって亡くなった」事実は、死亡診断書により確認されることをご存じですか？

相談事例

厚生年金加入中に初診日のある傷病が原因で亡くなったという事実は、どのように証明するのですか。

死亡診断書で判断される

厚生年金加入中に初診日のあることが確認できたら、そこから5年以内に、その初診日の傷病によって亡くなったことを証明する必要があります。つまり、死因と死亡日を明らかにします。死因と死亡日は「死亡診断書（死体検案書）」で判断されます。

初診日の傷病と直接死因の相当因果関係

「受診状況等証明書」に記載の傷病と、死亡診断書に記載の直接死因が同じであれば、厚生年金加入中に初診日のある傷病によって亡くなった事実が確認できます。

一方で、直接死因の傷病が、受診状況等証明書に記載の傷病と違うことがあります。

例えば、「がん」で療養中だったSさんが亡くなったとき、死亡診断書の直接死因には「肺炎」と記載されていました。がんと肺炎は関係性がないとして、遺族厚生年金の要件を満たさないと判断されています。

このような場合には、両者の相当因果関係が問題になります。相当因果関係があるときには同一傷病による死亡とみなされています（本章Ⅳ・2）。Sさんのケースでは、医師の意見書（がんの末期の症状として肺炎を併発）などを添付して不服申立てを行い結果的に相当因果関係が認められ、遺族厚生年金が支給されています。

元気なうちに知っておきたいこと

事前準備はできませんが、このような遺族厚生年金のしくみを知っておくとよいと思います。相当因果関係の証明が難しいケースもありますが、しくみを知ることで疑問に思えば専門家に相談することもできます。

死亡診断書（死体検案書）～死亡日と死亡原因を証明～

死亡診断書（死体検案書）

この死亡診断書（死体検案書）は、我が国の死因統計作成の資料としても用いられます。楷書で、できるだけ詳しく書いてください。

氏名		1男 2女	生年月日	明治 昭和 大正 平成 令和　年　月　日 （生まれてから30日以内に死亡したときは生まれた時刻も書いてください）　午前・午後　時　分
死亡したとき	令和　年　月　日　午前・午後　時　分			
死亡したところ及びその種別	死亡したところの種別	1病院　2診療所　3介護医療院・介護老人保健施設　4助産所　5老人ホーム　6自宅　7その他		
	死亡したところ	番地 番　号		
	（死亡したところの種別1～5）施設の名称			
死亡の原因 ◆Ⅰ欄、Ⅱ欄ともに疾患の終末期の状態としての心不全、呼吸不全等は書かないでください ◆Ⅰ欄では、最も死亡に影響を与えた傷病名を医学的因果関係の順番で書いてください ◆Ⅰ欄の傷病名の記載は各欄一つにしてください ただし、欄が不足する場合は（エ）欄に残りを医学的因果関係の順番で書いてください	Ⅰ	（ア）直接死因		
		（イ）（ア）の原因		
		（ウ）（イ）の原因		
		（エ）（ウ）の原因	…日未満の場合は、時、分等の単位で書いてください（例：1年3ヵ月、5時間20分）	
	Ⅱ	直接には死因に関係しないがⅠ欄の傷病経過に影響を及ぼした傷病名等		
	手術	1無　2有 {部位及び主要所見}	手術年月日	令和 平成 昭和　年　月　日
	解剖	1無　2有 {主要所見}		
死因の種類	1 病死及び自然死 外因死　不慮の外因死 {2 交通事故　3 転倒・転落　4 溺水　5 煙、火災及び火焔による傷害　6 窒息　7 中毒　8 その他} その他及び不詳の外因死 {9 自殺　10 他殺　11 その他及び不詳の外因} 12 不詳の死			
外因死の追加事項 ◆伝聞又は推定情報の場合でも書いてください	傷害が発生したとき	令和・平成・昭和　年　月　日　午前・午後　時　分	傷害… 発生… た…	
	傷害が発生したところの種別	1住居　2工場及び建築現場　3道路　4その他（　）		
	手段及び状況			
生後1年未満で病死した場合の追加事項	出生時体重　グラム	単胎・多胎の別　1単胎　2多胎（　子中第　子）		
	妊娠・分娩時における母体の病態又は異状　1無　2有（　）3不詳	母の生年月日　昭和 平成 令和　年　月　日	（妊…	
その他特に付言すべきことがら				

上記のとおり診断（検案）する　　診断（検案）年月日　令和　年　月　日
本診断書（検案書）発行年月日　令和　年　月　日

病院、診療所、介護医療院若しくは介護老人保健施設等の名称及び所在地又は医師の住所　　番地　番　号

（氏名）　医師

【死亡したとき】

【死亡の原因】
初診日の傷病と同一傷病であることが確認されます

例えば、厚生年金加入中にがんが見つかり、療養のために退職した人が、交通事故など、全く異なる要因で亡くなったときには、この要件に該当しません。

1 3級の障害厚生年金を受ける人は対象外？

3級の障害厚生年金を受けている人は、その傷病と直接死因に相当因果関係がなければ要件を満たさないことをご存じですか？

相談事例

夫は5年前から3級の障害厚生年金を受けていました。その傷病が悪化し、療養を続けていたところ、不慮の事故により亡くなりました。遺族厚生年金の手続きに行ったところ「遺族年金は支給しない」といわれました。

3級の障害厚生年金を受けていた人の要件

1級または2級の障害厚生年金を受けていた人が亡くなったときには、死因に限らず、遺族厚生年金の要件を満たします。一方で、3級の障害厚生年金を受けていた人については障害厚生年金の傷病と直接死因に相当因果関係があることが要件です（第4章Ⅰ・4）。そのため、このケースは要件を満たさないとの判断になっています。

元気なうちに知っておいてほしいこと

元気なうちといえないかもしれませんが、3級の障害厚生年金を受けている人について、病状が悪化しているのであれば、額改定請求（次項）をしておくことです。3級の障害厚生年金を受けている人が亡くなると、死因との相当因果関係の立証が必要となりますが、簡単ではないケースも多いです。可能であれば2級以上の障害厚生年金を受けられるようにしておくことにより、将来の遺族厚生年金が確保できるともいえます。

病気をかかえているからといって、その病気で亡くなるとは限りません。状態が悪化しているようなら、いろいろなことを想定して、2級以上の障害厚生年金を受けられるようにしておくこともひとつの方法です。このケースにおいても、傷病の状態が悪化していたということですが、残念ながら亡くなった後に額改定請求をすることはできません。

遺族厚生年金の要件を考える

遺族厚生年金　亡くなった人の要件

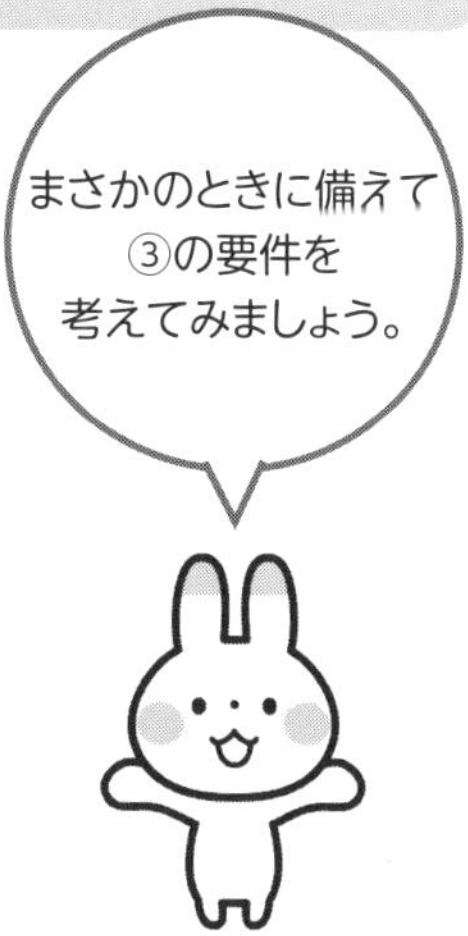

1. 厚生年金加入中に亡くなったとき
2. 厚生年金加入中に初診日がある傷病により、初診日から５年以内に亡くなったとき
3. **１級または２級の障害状態にある障害厚生年金の受給権者が亡くなったとき**
4. 老齢厚生年金を受けている人、受ける資格のある人が亡くなったとき（資格期間25年以上の人に限る）

3級から上位等級への額改定と遺族厚生年金

●３級の障害厚生年金を受けている人が亡くなったとき

相談事例はこれに当てはまる

３級　障害厚生年金（A病）

A病で死亡 → 遺族厚生年金　支給

別原因で死亡※ → ×　支給されない

↓ 上位等級に額改定

●１級または２級の障害厚生年金を受けている人が亡くなったとき

２級以上 障害厚生年金／障害基礎年金（A病）

A病で死亡 → 遺族厚生年金　支給

別原因で死亡※ → 遺族厚生年金　支給

※A病との相当因果関係がないとき

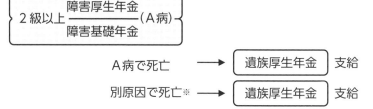

2 3級の障害厚生年金を2級にする方法とは？

障害厚生年金を受けている人の状態が悪化したとき、上位の等級への変更を請求する方法があることをご存じですか？

相談事例

3級の障害厚生年金を受けています。体調が悪化したとき、上の等級の障害厚生年金を受けられると聞きました。どのように手続きをすればよいのですか。

額改定請求とは

障害厚生年金（障害基礎年金）を受けている人の状態が悪化したとき、上位の等級への変更（年金額の増額）を請求することができます。これが額改定請求です。

一般的に額改定請求は、障害厚生年金を増額させる目的で行うことが多く、遺族厚生年金を視野に入れて行うことは、あまりないと思います。障害厚生年金の額は増え、将来の遺族厚生年金を受ける権利が確保できる可能性が広がるのですから、行わない手はありません。

額改定請求の方法

ここでは、遺族厚生年金を受ける目的での額改定請求を前提としているので、具体的には、3級の障害厚生年金を2級以上に改定するための請求です。現在の症状を証明する診断書等を添付の上で額改定請求を行い、2級相当であると認定されれば、2級の障害厚生年金が支給されます。診断書は年金事務所指定の様式があります。

額改定請求は、状態が悪化したときに行うことができますが、一部の例外を除き、前回の診査から1年経過している必要があります。

元気なうちに知っておきたいこと

過去に2級以上の障害厚生年金を受けたことがある人は年齢制限なく額改定請求ができますが、当初から3級の障害厚生年金を受けている人は、65歳までしか請求ができません。そのため、65歳になる前には、体調が悪化していないか、額改定請求の可能性がないか、検討してみることです。

額改定請求・当初から３級の障害厚生年金を受けている人

●当初から３級の障害厚生年金を受けている人

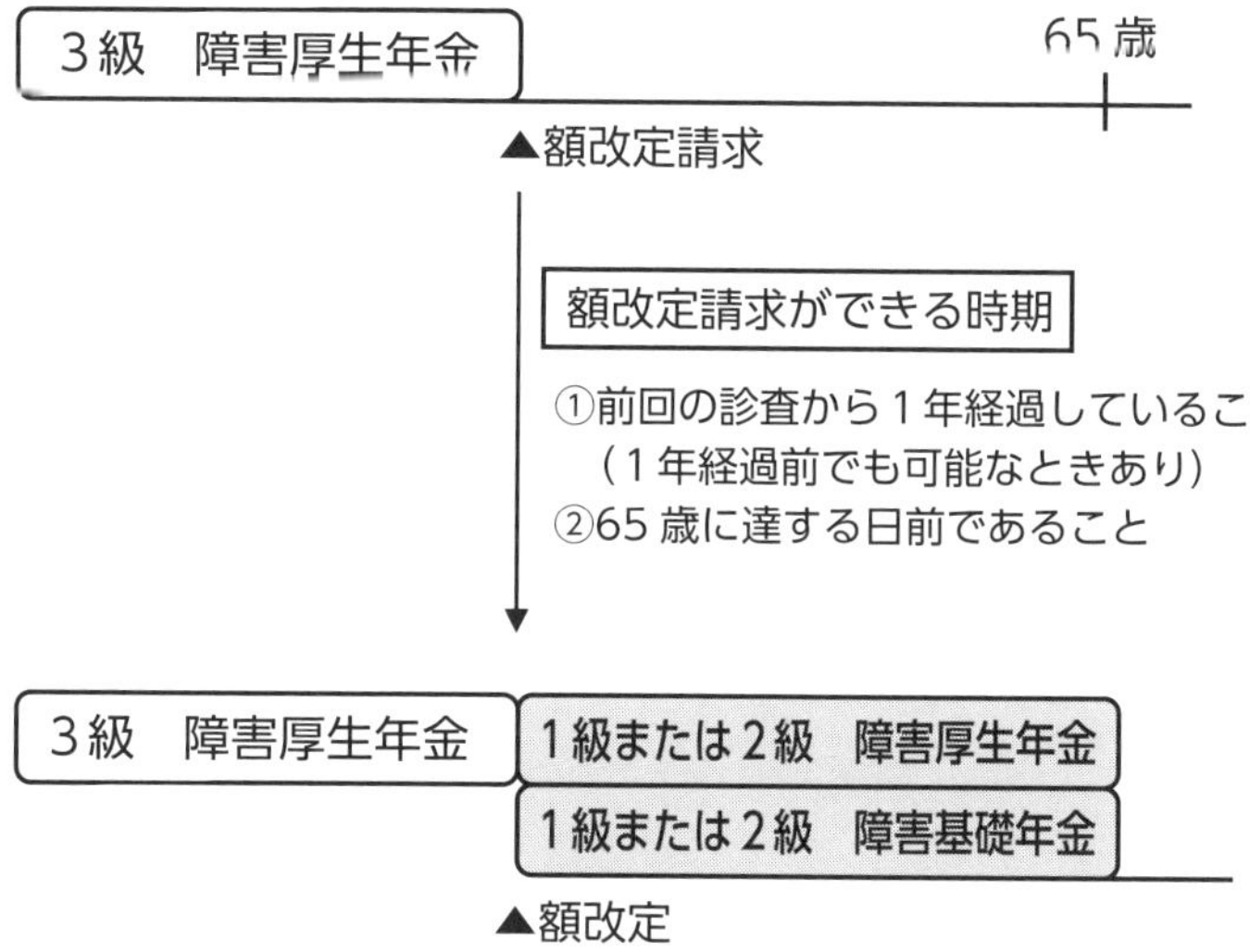

額改定請求・当初は２級以上の障害厚生年金を受けていた人

●当初は１級または２級の障害厚生年金を受けていた人

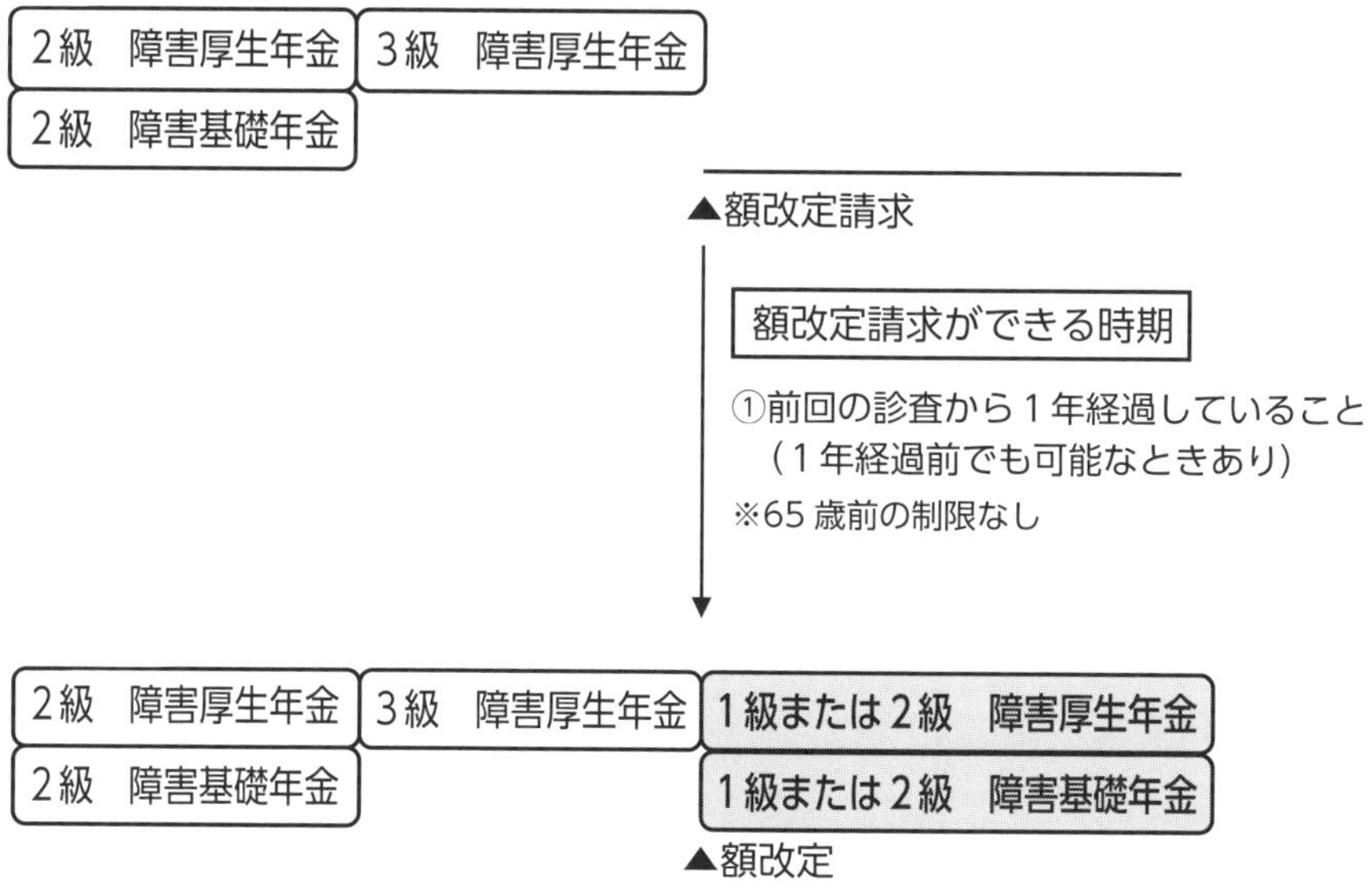

3 遺族厚生年金につながる障害厚生年金とは？

障害厚生年金はどのようなときに受けられるのかご存じですか？

相談事例

長年闘病していた夫が亡くなりました。会社は退職しており、障害年金は受けていません。遺族年金の手続きに行ったところ「支給しない」といわれました。

将来の遺族厚生年金のための障害厚生年金

長年闘病されていたのであれば、障害厚生年金を受ける権利を取得することで、遺族厚生年金につなげることができたかもしれません。

もし、傷病を抱えているのであれば、障害厚生年金の要件を満たさないかを考えます（本章Ｖ・４）。３級の障害厚生年金に認定されたとして、その後状態が悪化して亡くなったのであれば、遺族厚生年金の要件を満たす可能性があります（第４章Ⅰ・４）。

元気なうちに知っておきたいこと

ここでは、遺族厚生年金を受けるための手段としての障害厚生年金を説明していますが、実際には療養生活を支える年金であり生活を安定させます。遺族年金を受けるための障害厚生年金の請求ではなく、生きていく生活を支えるための年金制度のひとつとして利用することができます。その意味では、障害基礎年金（本章Ｖ・５）は遺族厚生年金につながらないとはいえ、大きな役割を持ちます。

▼障害年金が受けられる程度の障害状態

例えば、ある病気に罹患した人がいて、元気になるためにいろいろな治療を行ったけれども、結果的に亡くなったとします。このような状態は「障害状態」といえるでしょうか。

「病気で療養していたのだから、〝障害状態〟ではないと思う」「障害というのは、手足が動かなかったり、目が見えなかったり、身体に障害がある人のことだと思う」

と考える人がほとんどです。

実は、障害年金の分野では、労働や日常生活に制限がある状態であれば、一部例外はあるものの病名等に関係なく、障害の状態が認定されています。つまり、内科系の傷病で闘病中の人も障害厚生年金の対象になります。下の統計からも、内科系疾患による障害年金を受けている人が多くいることが確認できます。

しかし、障害年金を請求せずにいる人は多いです。毎日の生活が大変な状況の中、なかなか障害年金の請求にまで目が向かないのかもしれませんが、請求手続きを行わなければ、受けることはできません。受けられたはずの人は多いと思われます。

そして、その障害厚生年金を受けていたか否かが、ご家族の将来の生活保障となる遺族厚生年金に関わるのであれば、治療をしながら、請求を検討する方法もあるように思います。「障害」に抵抗を感じ、受け入れられないという人もいますが、状態が改善すれば、障害厚生年金は支給停止されます。思うように動けないとき、大変なときだけ受ける年金と考えればよいのです。

障害厚生年金の新規支給件数

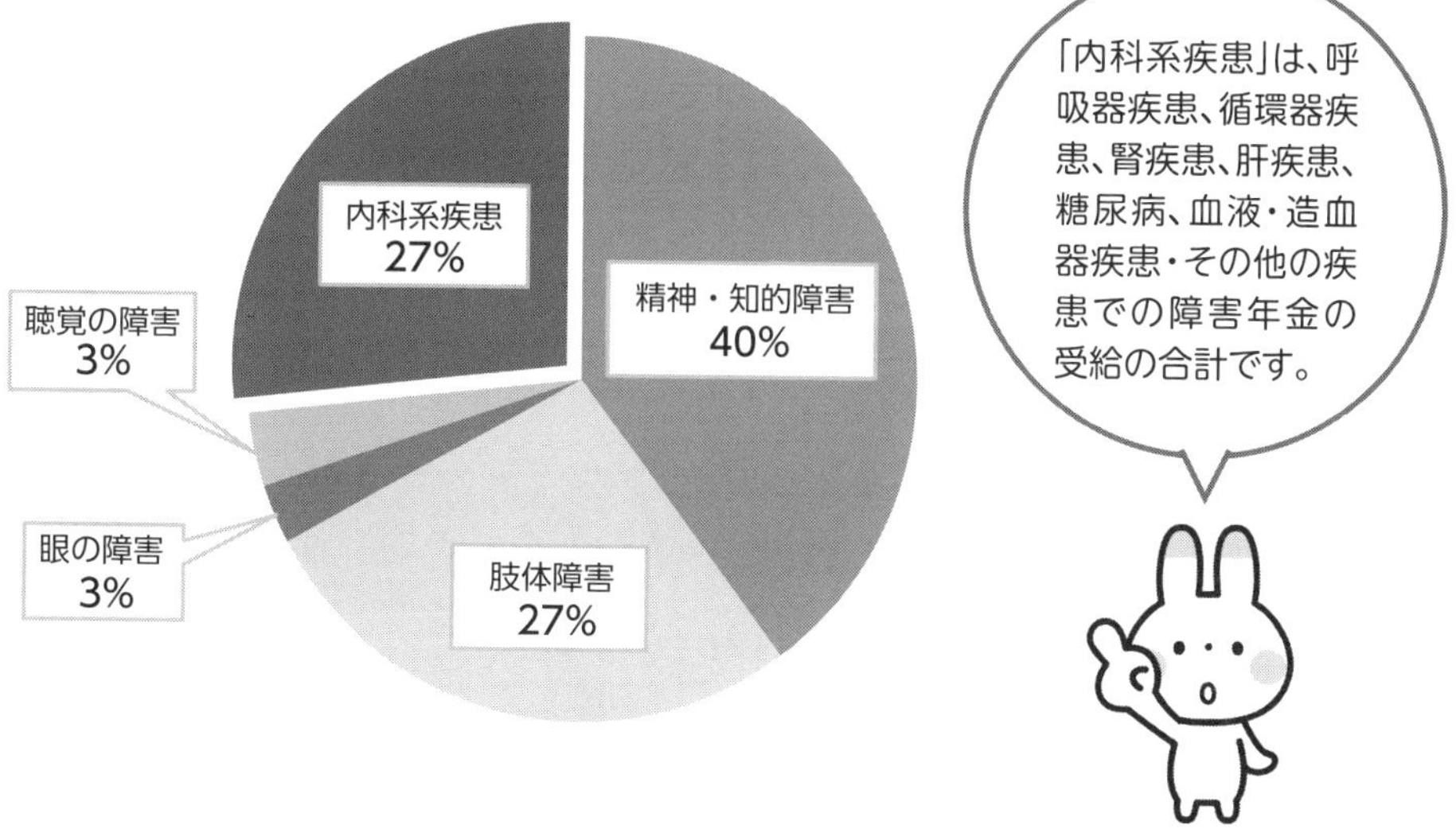

参考資料：障害年金業務統計（厚生労働省年金局・令和元年度決定分）を参考に筆者作成

4 遺族厚生年金につながる障害厚生年金の要件とは？

遺族厚生年金と密接な関係にある障害厚生年金の要件をご存じですか？

相談事例

障害厚生年金は、症状が重篤であれば、誰でも受けることができるのですか。

障害厚生年金の支給要件

障害厚生年金は次の三つの要件を満たしたときに支給される年金です。

①初診日において厚生年金加入中であること

初診日（本章Ⅳ・2）に厚生年金に加入していることが必要です。初診日に国民年金加入中であっても、「社会的治癒」により、その後の厚生年金加入中の再発後の受診日が初診日になる可能性もあります。

②障害認定日において障害状態にあること

障害認定日において、その傷病により障害等級に該当する程度の障害状態にあることが必要です。

障害認定日とは、障害の状態を定める日です。初診日から1年6カ月を経過した日、または1年6カ月以内のその病気やケガが治った（症状が固定した）ときは治った日のことをいいます。ここでいう「治った」とは、その症状が固定して、これ以上の治療効果が見込めない状態をいい、傷病が回復したという意味ではありません。

障害状態の基準は、傷病やそれぞれの状況にもよりますが、おおむね次のように区分されています。

1級…他人からの介助がなければ、自分の用を済ませることがほぼできない状態
2級…日常生活に著しい制限があるが、家庭内で軽い活動であれば可能な状態
3級…労働に制限を受ける状態

③保険料納付要件を満たすこと

保険料納付要件については、第3章Ⅰ・2の「亡くなった日」を「初診日」と置き換えてご確認ください。

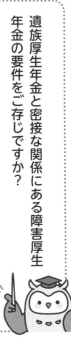

障害厚生年金の3要件（本来請求）

初診日要件	障害状態要件	保険料納付要件
初診日に厚生年金に加入していること	障害認定日に障害等級に該当する程度の障害状態にあること	一定程度の未納がないこと

障害認定日の例外（症状固定とされるケース）

【症状固定とされるケース】		【障害認定日】
人工透析療法	➡	透析開始から３カ月を経過した日
人工骨頭または人工関節の挿入置換	➡	挿入置換した日
人工肛門の造設または尿路変更術	➡	造設日または手術日から６カ月を経過した日
新膀胱の造設	➡	造設した日
心臓ペースメーカー、ICD、人工弁の装着	➡	装着した日
CRT（心臓再同期医療機器）、CRT－D（除細動器機能付心臓再同期医療機器）	➡	装着した日
切断または離断による肢体の障害	➡	切断または離断した日（原則）
喉頭全摘出	➡	全摘出した日
在宅酸素療法	➡	在宅酸素療法を開始した日
脳血管疾患による機能障害	➡	初診日から６カ月経過日以後の症状固定日

社会的治癒とは

社会的治癒とは、医学的な治癒とは違い、医学的には同じ傷病であっても、前の傷病と後の傷病を分けて「社会通念上の治癒」として取り扱うことをいいます。前の傷病から数年経過して再発（再燃）したときでも、それまで特段の療養もなく通常の日常生活が送れていたとき、再発後に受診した日を新たな傷病の受診日とする考え方です。

5 障害基礎年金を受けている人が亡くなったときは？

1級または2級の障害基礎年金を受けている人が亡くなっても、遺族厚生年金の要件を満たさないことをご存じですか？

相談事例

1級の障害基礎年金を受けていた夫が亡くなりました。遺族厚生年金の要件には該当しないのでしょうか。

障害基礎年金は遺族厚生年金の要件とは違う

遺族厚生年金の要件である「1級または2級の障害状態にある障害厚生年金を受けていた人が亡くなったとき」は、あくまでも障害厚生年金を受けていた人が亡くなったときに限定されています。障害基礎年金だけを受けている人が亡くなっても、この要件には該当しません。

公的年金の中の障害年金

公的年金には、老齢年金、障害年金、遺族年金の三つがあり、それぞれに基礎年金と厚生年金があります。障害年金は、障害基礎年金と障害厚生年金です。

障害基礎年金

自営業者や学生などの国民年金に加入している期間に「初診日」があれば、障害基礎年金の対象です。20歳になる前や60歳以上65歳未満（日本在住）の年金制度に加入していない期間に初診日があるときも障害基礎年金の対象です。1級と2級があります。

障害厚生年金

会社員などの厚生年金に加入している期間に初診日があれば、障害厚生年金の対象です（前項）。1級、2級、3級と、障害手当金（一時金）があり、1級、2級に該当すれば、障害基礎年金と障害厚生年金を受けます（一部例外あり）。3級は障害厚生年金だけです。

元気なうちに知っておきたいこと

初診日にはいろいろな決まりがあります（本章Ⅳ・2）。障害年金を請求する段階で、初診日が国民年金加入中であれば、本当にその日が初診日になるのか、もう一度確認しましょう。

障害基礎年金と障害厚生年金

初診日に国民年金に加入等	初診日に厚生年金に加入
1級の障害基礎年金	1級の障害厚生年金 ＋ 1級の障害基礎年金
2級の障害基礎年金	2級の障害厚生年金 ＋ 2級の障害基礎年金
↓	3級の障害厚生年金
遺族厚生年金の要件には結び付かない	遺族厚生年金の要件に該当する ※３級は一定の要件が必要

※厚生年金には障害手当金もある

このようなことがありました

肝硬変の状態にあるNさんは、30代（厚生年金加入中）に肝炎を指摘されましたが治療は行われていませんでした。数十年経って症状が出現し再度病院にかかったのは、20年後（国民年金加入中）のことです。厚生年金加入中の病院の証明がとれず、「社会的治癒」という法理を使って、国民年金加入中を初診日として障害基礎年金の受給の選択もありましたが、自分が亡くなったときの奥様の生活を考え、厚生年金加入中の初診日を客観的に証明できる書類を揃え、障害厚生年金の請求を行いました。結果、30代の頃の初診日が認められ２級の障害厚生年金が支給されました。その１年後にNさんは亡くなり、奥様は今、遺族厚生年金を受給しています。

6 遺族厚生年金につながる障害厚生年金の請求方法とは？

障害厚生年金の請求にはいくつかの方法があることをご存じですか？

相談事例

夫は、会社員のときに患った傷病が悪化し、現在入院しています。病院のワーカーさんから障害厚生年金の請求を勧められ、遺族年金にも関係すると聞きました。どのような手続きをすればよいのでしょうか。

障害年金の請求方法

障害厚生年金には3種類の請求方法があり、そのおおまかな違いは、障害等級に該当する程度の障害状態となったのはいつか、その状態を診断書等で証明できるかです。どの方法によっても、障害厚生年金を受ける権利を得ることができるので、遺族厚生年金につながります。

ただし、亡くなった後に請求できるのは、本来請求（認定日請求）だけです（本章V・7）。

▼本来請求（認定日請求）

本来請求による障害厚生年金は、障害認定日（本章V・4）に障害状態にあるときに受けることができます。障害認定日から3カ月以内の診断書の添付が必要になり、その時期の障害が軽いときには、受けることができません。また、症状が重篤でも、当時、病院にかかっていなかったり、病院が廃院していたりすると、障害状態が証明できず、受けられない可能性が高くなります。

▼事後重症請求

事後重症請求は、障害認定日時点の症状は軽かったが、その後、症状が重くなったときに請求する方法で、65歳までなら請求ができます。障害認定日の障害状態が証明できないときにも事後重症請求になることが多いです。

▼基準障害による請求

基準障害による請求は、軽度の障害の状態にある人に新たな傷病が生じ、その二つを併せると初めて障害等級の1級または2級に該当するときに行う請求方法です。

障害厚生年金の請求方法

※初診日に厚生年金加入

●本来請求（認定日請求）

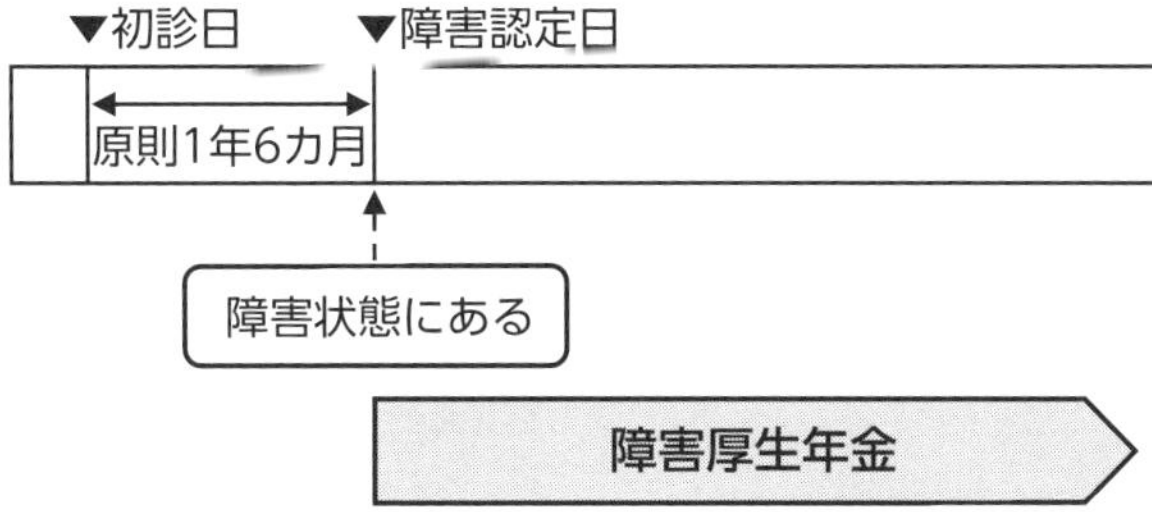

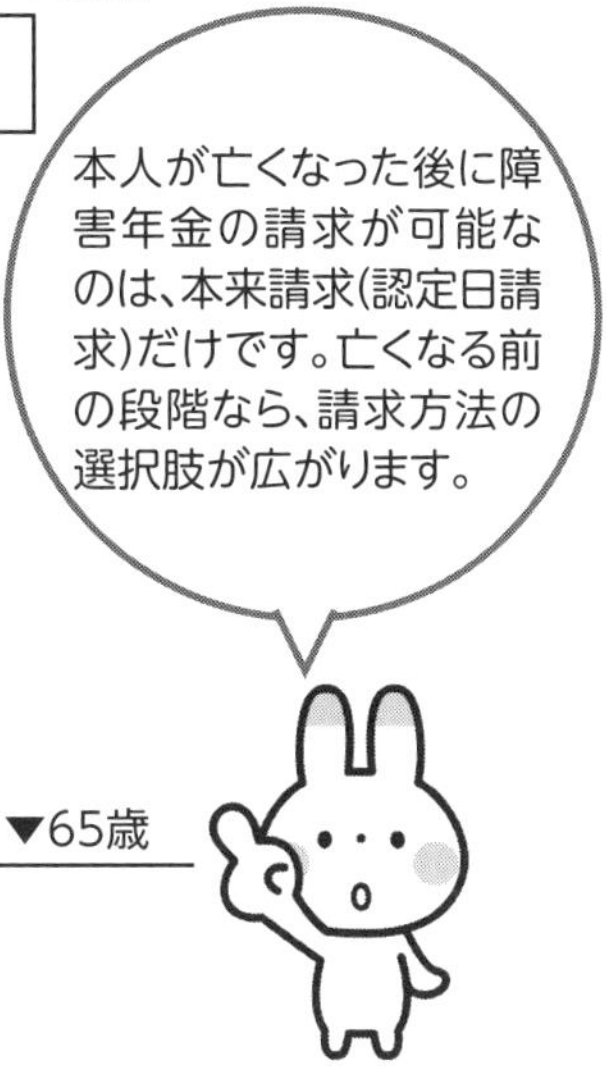

●事後重症請求

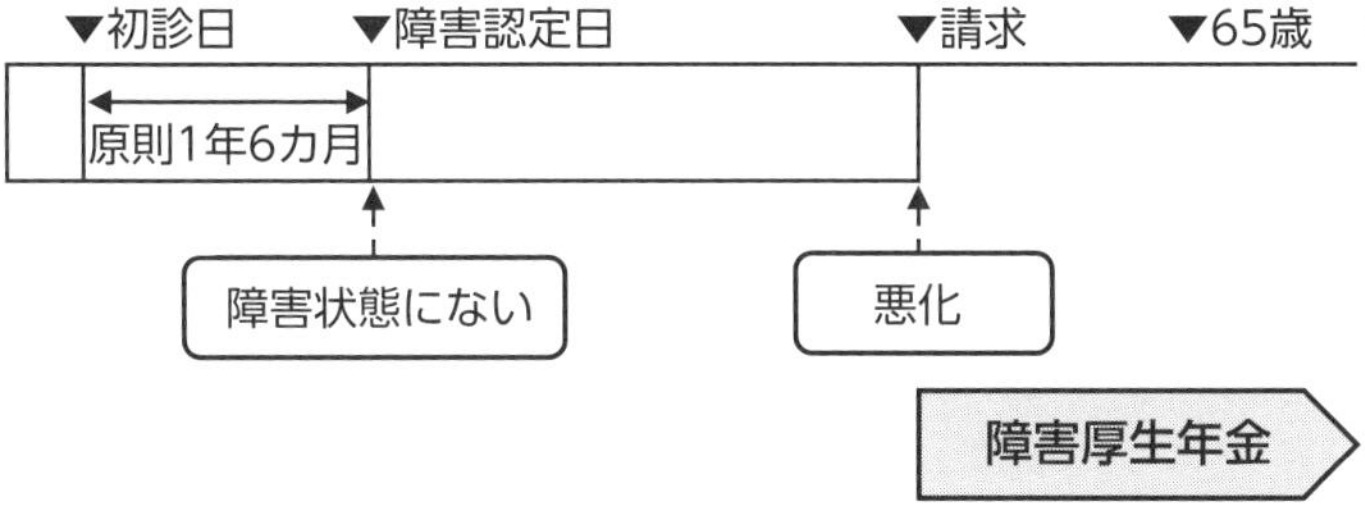

●基準障害による請求

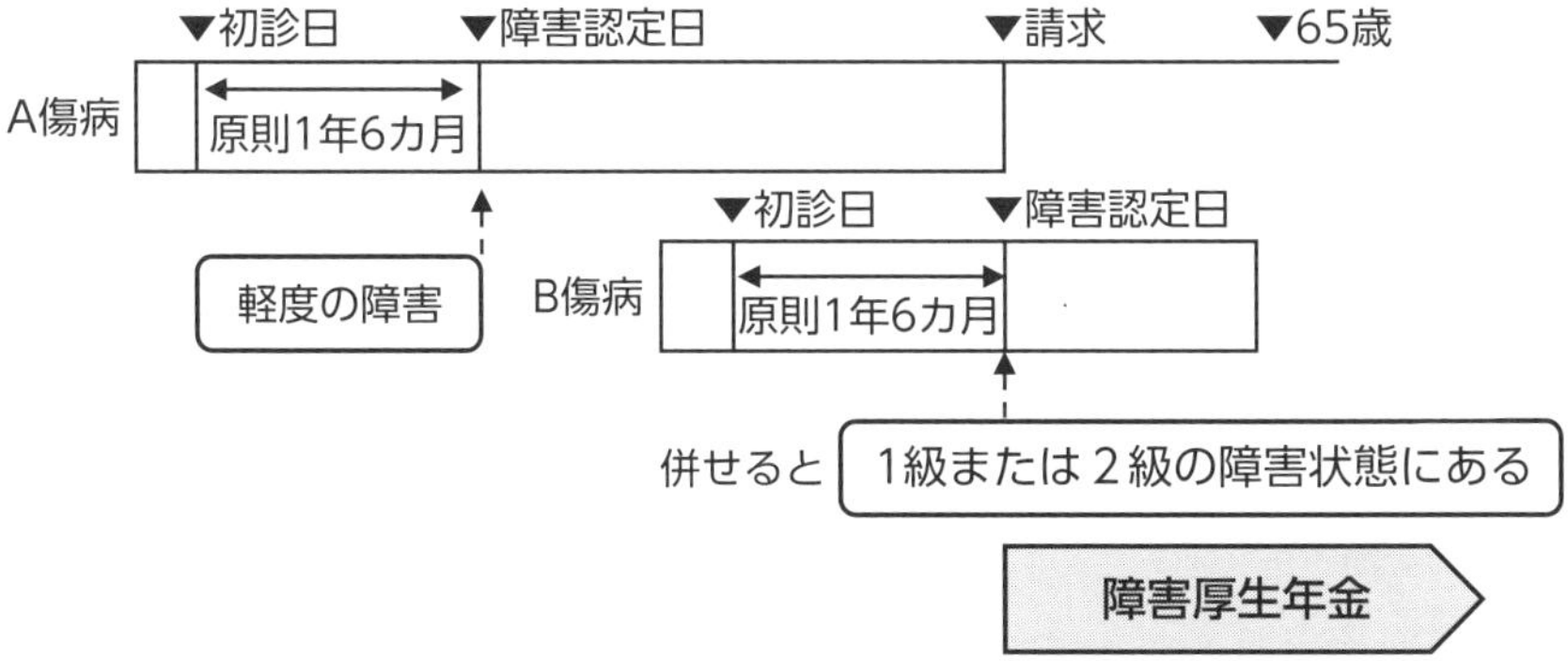

7 亡くなった後でもできることとは？

亡くなった後に障害厚生年金の請求をすることで、遺族厚生年金を受ける権利を満たすことがあることをご存じですか？

相談事例

夫は会社員であった7年前に判明した傷病により亡くなりました。会社は退職しており、障害年金も受けていません。遺族年金の手続きに行ったところ「遺族年金は支給しない」といわれました。

死亡後の障害厚生年金の請求

本書では、元気なうちにできることを中心に遺族厚生年金を考えていますが、亡くなった後でもできることがあります。亡くなった後に、障害厚生年金を受ける権利を得ることで、遺族厚生年金につながるかもしれません。

亡くなった後の請求方法は、本来請求（認定日請求。本章Ⅴ・6）に限られます。受ける権利を得られれば、遺族厚生年金の「1級または2級の障害状態にある障害厚生年金を受けていた人が亡くなったとき」の要件（第4章Ⅰ・4）を満たす可能性があります。

遺族厚生年金の年金額への影響

また、障害厚生年金を受ける権利を得ることで遺族厚生年金の額が増えるケースもあります。それは、厚生年金の加入期間の短い家族が亡くなり、長期要件（第4章Ⅰ・1）の遺族厚生年金を受けているときです。短期要件に該当することで、25年みなし計算による遺族厚生年金が受けられるようになるからです（本章Ⅵ・2）。

元気なうちに知っておきたいこと

亡くなった後の障害厚生年金の請求方法は、かなり限定されます（本章Ⅴ・6）。できることなら存命中に手続きを行うほうが可能性は広がります。療養している状態であれば、障害厚生年金を受けられる可能性を検討してみるとよいと思います。ただし、障害厚生年金が他の年金等に影響を及ぼすことがあります。本当に、障害厚生年金の請求はプラスになるのか、事前確認が大切です。

亡くなった後の障害厚生年金の請求による遺族厚生年金受給

厚生年金加入　　　　　　　　　　死亡

▲初診日 ←　５年超　→

× ① 厚生年金加入中に亡くなったとき

× ② 厚生年金加入中に初診日がある傷病により、初診日から５年以内に亡くなったとき

× ③ １級または２級の障害状態にある障害厚生年金の受給権者が亡くなったとき

× ④ 老齢厚生年金を受けている人、受ける資格のある人が亡くなったとき（資格期間25年以上の人に限る）

いずれかの要件を満たさなければ遺族厚生年金は受けられません。

死亡後に障害厚生年金を請求したら？

厚生年金加入　　　　　　　　　　死亡

▲初診日　▲障害認定日（２級相当の障害状態）　●障害厚生年金の請求

２級　障害厚生年金

遺族厚生年金

× ① 厚生年金加入中に亡くなったとき

× ② 厚生年金加入中に初診日がある傷病により、初診日から５年以内に亡くなったとき

○ ③ １級または２級の障害状態にある障害厚生年金の受給権者が亡くなったとき

× ④ 老齢厚生年金を受けている人、受ける資格のある人が亡くなったとき（資格期間25年以上の人に限る）

障害厚生年金が認められれば、③の要件を満たし、遺族厚生年金が受けられるようになります。

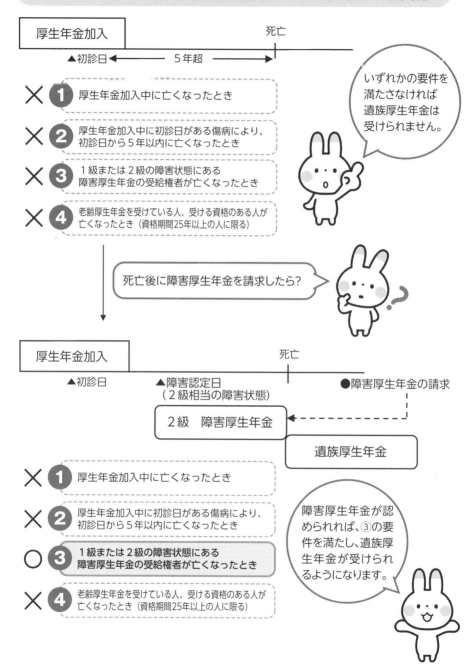

1 二つの要件に当てはまるときは？

遺族厚生年金の複数の要件に該当することがあるのをご存じですか？

相談事例

夫は20歳から45歳までの25年間は国民年金に加入して保険料を納め、45歳から厚生年金に加入し、その数カ月後に亡くなっています。

短期要件と長期要件に該当するとき

亡くなった人の中には、短期要件と長期要件の二つに該当する人がいます（第4章Ⅰ・1）。

例えば、20歳からずっと厚生年金に加入し、45歳で亡くなったときは、「①厚生年金加入中に亡くなったとき（短期要件）」と、「④保険料納付済期間と免除期間とを合算した期間が25年以上ある人が亡くなったとき（長期要件）」を満たします。

このケースのように、20歳から45歳まで国民年金に加入して保険料を納め、45歳から厚生年金に加入し、その数カ月後に亡くなったときも、①と④の二つの要件を満たします。

短期要件と長期要件の選択

短期要件と長期要件による年金額は、同じ額になることもあれば、大きく違うこともあり、有利なほうを選択できます。遺族厚生年金の請求段階で短期要件と長期要件に該当していることが明らかであれば、年金請求書の「年金額が高い方の計算方法での決定を希望する」欄か「指定する計算方法での決定を希望する」欄のいずれかにチェックを入れて手続きをします。

元気なうちに知っておきたいこと

当てはまる要件はひとつだけとは限らないことを知っておくとよいでしょう。次項（２０６ページ）のようなケースになる可能性があるからです。

短期要件と長期要件に当てはまるとき

●短期要件①と長期要件に該当するケース

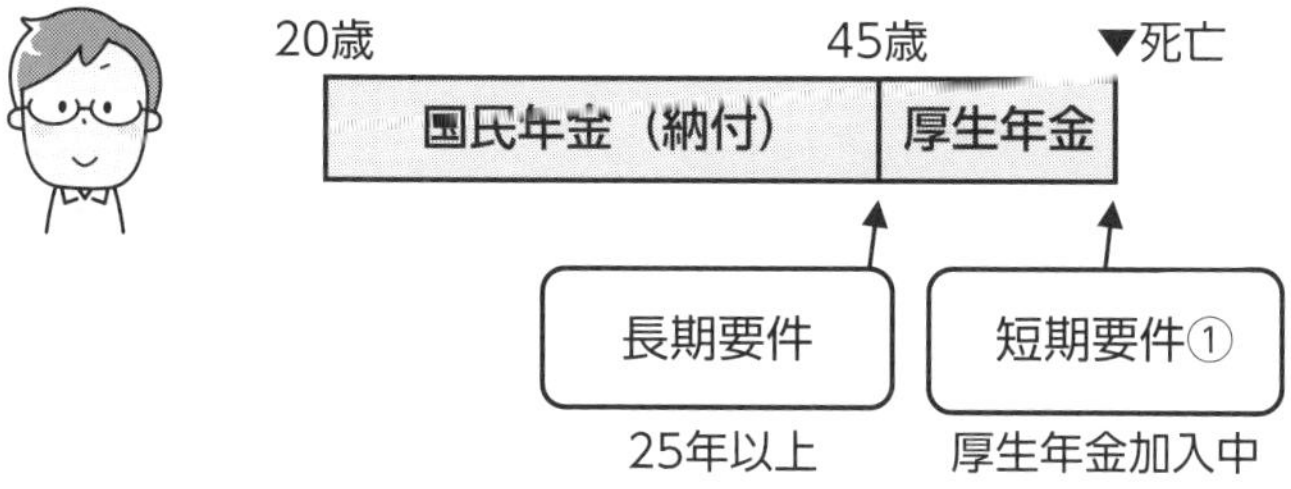

●短期要件②と長期要件に該当するケース

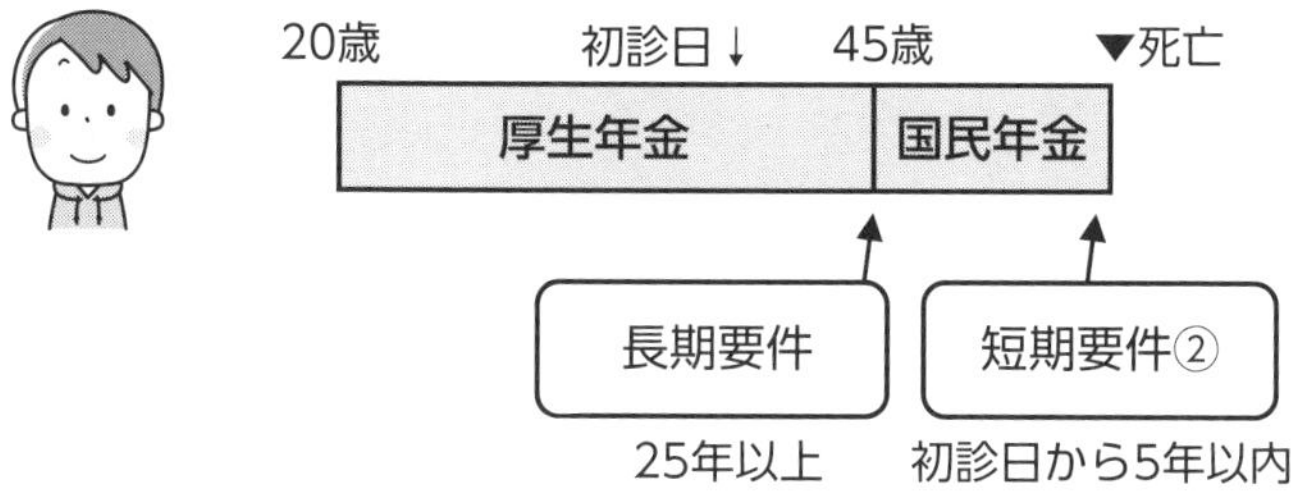

●短期要件③と長期要件に該当するケース

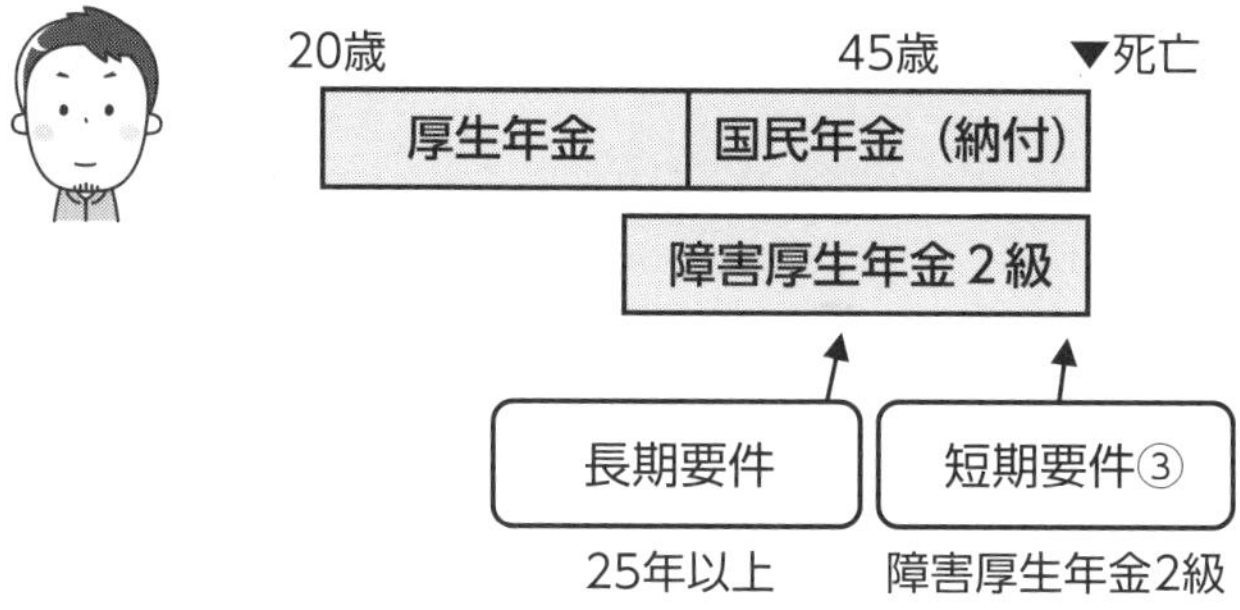

知っておきたいのは、当てはまる要件はひとつだけとは限らないということです。２つの要件を満たしているのに、「長期要件」だけ該当するとして、少ない年金を受けている人がいるからです。詳しくは次項で説明します。

2 二つの要件に当てはまるときの年金額は？

有利な遺族厚生年金を受けられるにもかかわらず、少ないほうの年金を受けている人がいることをご存じですか？

相談事例

夫は46歳のときに会社の健診で胃がんであることがわかりました。手術をしましたが50歳で亡くなりました。会社は48歳のときに退職しています。

国民年金の加入期間が25年（納付済）で厚生年金の期間は3年ほどしかありませんでした。遺族厚生年金は受けることができましたが、とても少ない金額でした。私は55歳です。働いていないので生活が大変です。

初診日から起算して5年以内に亡くなったとき

このケースでは、受給資格期間が25年以上あり、長期要件（第4章Ⅰ・1）により遺族厚生年金が支給されたため、実期間（3年分）の年金が支給されています。しかし、厚生年金加入期間中に胃がんの初診日があり、胃がんが原因で亡くなっていたため、「厚生年金加入中の初診日から5年以内に亡くなったとき」の短期要件にも該当していました。

元気なうちに知っておきたいこと

このケースの相談者は「遺族年金はこんなに少ないの？」と疑問を持ったことから相談会に来られ、短期要件にも該当していることが判明し、結果的に月1万円に満たなかった遺族厚生年金額が月8万円ほどになりました。月8万円が正当な遺族厚生年金の金額といえます。

この他にも長期要件のみに該当すると判断された人が、亡くなった後に障害厚生年金を請求することで短期要件に該当し、年金額が増えることもあり得ます（本章Ⅴ・7）。

「あなたが受ける遺族年金はこの金額です」といわれても、要件を知らなければ、疑問にも思わないでしょう。遺族厚生年金の要件は、おおまかでもよいので知っておくことです。

Kさんの事例

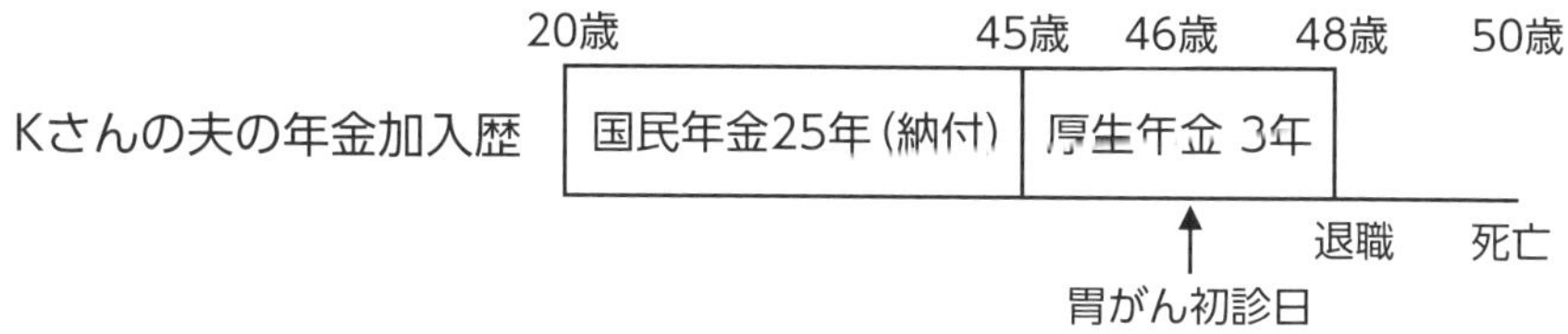

④の長期要件に当てはまるとして、遺族厚生年金が支給されています。

× ① 厚生年金加入中に亡くなったとき

× ② 厚生年金加入中に初診日がある傷病により、初診日から５年以内に亡くなったとき

× ③ １級または２級の障害状態にある障害厚生年金の受給権者が亡くなったとき

○ ④ **老齢厚生年金を受けている人、受ける資格のある人が亡くなったとき（資格期間25年以上の人に限る）** → 遺族厚生年金 年約4.5万円

↓

遺族年金ってこんなに少ないの？
他の人はもっと多いって聞くけど……？

× ① 厚生年金加入中に亡くなったとき

○ ② **厚生年金加入中に初診日がある傷病により、初診日から５年以内に亡くなったとき** → 遺族厚生年金 年約95万円

が受けられるようになりました。

× ③ １級または２級の障害状態にある障害厚生年金の受給権者が亡くなったとき

○ ④ **老齢厚生年金を受けている人、受ける資格のある人が亡くなったとき（資格期間25年以上の人に限る）**

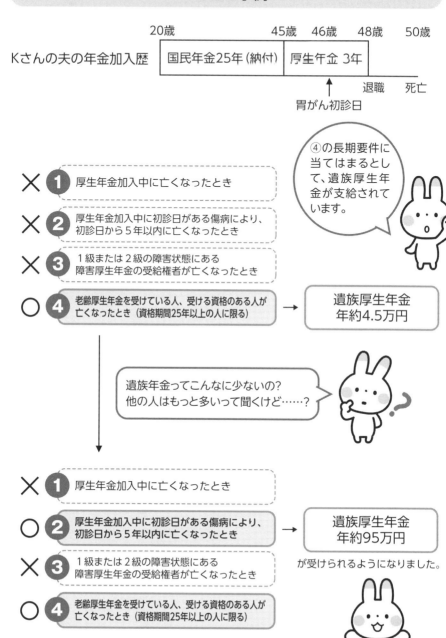

短期要件と長期要件の遺族厚生年金額の違い

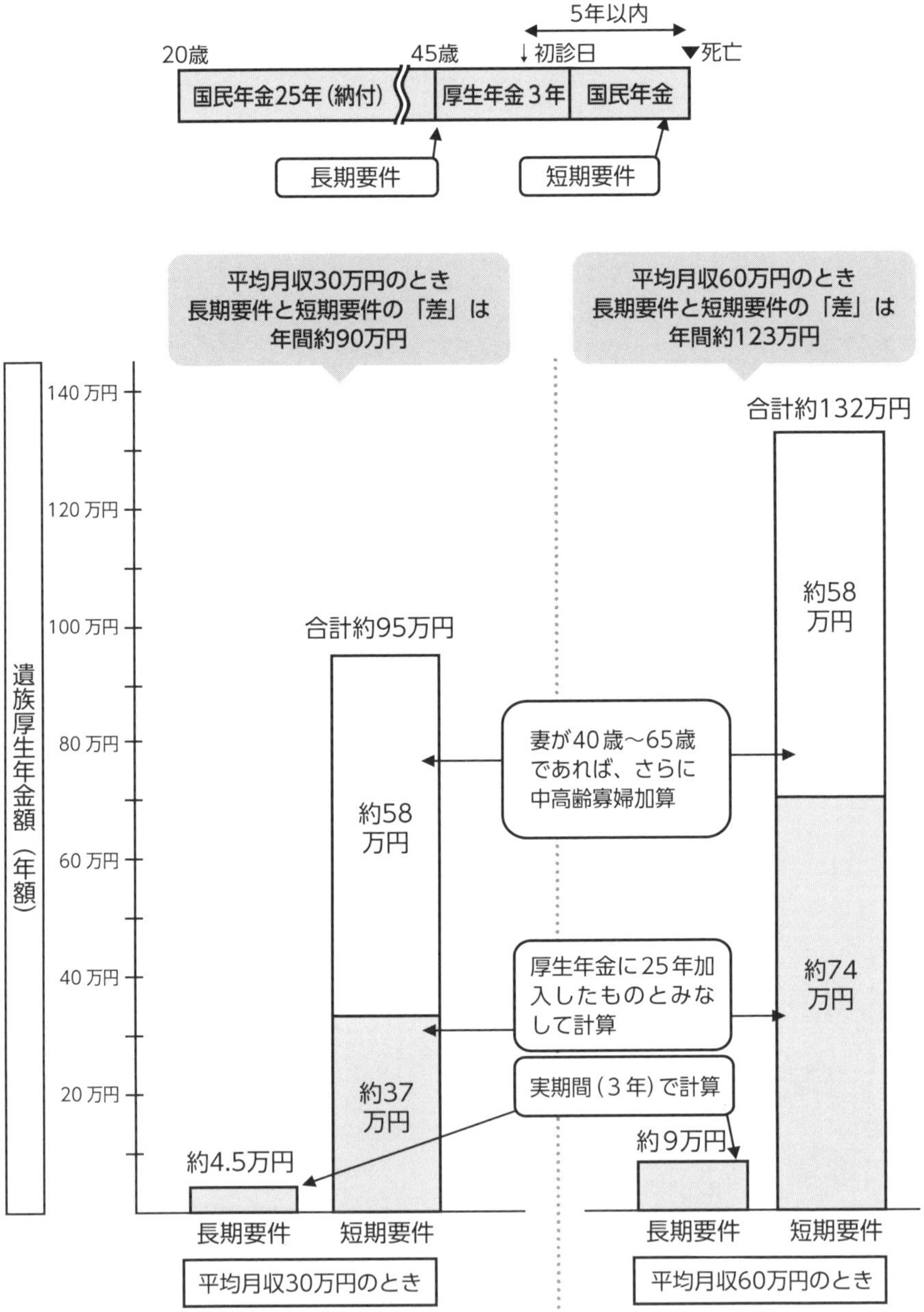

※厚生年金の加入期間が 25 年以上ある人の長期要件と短期要件の金額に差はありません（昭和 21 年 4 月 2 日以降生まれのとき）。

第 10 章

元気なうちに知っておきたい「他年金等との併給や遺族年金不支給のときの対応」

年金には「一人１年金」という大原則があります。

そのため、遺族年金を受ける人が、他の年金も受けられるときには自分が受ける年金を自分で決めなくてはいけないこともあります。

他にも、遺族年金にはさまざまなルールがあります。

第 10 章では、遺族年金と他の年金等の関係と不支給になったときの対応についてお伝えします。

1 60歳前に遺族年金と異なる年金を受けられるときは？

60歳前に二つ以上の年金を受けられるとき、いずれかひとつを選ばなくてはいけないことをご存じですか？

相談事例

私は障害基礎年金を受けています。もし、夫が亡くなり、遺族年金を受けるようになったら、両方の年金をもらえるのでしょうか。私は50歳で子が一人います。

60歳前に受ける可能性のある年金

60歳前に受ける可能性があるのは、遺族年金（遺族基礎年金と遺族厚生年金）と障害年金（障害基礎年金と障害厚生年金）です。

一人一年金の原則

年金には「一人一年金の原則」があります。一人で二つ以上の年金を受けられるときには、両方の年金を受け取ることはできず、どちらかひとつを選ばなくてはいけません。例えば、障害基礎年金と遺族基礎年金の両方を受ける権利がある場合には、どちらかひとつを選びます。ただし、同一の支給事由の基礎年金と厚生年金は一緒に受けることができます。つまり、同一の支給事由の遺族基礎年金と遺族厚生年金の組み合わせは一緒に受けられます。障害基礎年金と障害厚生年金も同様です。

有利な年金を受けるための選択届

有利な年金を受けるには、年金事務所等で年金額の確認が必要です。そして「年金受給選択申出書」という書類を提出することにより受ける年金を指定します。受けないほうの年金は支給停止になります。

支給停止となっても年金を受ける権利がなくなるわけではないので、いつでも受け取る年金を変更することが可能です。ただし、原則として過去に遡って変えることはできません。「選ぶ年金を間違ったから過去に遡って受ける年金を変更したい」といってもできないということです。原則として、年金受給選択申出書を提出した翌月分から受け取る年金が変更になります。

元気なうちに知っておきたいこと

有利な年金を選択したからといって、ずっとそのままとは限りません。年金額は変わるので、そのたびにいずれかの年金を受ければ有利かを考える必要があります。

例えば、遺族基礎年金と遺族厚生年金、障害基礎年金を受ける権利のある女性のケースです。一般的には、年金額の多い遺族基礎年金と遺族厚生年金を選択して受けることになりますが、見直しが必要な時期が来ます。子が18歳年度末（障害のある子は20歳）を迎えると、遺族基礎年金は受けられなくなり（第3章Ⅱ・3）、引き続き受けることのできる遺族厚生年金と、障害基礎年金を改めて比較する必要があります。

障害基礎年金もずっと同じとは限りません。障害基礎年金（障害厚生年金）には原則として更新手続きがあり、障害の状態に変化がないか、定期的に確認が行われます。状態がよくなったのであれば、等級が下がったり、支給停止になったりする可能性もあります。

このように、年金は一度受けたからといって、それがずっと確定するわけではありません。その都度見直しが必要なことを知っておくことです。

60歳前・一人1年金の原則

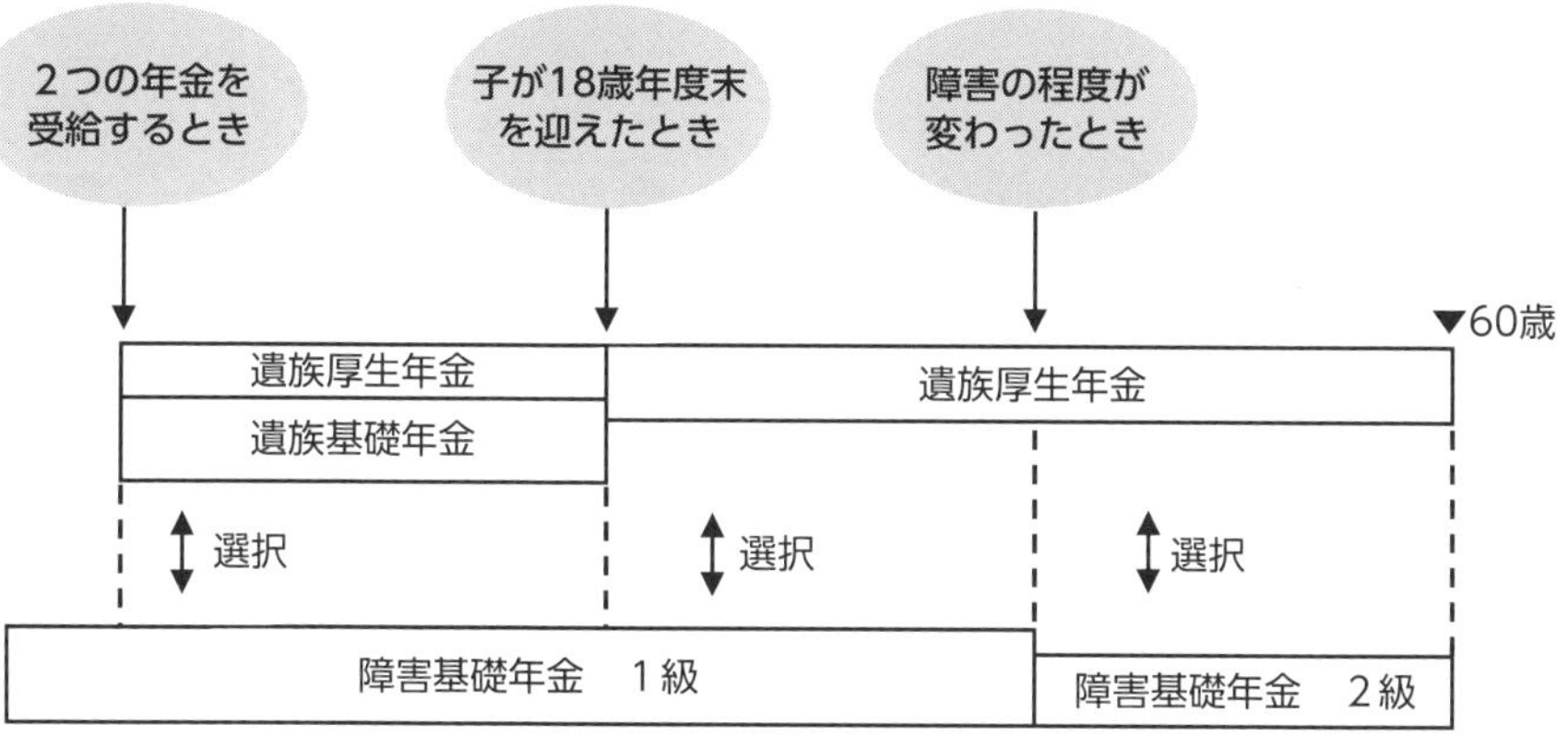

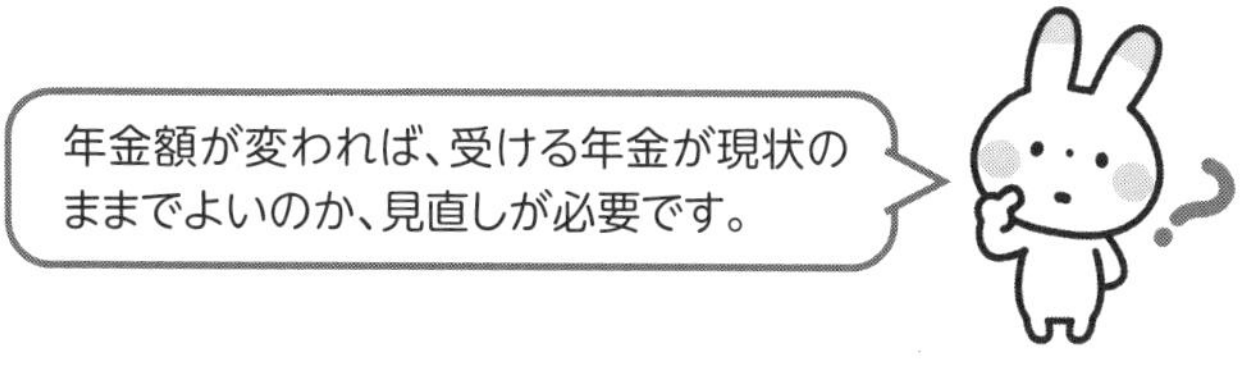

2 65歳前に遺族年金と異なる年金を受けられるときは？

65歳前に二つ以上の年金を受けられるとき、いずれかひとつを選択しなければならないことをご存じですか？

相談事例

私は障害基礎年金を受けています。もし、夫が亡くなり、遺族年金を受けるようになったら、両方の年金をもらえるのでしょうか。私は61歳で子はいません。

65歳前に受ける可能性のある年金

60歳から65歳になるまでに受ける可能性があるのは、遺族年金（遺族基礎年金と遺族厚生年金、寡婦年金）、障害年金（障害基礎年金と障害厚生年金）、老齢年金（繰上げ支給の老齢基礎年金と老齢厚生年金、特別支給の老齢厚生年金）です。

▼65歳前に受ける老齢年金

老齢厚生年金は65歳から支給される年金ですが、生年月日によっては65歳前に支給される「特別支給の老齢厚生年金」を受けられる人がいます（本章3）。また、老齢基礎年金も65歳から支給される年金ですが、繰り上げて60歳から受けることができます（105ページ）。厚生年金の加入期間がある人は、老齢厚生年金も繰り上げて受けることになります。

一人一年金の原則

65歳までに一人で二つ以上の年金を受けられるとき、両方の年金を受け取ることはできず、どれかひとつを選びます。例えば、老齢年金と遺族年金の両方を受けられるときには、どちらかを選択します。

ただし、同一の支給事由の基礎年金と厚生年金は一緒に受けることができます。遺族基礎年金と遺族厚生年金、障害基礎年金と障害厚生年金、繰り上げて受ける老齢基礎年金と老齢厚生年金の組み合わせです。

年金受給選択申出書により受ける年金を指定します。残りの年金は支給停止です。支給停止となっても年金を受ける権利がなくなるわけではないので、いつでも受ける年金を変更することが可能です。

受ける年金を変更するときも年金受給選択申出書を提出します。届出をした翌月分の年金から変更になります。年金額に変化があったときには見直しが必要です。

元気なうちに知っておきたいこと

60歳以上で二つ以上の年金を受けられるときに、いずれかを選んで受けることになります。一般的には年金額の高い年金を選びます。

寡婦年金の要件を満たす場合には注意が必要です。他の年金を受けられる可能性がある場合には、夫が亡くなった時点で、寡婦年金を受ける余地があるかを検討しなければなりません。他の年金額が明らかに多いようなら、寡婦年金ではなく死亡一時金を選択したほうがよいケースもあるからです（第5章Ⅱ・2）。

また、遺族年金を受けている人から「老齢年金を繰上げしたい」と相談を受けることがありますが、両方の年金を受けられると勘違いしていることがほとんどです。老齢年金を繰り上げて受けられるとしても、遺族年金額のほうが多ければ、遺族年金のほうが有利です。将来受ける老齢年金を無駄に減らすだけなので注意が必要です。

60歳〜65歳・一人1年金の原則

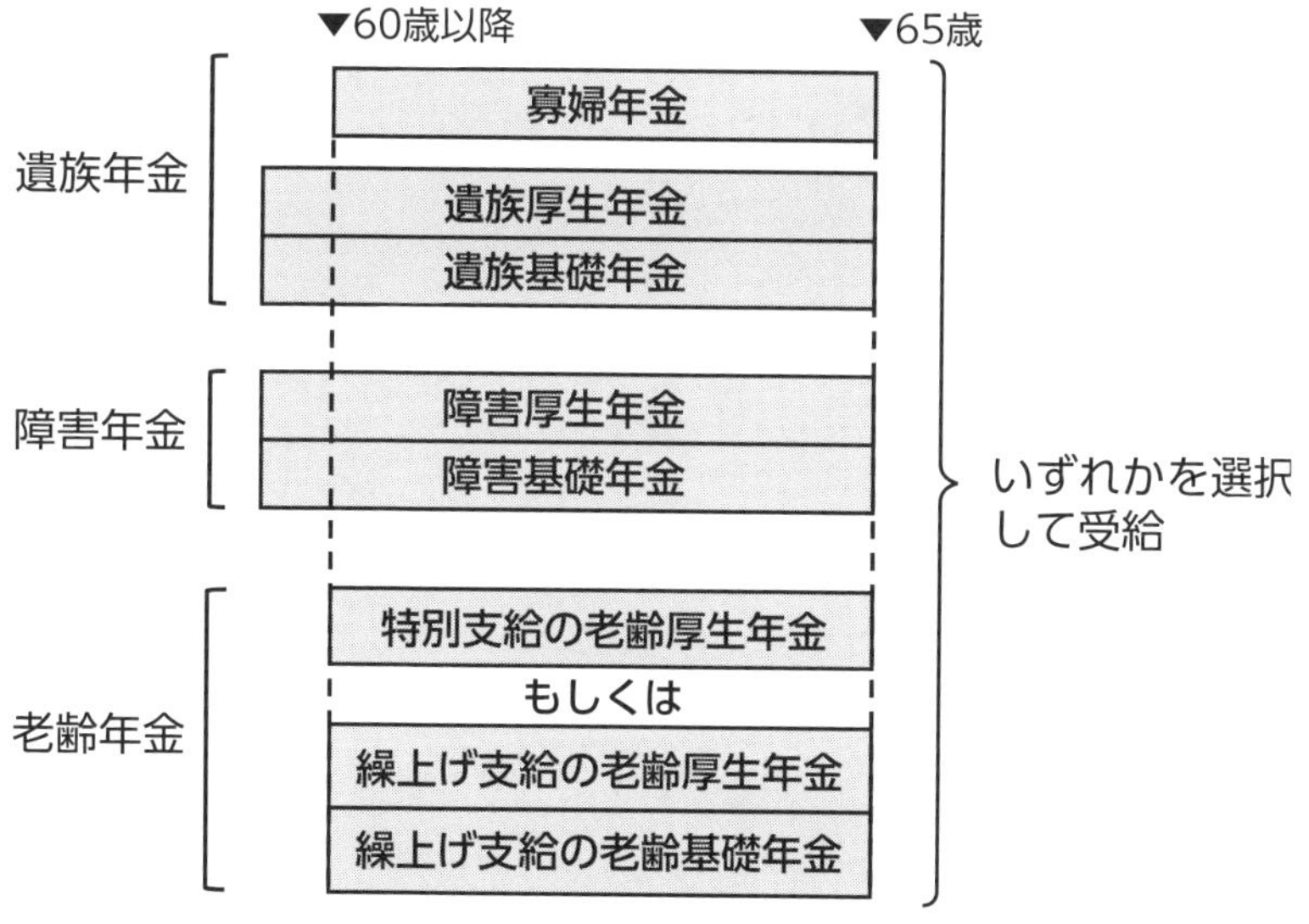

3 65歳前に受ける特別支給の老齢厚生年金とは？

特別支給の老齢厚生年金と遺族厚生年金の選択についてご存じですか？

相談事例

夫が亡くなり、遺族厚生年金を受けています。私が63歳になると老齢厚生年金を受けられますが、両方の年金を受けることができるのでしょうか。

65歳前に支給される老齢厚生年金

65歳前に支給される老齢厚生年金を「特別支給の老齢厚生年金」といいます。本来は65歳から支給のところ「特別に」65歳前に支給される、ということです。次の要件を満たしたときに、65歳になるまで支給されます。

①支給開始年齢に到達していること
②1年以上の厚生年金の加入期間があること
③保険料納付済期間、保険料免除期間、合算対象期間を合わせた期間が10年以上あること

支給開始年齢は、生年月日によって60歳から段階的に引き上げられています（次ページ表）。男性（共済加入の女性含む）であれば昭和36年4月1日以前生まれ、女性（民間会社の期間がある人）であれば昭和41年4月1日以前生まれの人は受けることができます。支給されるのは、原則として「平均月収×乗率×厚生年金加入月数」で計算された報酬比例部分の年金です（第4章Ⅱ・1）。

特別支給の老齢厚生年金の手続き

遺族厚生年金を受ける人が特別支給の老齢厚生年金を受けられるようになったときは、どちらかを選択します（本章2）。一定の障害のある人は障害者の特例により特別支給の老齢厚生年金の額が増えたり、在職中は報酬額によって老齢厚生年金が支給停止になったりすることがあります。人によって事情が異なるので、選択する年金は人それぞれです。年金事務所での確認が必要です。

遺族厚生年金と老齢年金の繰下げ

「老齢年金の繰下げをして年金額を増やしたい」とおっ

しゃる人がいますが、特別支給の老齢厚生年金は繰下げすることはできません。「繰下げ」とは、年金を受け始める時期を遅くして年金額を増やす方法です。

65歳から受ける老齢厚生年金と老齢基礎年金は繰下げが可能ですが、65歳時点で遺族基礎年金や遺族厚生年金を受ける権利のある人は、繰下げはできません。

失業給付を受けるとき

65歳までの人が退職したとき、要件を満たせば基本手当（失業給付）を受けることができます。基本手当を受けると、特別支給の老齢厚生年金は支給停止になります。一方で、遺族厚生年金は影響を受けません。

したがって、遺族厚生年金と特別支給の老齢厚生年金を受ける権利のある人が、基本手当を受けられるようになったとき、その間は、遺族厚生年金を選択して受けたほうが有利です。もともと遺族厚生年金を選択して受けていた人なら手続きの必要はありませんが、特別支給の老齢厚生年金を選択して受けていた人は、年金事務所等での手続きが必要です。基本手当の支給が終わったら受ける年金の変更手続きが再度必要な場合もありますので、年金事務所での確認が必要です。

特別支給の老齢厚生年金の支給開始年齢

生年月日

男性	女性
昭和24年4月2日〜昭和28年4月1日	昭和29年4月2日〜昭和33年4月1日
昭和28年4月2日〜昭和30年4月1日	昭和33年4月2日〜昭和35年4月1日
昭和30年4月2日〜昭和32年4月1日	昭和35年4月2日〜昭和37年4月1日
昭和32年4月2日〜昭和34年4月1日	昭和37年4月2日〜昭和39年4月1日
昭和34年4月2日〜昭和36年4月1日	昭和39年4月2日〜昭和41年4月1日
昭和36年4月2日〜	昭和41年4月2日〜

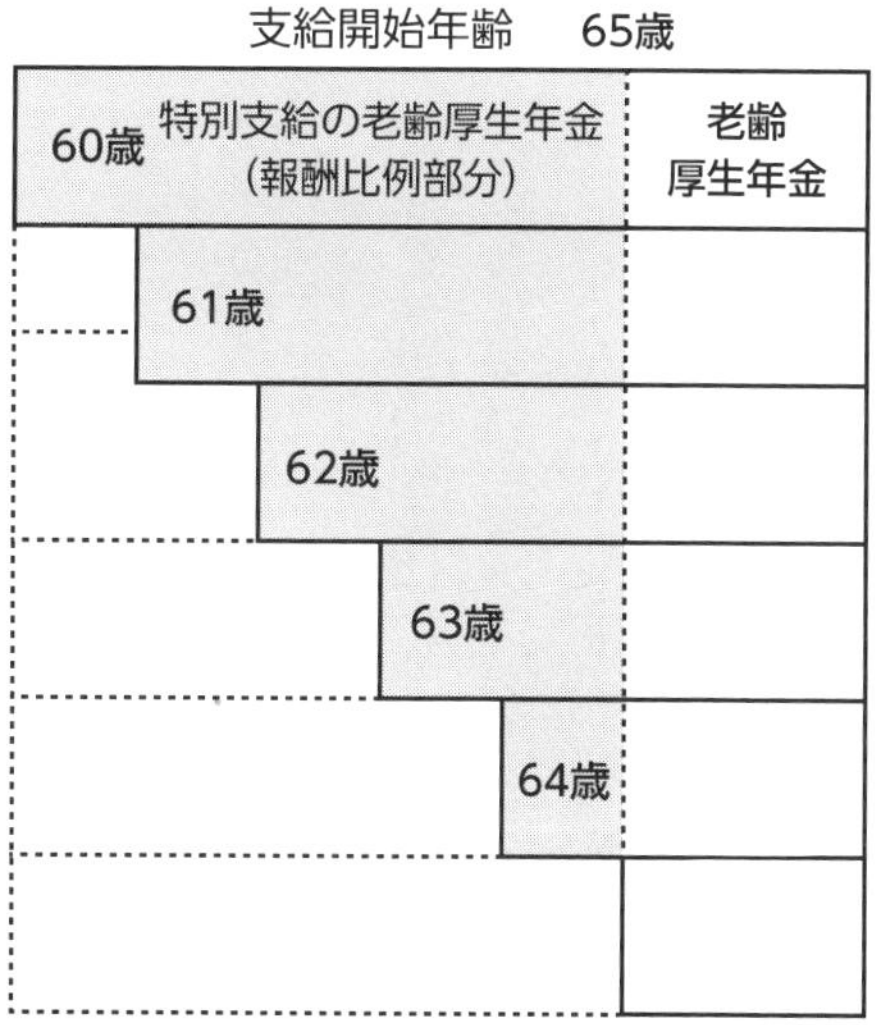

共済組合等の加入期間については、女性であっても、この表の「男性」と同じ支給開始年齢です。平成27年９月までの共済組合等の加入期間がある人には、要件を満たせば退職共済年金（経過的職域加算）も支給されます。65歳以降も同様です（本章５）。

4 65歳以降に遺族年金と異なる年金を受けられるときは？

65歳以上で二つ以上の年金を受けられるとき、いずれかひとつの組み合わせを選択しなければならないことをご存じですか？

相談事例

私は障害基礎年金を受けています。もし、夫が亡くなり、遺族年金を受けられるようになったら、両方の年金を受けることができるのでしょうか。私は66歳で子はいません。

65歳以降に受ける可能性のある年金

65歳以降に受ける可能性のある年金は、遺族年金（遺族基礎年金と遺族厚生年金）、障害年金（障害基礎年金と障害厚生年金）、老齢年金（老齢基礎年金と老齢厚生年金）です。

同時に受けることのできる年金の組み合わせ

65歳以降は違う種類の年金を同時に受けることができる組み合わせがあります。遺族厚生年金を受けている人の、65歳以降の年金の受け方について整理すると、次のとおりです。

①遺族厚生年金と遺族基礎年金
②遺族厚生年金と障害基礎年金
③遺族厚生年金と老齢基礎年金
④遺族厚生年金と老齢厚生年金と障害基礎年金
⑤遺族厚生年金と老齢厚生年金と老齢基礎年金
（④⑤の詳細は本章6）

遺族厚生年金は三つの基礎年金（老齢基礎年金・障害基礎年金・遺族基礎年金）との組み合わせが可能です。いずれかの組み合わせを選択して受けます。

経過的寡婦加算が支給停止になることも

遺族厚生年金と遺族基礎年金の組み合わせで受けるとき、または、遺族厚生年金と障害基礎年金の組み合わせで受けるときは、遺族厚生年金のうち、経過的寡婦加算に相当する部分の支給が停止されます。

65歳以降の年金受給の組み合わせ

●遺族年金と同時に受けることができる年金

①	②	③
遺族厚生年金	遺族厚生年金	遺族厚生年金
遺族基礎年金	障害基礎年金	老齢基礎年金

④	⑤
遺族厚生年金	遺族厚生年金
老齢厚生年金	老齢厚生年金
障害基礎年金	老齢基礎年金

①②の組み合わせのときは、
遺族厚生年金のうち経過的寡婦加算に相当する部分の支給が停止されます。

④⑤遺族厚生年金と老齢厚生年金が受給できるとき、遺族厚生年金は老齢厚生年金との差額分が支給されます。

●遺族年金以外では下の組み合わせも可能

⑥	⑦	⑧
障害厚生年金	老齢厚生年金	老齢厚生年金
障害基礎年金	障害基礎年金	老齢基礎年金

●遺族年金と同時に受けることができない年金

✕	✕	✕
遺族厚生年金	老齢厚生年金	障害厚生年金
障害厚生年金	遺族基礎年金	遺族基礎年金

5 65歳以降に受ける老齢基礎年金と老齢厚生年金とは？

65歳から支給される老齢基礎年金と老齢厚生年金をご存じですか？

65歳から支給される老齢基礎年金

老齢基礎年金は、次のすべての要件を満たしたときに65歳から支給されます。

①65歳に達したこと
②保険料納付済期間または保険料免除期間（学生納付特例、保険料の納付猶予期間を除く）があること
③保険料納付済期間、保険料免除期間および合算対象期間を合わせた期間が10年以上あること

65歳の時点で、②や③の要件を満たしていない人は、65歳以降に要件を満たしたときから支給されます。

65歳から支給される老齢厚生年金

老齢厚生年金は、次のすべての要件を満たしたときに支給されます。

①65歳に達したこと
②1カ月以上の厚生年金の加入期間があること
③保険料納付済期間、保険料免除期間および合算対象期間を合わせた期間が10年以上あること

65歳の時点で、②や③の要件を満たしていない人は、65歳以降に要件を満たしたときから支給されます。

つまり、保険料納付済等期間が10年以上あれば、65歳から老齢基礎年金が支給され、そのうち厚生年金の加入期間があれば、老齢厚生年金が支給されます。

老齢基礎年金と老齢厚生年金の手続き

65歳前に特別支給の老齢厚生年金などの手続きを行っていないのであれば、65歳の誕生日の約3カ月前になると、請求書類一式が送られてきます。実際に手続きができるのは、65歳に到達する誕生日の前日からです。

特別支給の老齢厚生年金を受けていた人には、65歳からの年金の受給についての案内が届きます。基本的には、ハガキを投函することで、手続きが完了します。

65歳のときに、遺族年金を受ける権利がないのであれば、自身が加入した期間に基づく老齢基礎年金と老齢厚生年金を併せて受けます。

遺族厚生年金を受ける権利のある人が65歳になり老齢基礎年金と老齢厚生年金を受けられるようになったときは、自身の老齢基礎年金と老齢厚生年金を受け、遺族厚生年金は老齢厚生年金との差額が支給されます（本章6）。自動的に差額支給額の計算が行われますが、将来の生活設計のために、前もって年金額を年金事務所などで確認したほうがよいでしょう。

65歳のときに老齢基礎年金と老齢厚生年金を受け始めた人が、のちに遺族厚生年金を受ける権利を有することもあります。その際にも自身で受ける年金を選択する必要はなく、自動的に受給する年金の計算が行われます（本章6）。

失業給付を受ける人

65歳以降に退職をしたとき、基本手当は支給されず、一定の要件を満たすと、「高年齢求職者給付金」という一時金を受けることができます。この給付金を受けても、年金への影響はありません。

老齢基礎年金と老齢厚生年金

生年月日 男性	生年月日 女性	60歳〜65歳	65歳〜
昭和24年4月2日〜昭和28年4月1日	昭和29年4月2日〜昭和33年4月1日	特別支給の老齢厚生年金	老齢厚生年金 老齢基礎年金
昭和28年4月2日〜昭和30年4月1日	昭和33年4月2日〜昭和35年4月1日	61歳	老齢厚生年金 老齢基礎年金
昭和30年4月2日〜昭和32年4月1日	昭和35年4月2日〜昭和37年4月1日	62歳	老齢厚生年金 老齢基礎年金
昭和32年4月2日〜昭和34年4月1日	昭和37年4月2日〜昭和39年4月1日	63歳	老齢厚生年金 老齢基礎年金
昭和34年4月2日〜昭和36年4月1日	昭和39年4月2日〜昭和41年4月1日	64歳	老齢厚生年金 老齢基礎年金
昭和36年4月2日〜	昭和41年4月2日〜		老齢厚生年金 老齢基礎年金

65歳

6 65歳以降に受ける老齢厚生年金の優先支給とは？

65歳以上で、遺族厚生年金と老齢厚生年金の両方を受けられるときは、老齢厚生年金が優先的に支給されることをご存じですか？

相談事例

夫が亡くなり、遺族厚生年金を受けています。私には厚生年金期間があるのですが、65歳になると老齢厚生年金と両方を受けられると聞きました。本当ですか。

遺族厚生年金を受けるのが配偶者のとき

老齢厚生年金を受ける人が、配偶者が亡くなったことによって遺族厚生年金を受けるときには、次の①または②の額のうちいずれが多い額となります。ただし、遺族基礎年金を受けられるときは、①の額になります。

①平均月収×1000分の5・481×被保険者期間の月数×4分の3（第4章Ⅱ・1）

②前の①により計算した額の3分の2＋自身の老齢厚生年金の2分の1

▼老齢厚生年金が優先して支給される

遺族厚生年金を受けられる人が老齢厚生年金も受けることができるときは、老齢厚生年金が優先して全額支給され、遺族厚生年金は老齢厚生年金の額に相当する部分が停止されます。つまり、上の①または②の計算による遺族厚生年金額が老齢厚生年金額より多いときには、老齢厚生年金額との差額が遺族厚生年金として支給されます。老齢厚生年金額のほうが多いときは、遺族厚生年金は全額支給停止となり支給されません。

遺族厚生年金を受けるのが配偶者以外のとき

配偶者以外で遺族厚生年金を受けている人の場合は、上の①の計算による額になります。その上で、遺族が老齢厚生年金を受けることができるとき、遺族厚生年金額が老齢厚生年金額より多いときには、老齢厚生年金額との差額が遺族厚生年金として支給されます。

これらの支給額は、年金を支払う側が自動的に決めます。同時に老齢基礎年金を受けることになります。

老齢厚生年金相当分の遺族厚生年金の支給停止（差額支給）

①の計算による遺族厚生年金＞老齢厚生年金のとき
➡　老齢厚生年金との差額が支給

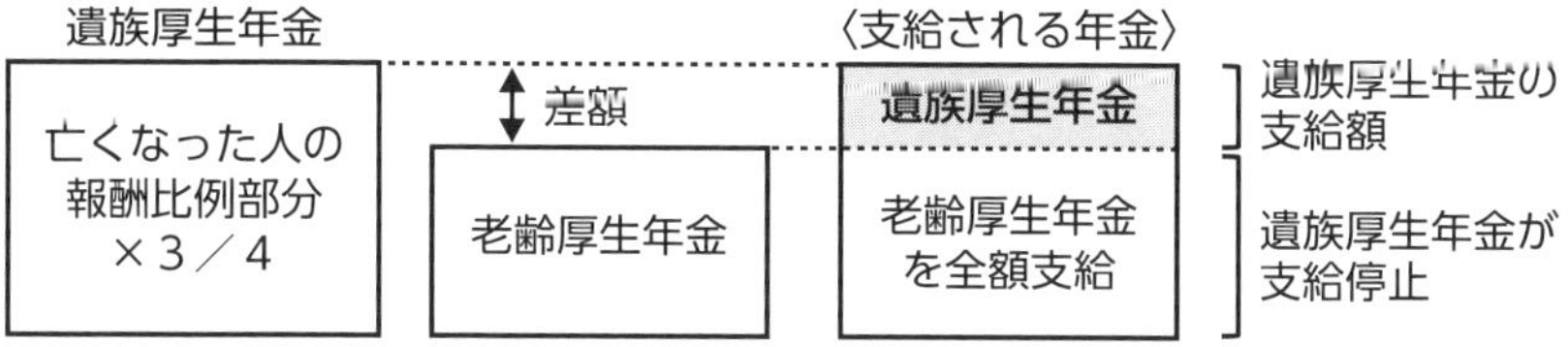

②の計算による遺族厚生年金（配偶者の死亡）＞老齢厚生年金のとき
➡　老齢厚生年金との差額が支給

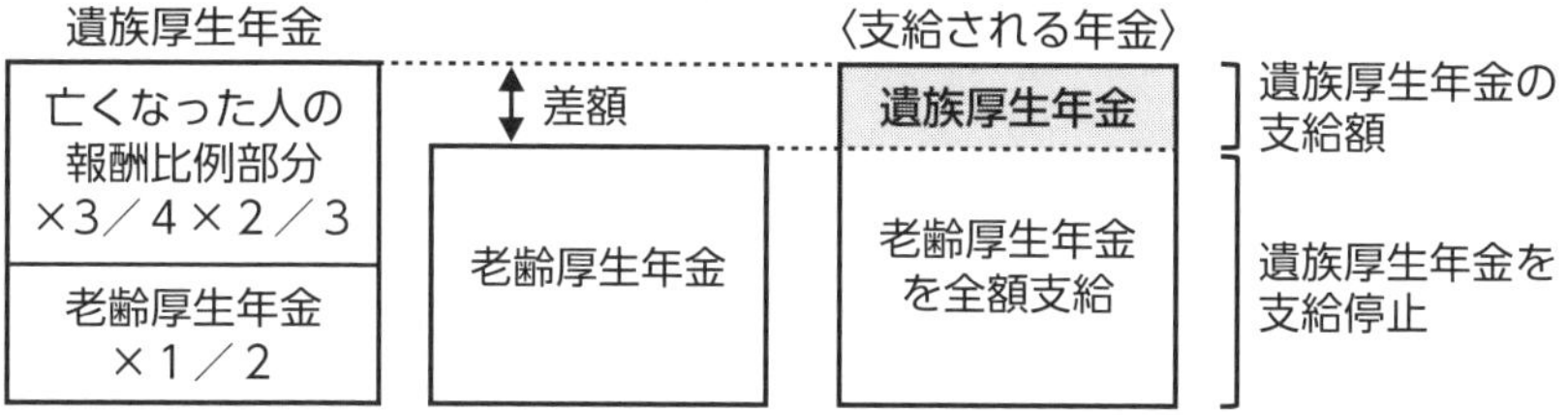

老齢厚生年金相当分の遺族厚生年金の支給停止（全額支給停止）

①の計算による遺族厚生年金≦老齢厚生年金のとき
➡　遺族厚生年金は支給されない

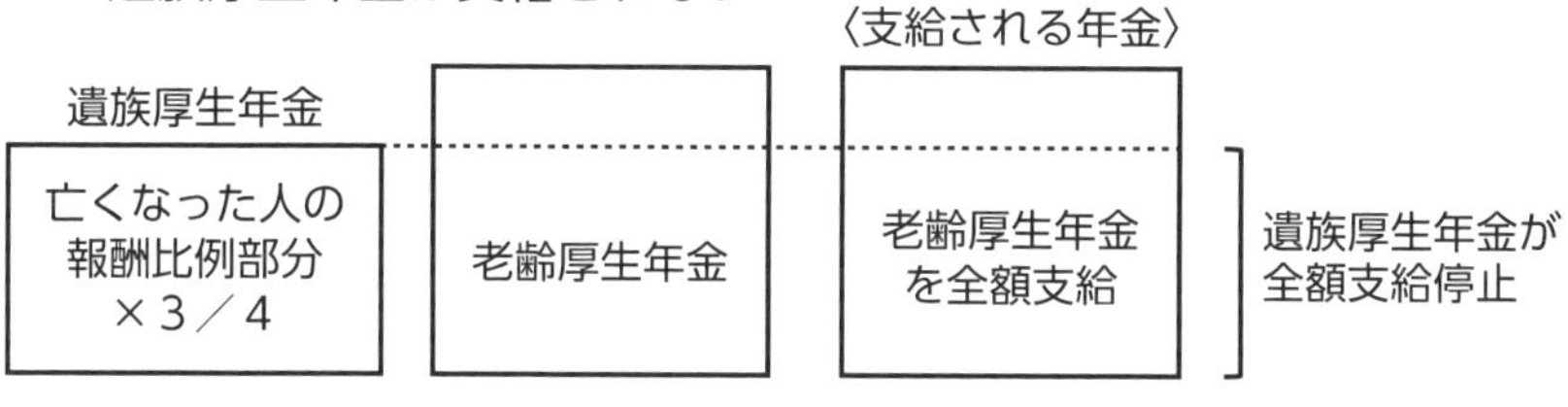

②の計算による遺族厚生年金（配偶者の死亡）≦老齢厚生年金のとき
➡　遺族厚生年金は支給されない

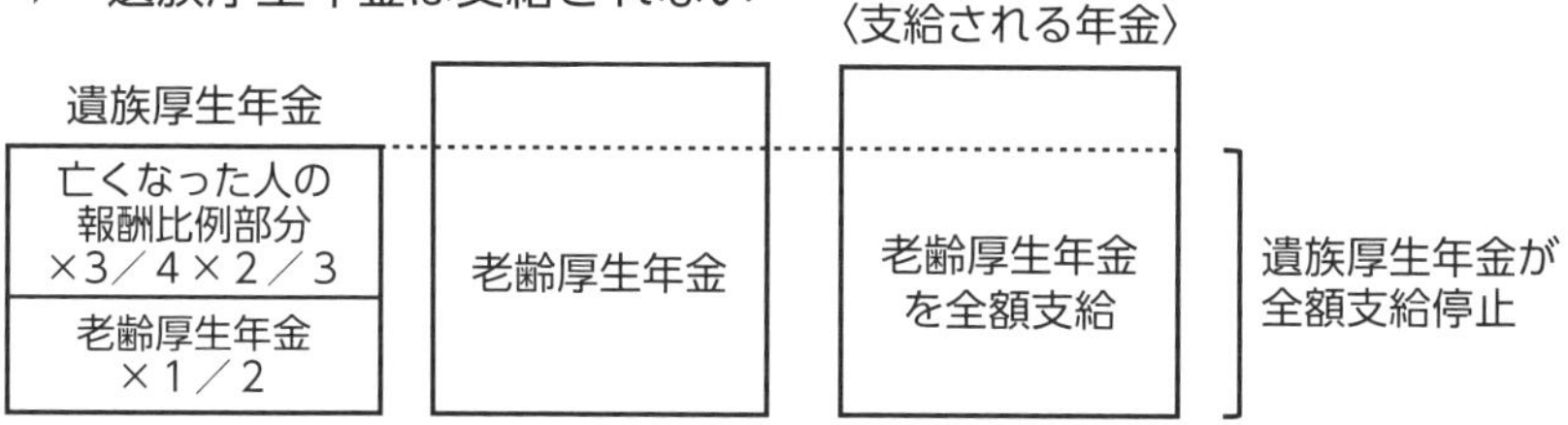

※経過的寡婦加算が加算される遺族厚生年金は、①は経過的寡婦加算を含めた金額、②は経過的寡婦加算を含めた金額の３分の２となります。

7 受ける年金の選択のポイントとは？

受ける年金を自身で選択しなければならないとき、さまざまなポイントがあることをご存じですか。

相談事例

私は62歳です。現時点で、老齢厚生年金、遺族厚生年金と障害基礎年金を受けることができますが、どれを選べばよいですか。

65歳前に支給される老齢厚生年金

65歳前に受ける年金や、65歳以降に障害厚生年金と遺族厚生年金の両方の権利を有する場合のように、自分が受ける年金を自分で選ぶ必要があるときは、何を頼りに判断すればよいでしょうか。

▼年金額

基本的には年金額を比較します。両者の差が１００万円近くもある場合もありますので、差が大きいほど選ぶ年金は明らかです。ただし、両者の差が大きくないときもあり、年金額以外の要素も考えた上、選んだほうがよいケースもあります。

▼所得になるか否か

公的年金のうち課税所得として算入されるのは老齢年金だけです。障害年金と遺族年金は非課税扱いです。

課税所得になるか否かの違いは、単に所得税の問題ではなく、住民税や国民健康保険、介護保険の施設利用料、医療保険の高額療養費などさまざまなところに影響します。

例えば、老齢厚生年金が年１４０万円、遺族厚生年金が年１３５万円のとき、額面だけを比較すると老齢厚生年金のほうがよいように思われますが、課税対象となれば、他のところで多くのお金が必要になることもあり、人によっては遺族厚生年金を選択したほうがよい場合もあるのです。人それぞれなので、市区町村の国民健康保険や介護保険の担当部署など、利用しているサービスを中心に、相談をしたほうがよいでしょう。

支給停止の影響

65歳になるまでの人が退職し基本手当（失業給付）を受けるときには、特別支給の老齢厚生年金は支給停止になります（本章3・215ページ）。このように何らかの理由で一方の年金が支給停止になるときには、他方の年金を選択します。注意しなければならないのは、年金受給選択申出書を提出する時期です。受ける年金が変わるのは申出書を提出した翌月分からです。支給停止の期間と停止解除になる時期を把握して、いつ申出書を出せばよいのかを考える必要があります。

健康保険の被扶養者

判断の指標のひとつに、健康保険の被扶養者があります。社会保険に加入していない人であれば、家族（健康保険の被保険者）の被扶養者になれる場合があるからです。

被扶養者になるには、収入等の基準があります。例えば同一世帯であれば、年間収入が130万円未満（60歳以上または一定の障害がある人は180万円未満）であって、かつ被保険者の年間収入の2分の1未満という基準が原則です。収入には、老齢年金、障害年金、遺族年金の年金額を含みます。受ける年金を選ぶとき、健康保険の被扶養者になることを優先的に考えて、少ない年金を選択する人もいます。自身で国民健康保険等に入るより、全体としておトクだとの判断からです。

まずはそれぞれの年金額の比較から始めることになります。年金事務所で相談ができます。

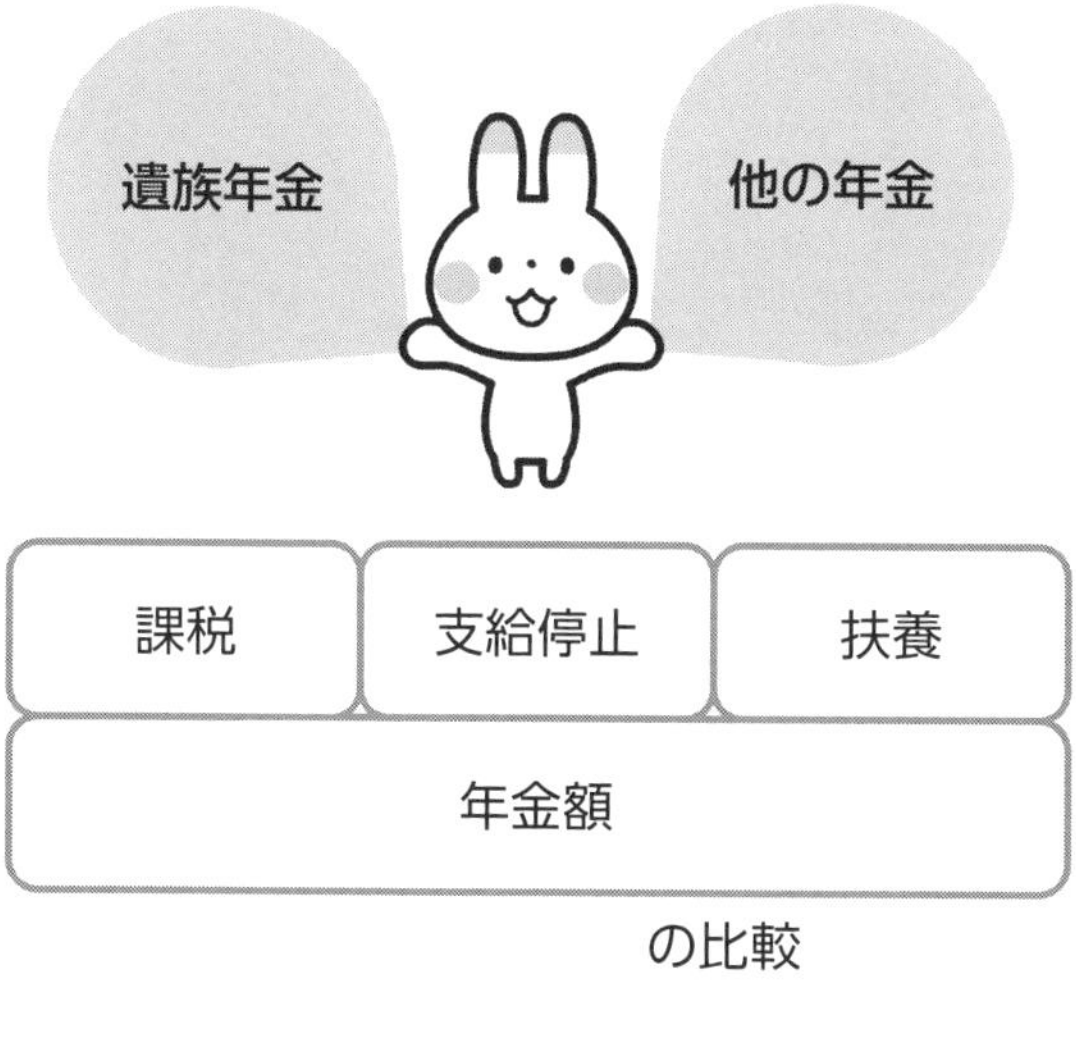

8 労働基準法による遺族補償を受けられるときは？

労働基準法の遺族補償が受けられるときは、遺族年金は6年間支給が停止されることをご存じですか？

相談事例

夫が業務中の事故により亡くなりました。労働基準法の遺族補償が受けられると聞きましたが、遺族厚生年金も受けることができるのでしょうか。

6年間の支給停止

労働基準法79条では、「労働者が業務上死亡した場合においては、使用者は、遺族に対して平均賃金の1000日分の遺族補償を行わなければならない」とされています。

厚生年金に加入していた人が亡くなり労働基準法の遺族補償が行われるときには、遺族基礎年金および遺族厚生年金、寡婦年金は亡くなった日から6年間の支給が停止されます。なお、一般的には、労災保険による補償を受けることになります（本章10）。

労働基準法による遺族補償と遺族厚生年金

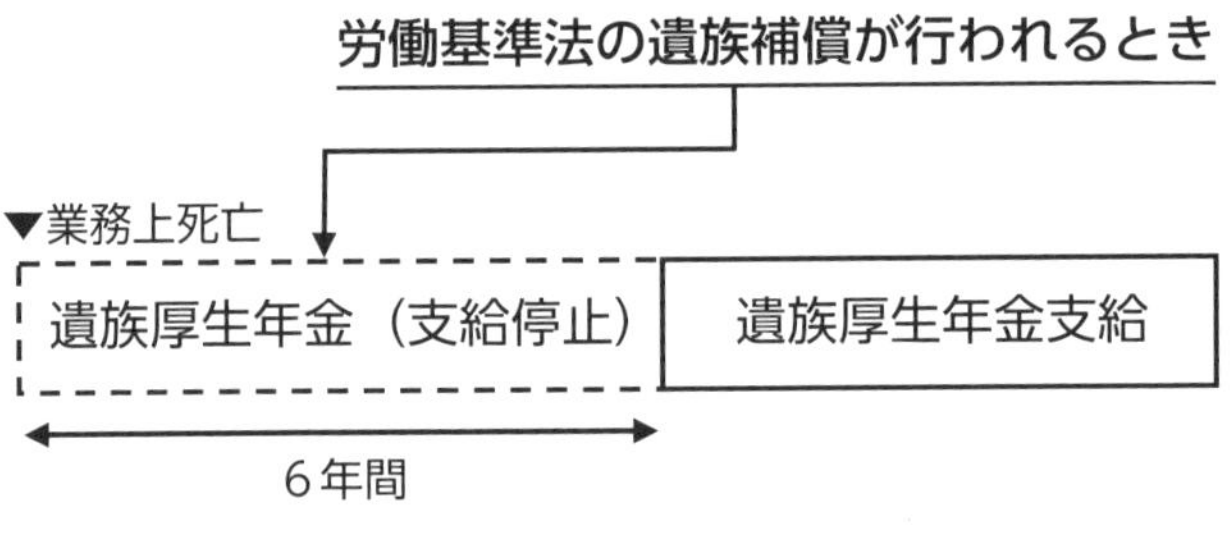

遺族補償を受けるのは、労働者の配偶者(事実上婚姻と同様の関係にある者を含む)です。配偶者がない場合には、労働者の子、父母、孫および祖父母で、労働者の死亡当時その人の収入によって生計を維持していた者または労働者の死亡当時、その人と生計を一にしていた者、としています。

9 損害賠償金を受けられるときは？

交通事故などの第三者行為の事故により損害賠償を受けたときは、遺族年金が一定期間受けられないことをご存じですか？

相談事例

夫が交通事故で亡くなりました。賠償金を受けても遺族厚生年金に影響はありませんか。

損害賠償金を受けたとき

交通事故などの第三者行為の事故により損害賠償金を受けたときは、遺族年金が一定期間受けられなくなります。

対象となるのは、損害賠償額のうち生活保障費相当に限られ、遺族年金の支給が最長で3年間停止されます。事故発生後3年間に支給される年金が対象です。

支給停止となる期間に、遺族年金が支給されたときは、支給停止期間の満了後に、下の図②の㋑の額が㋐の額に達するまでの間、年金額の半額が停止されます。

損害賠償金を受給するとき

①損害賠償金を受け取った後に、遺族年金を受ける権利を得たとき

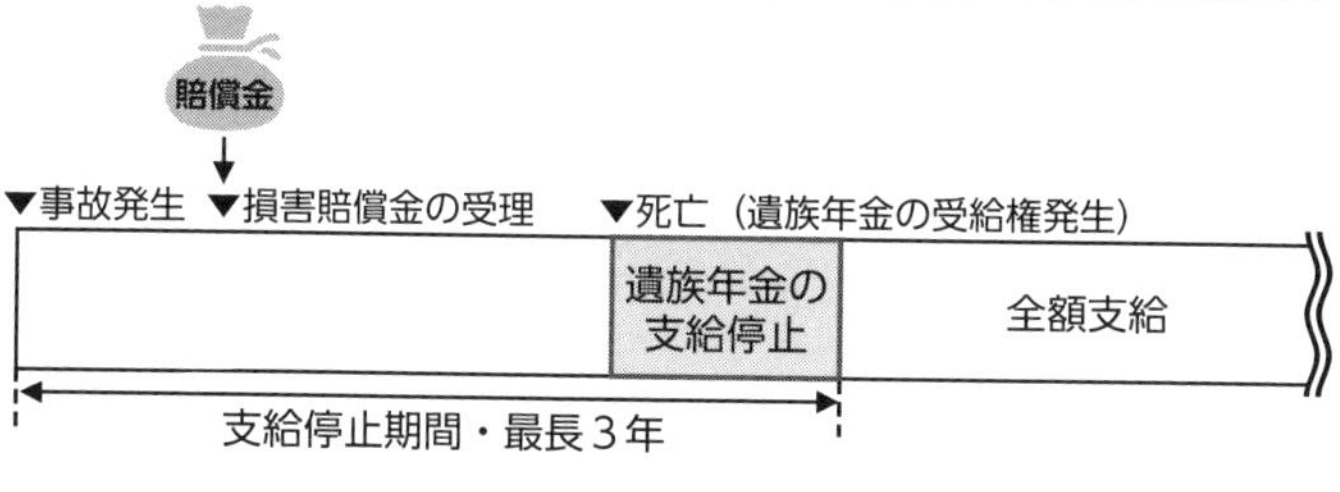

②遺族年金を受ける権利を得た後に、損害賠償金を受け取ったとき

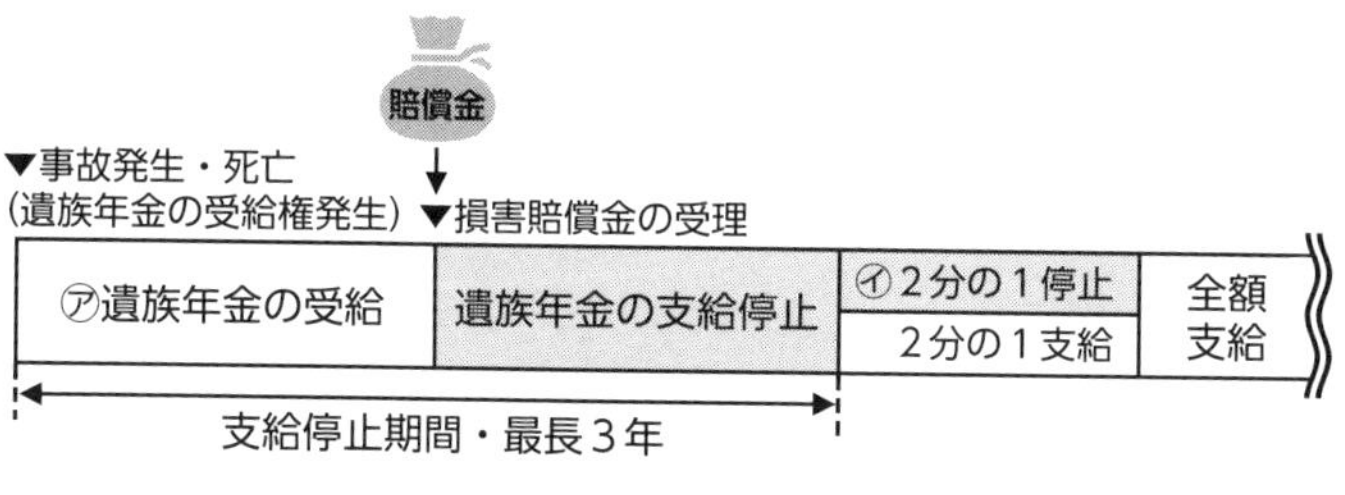

10 労災の遺族（補償）年金が受けられるときは？

労災保険の遺族（補償）年金と社会保険の遺族基礎年金および遺族厚生年金は、どちらも受けられることをご存じですか？

相談事例

夫が業務中の事故により亡くなりました。私はどのような遺族年金を受けることができるのでしょうか。

遺族（補償）年金とは

業務または通勤が原因で亡くなった労働者の遺族に対し、労災保険による補償として遺族補償年金（業務災害の場合）、または遺族年金（通勤災害の場合）が支給されます。遺族補償年金または遺族年金（「遺族（補償）年金」とします）を受けることができるのは、被災労働者が亡くなった当時にその収入によって生計を維持されていた配偶者・子・父母・孫・祖父母・兄弟姉妹で、妻以外の遺族については、一定の年齢や、一定の障害状態にあることが要件とされています。

遺族（補償）年金では、最先順位者が死亡や再婚などによって、年金を受ける権利を失うと、その次の順位の人が年金を受けることができる転給があります。

遺族（補償）年金の給付内容

遺族数（受給権者および受給権者と生計を同じくしている受給資格者の数）などに応じて、遺族（補償）年金、遺族特別支給金、遺族特別年金の額が決定され支給されます（次ページ図）。

遺族（補償）年金が減額される

労災保険の遺族（補償）年金を受けていても、遺族基礎年金および遺族厚生年金は要件を満たせば支給されます。ただし、同一の事由によって双方の年金が支給されるときは、労災保険の遺族（補償）年金が一部減額されることになります。

減額というと損をするように思いがちですが、遺族（補償）年金と遺族基礎年金および遺族厚生年金の額の合計が、遺族（補償）年金より低くなることはありません。

遺族(補償)年金の給付内容

遺族数	遺族（補償）年金	遺族特別支給金（一時金）	遺族特別年金
1人	給付基礎日額の153日分※	300万円	算定基礎日額の153日分※
2人	〃 201日分		〃 201日分
3人	〃 223日分		〃 223日分
4人	〃 245日分		〃 245日分

※受給権者が55歳以上の妻または一定の障害の状態にある妻の場合は175日分

「給付基礎日額」と「算定基礎日額」とは

「給付基礎日額」は、労働基準法の平均賃金に相当する額です。平均賃金は、事故が発生した日等の直前3カ月間に被災労働者に対して支払われた賃金の総額(ボーナス除く)をその期間の総日数で割った1日当たりの金額です。

「算定基礎日額」は、事故が発生した日以前1年間に、3カ月を超える期間に支払われたボーナスの総額を、365で割った金額をいいます。上限や例外があります。

労災保険からの遺族(補償)年金を受給するとき

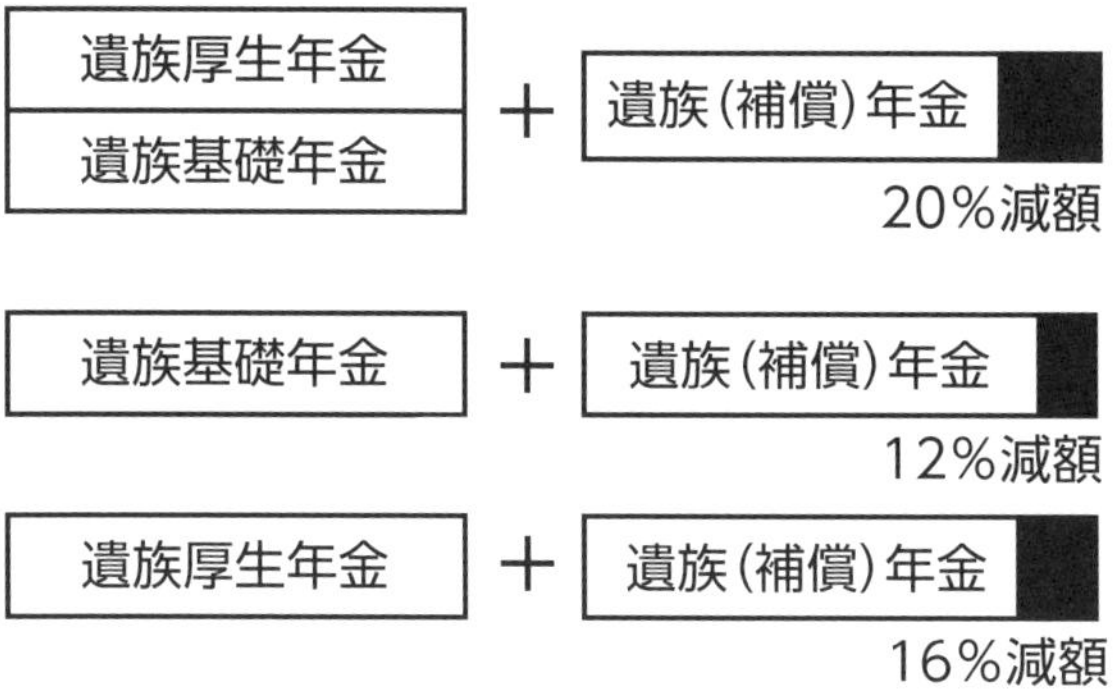

遺族(補償)年金の一部が減額されます。減額割合は、遺族基礎年金と遺族厚生年金の両方を受給するのか、どちらかを受給するのかで異なります。

11 遺族年金が不支給になったときは？

遺族年金が不支給となったとき、不服申立てができることをご存じですか？

相談事例

遺族年金を請求したところ、不支給の通知書が届きました。この決定に納得がいきません。

遺族年金が不支給決定されたとき

遺族年金は書類を整えて提出すれば、必ず受けられるわけではありません。手続きから数カ月後に、「不支給」「却下」などと書かれた通知が届くことがあります。

決定に納得ができないときの対応についても確認しておきましょう。

不服申立ての流れ（審査請求・再審査請求）

決定に納得がいかないときは、不服申立てができます。

不服申立ては、審査請求と再審査請求の2審制です。

地方厚生（支）局ごとの独任制の社会保険審査官に対して行うのが審査請求であり、第一次の審査機関です。全国に8カ所あります。

さらに厚生労働省内の合議制の社会保険審査会に対して行うのが再審査請求であり、第二次の審査機関です。審理は公開で行われます。

具体的には次ページのような流れで進んでいきます。申立ての期限が決まっているので、注意が必要です。

共済組合等が行った処分に関しての審査請求はそれぞれの審査会に対して行います（次ページ下表）。

知っておきたいこと

遺族年金が不支給や却下の処分となったのは、何かしらの要件を満たさないと判断されたからです。審査請求や再審査請求の過程において、要件を満たしていることを資料等を示して証明することにより、遺族年金を受けることができたケースは少なくありません。納得のいかない決定となったとき、不服申立てができることを知っておいてください。

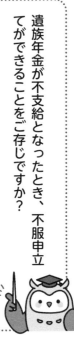

不服申立ての流れ

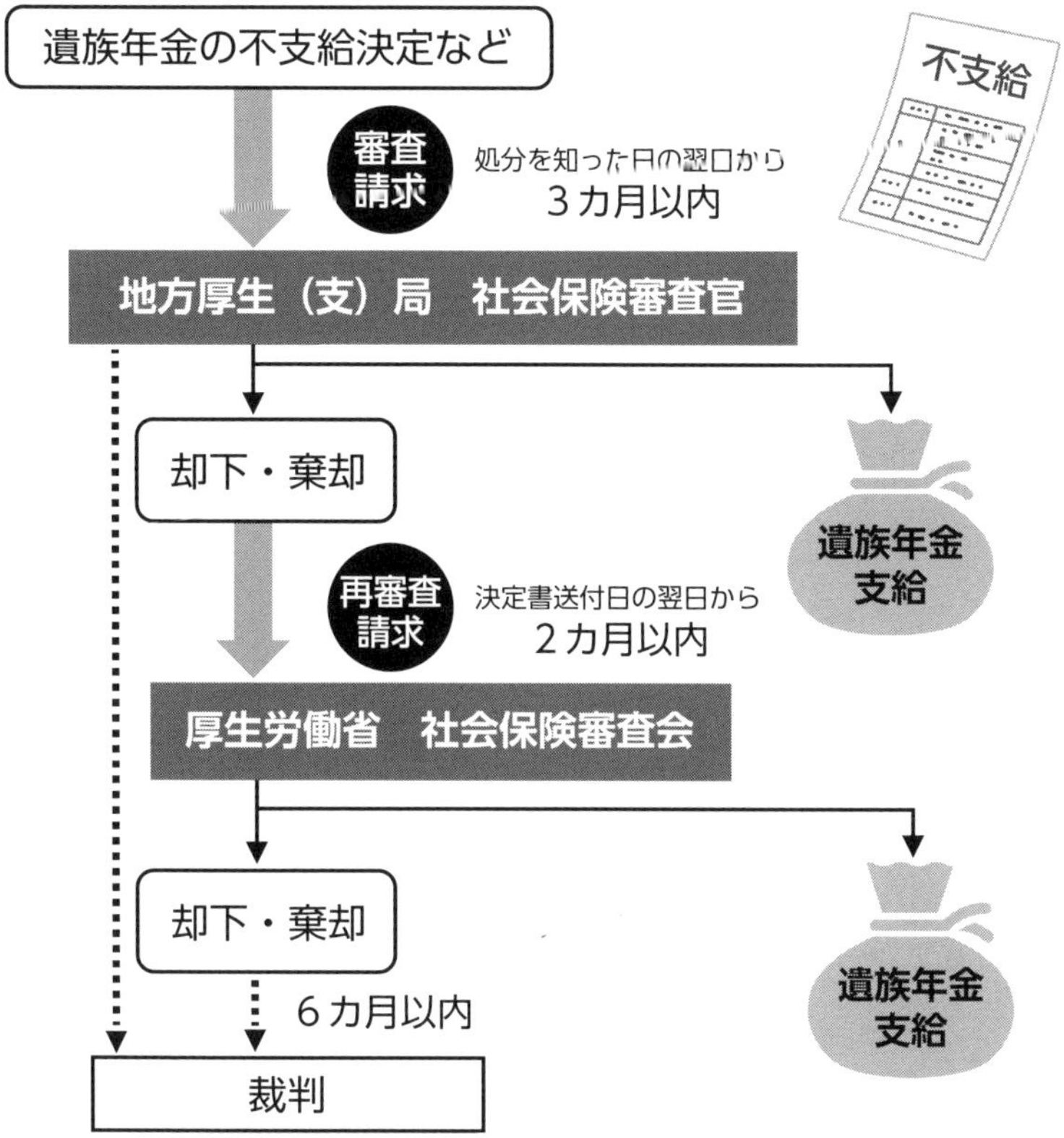

裁判は、原則として、審査請求の決定を経た後でなければできません。審査請求の決定または社会保険審査会の裁決の送達を受けた日の翌日から6カ月以内に国を被告として提起できます。

審査請求先

実施機関	審査請求先
厚生労働大臣(日本年金機構)	社会保険審査官(再審査請求は社会保険審査会)
国家公務員共済組合	国家公務員共済組合審査会
地方公務員共済組合	地方公務員共済組合審査会
日本私立学校振興・共済事業団	日本私立学校振興・共済事業団の共済審査会

さくいん

い

遺族基礎年金……50
- 遺族の範囲……54
- 減額……60・66
- 支給停止……68
- 失権……62・70
- 受給要件……50
- 増額……60
- 年金額……58・64

遺族厚生年金……72
- 遺族の範囲……82
- 支給停止……100
- 失権……96
- 受給要件……72
- 年金額……88

遺族年金生活者支援給付金……58・64

遺族（補償）年金……226

か

学生納付特例……103・165・218

合算対象期間……81・102
- 遺族厚生年金の要件……50・72・80
- 老齢基礎年金等の要件……214・218

寡婦年金……102
- 支給期間……106
- 支給の調整……108
- 受給要件……102・104
- 年金額……106

き

基本手当（失業給付）……215・223

け

経過的加算……180

経過的寡婦加算……90・94・216・221

経過的職域加算……88・215

こ

厚生年金の被保険者……74

高年齢求職者給付金……219

国民年金の被保険者……50・74
- 第1号被保険者……102・106・110・112・165
- 第2号被保険者……74・102
- 第3号被保険者……102

さ

在職老齢年金制度……178

産前産後免除……165

し

失踪宣告……130

死亡一時金……110
- 遺族の範囲と順位……112
- 支給額……112
- 支給の調整……112
- 受給要件……110

死亡診断書（死体検案書）……188

受給資格期間……50・80・165・168・170
- 短縮特例……50・72・80・81・168
- 中高齢の特例……80・81・91・92・94

受診状況等証明書……186

障害基礎年金……79・165・192・194・198
- 寡婦年金の要件……102
- 死亡一時金の要件……110
- 併給調整……210・212・216・222

障害厚生年金……172・194・198
- 遺族厚生年金の要件……72・78・164・182・186
- 額改定請求……190・192
- 支給要件……196
- 死亡後……202
- 社会的治癒……196・197・199
- 障害認定日……196・200
- 請求方法……200
- 短期要件の計算……90・206
- 併給調整……210・212・216・222

初診日……184・186・188・196
- 遺族厚生年金の要件……72・76・90・182・206

障害基礎(厚生)年金の要件……198
申請免除……52・165

せ

生計維持要件……116・130・140・142・148
おおむね5年以内……132・134
音信・訪問……124・142・152・160
経済的援助……124・126・142・152・160
収入要件……116・132・144・148
生計同一要件……116・118・148
生計同一関係に関する申立書……125・127・153
第三者の証明書……122・124・126・150
DV被害者……128
同一世帯……118・120・148・150
同住所別世帯……118・121・148・150
別住所別世帯……118・122・148・150
やむを得ない事情による別居……124・152
養育費の送金……146

そ

相続人……140
相当因果関係(1級の障害厚生年金)……78・190
相当因果関係(傷病の初診日)……76・184・186・188

た

短期要件と長期要件……72
加算額の違い……92・94
計算方法の違い……90・174・176・202

受給資格……165・170
二つの要件に該当……204・206

ち

中高齢寡婦加算……90・92・166・174・176

て

転給……82・96・226

と

特別支給の老齢厚生年金……214・223
併給調整……108・212

な

内縁関係(事実婚関係)……140・148・152・155
近親婚……157
婚姻の意思……148・150・154・156
重婚的内縁関係……158・160
夫婦の共同生活の実態……148・150・154・156・160
法律婚の形骸化……158・160
離婚後……156

に

任意加入……81・103・170

ね

年金額改定通知書……180
年金受給選択申出書……210・212・223
年金証書……58・79

の

納付猶予……103・165・218

ひ

一人一年金の原則……210・212

ふ

不服申立て(審査請求、再審査請求)……143・188・228

ほ

報酬比例部分……88・180・214・221

法定免除……165
保険料納付要件(遺族基礎年金)……50・52
保険料納付要件(遺族厚生年金)……74・76・164・165・166
保険料納付要件(障害厚生年金)……164・196
保険料納付要件(行方不明)……130

よ

養子(配偶者以外の養子)……60
養子(直系以外の養子)……62・70・96・108
養子縁組……97・141

り

離縁……70・96・97

ろ

老齢基礎年金……94・168・178・218
遺族基礎年金の要件……50
寡婦年金の要件と金額……102・104・106・108
繰上げ支給の老齢基礎年金……105・108・212
繰下げ……215
死亡一時金の要件……110
併給調整……212・216・220
老齢厚生年金……168・180・218
遺族厚生年金の要件……80
繰下げ……215
併給調整……145・178・212・216・222
優先支給……219・220

著者プロフィール

脇　美由紀（わき　みゆき）

特定社会保険労務士、社会福祉士、精神保健福祉士。中央大学法学部卒業。早稲田大学大学院法学研究科修士課程修了。

地方銀行および社会福祉協議会勤務を経て、2006年に社会保険労務士事務所を設立。年金業務を専門にし、医療機関等と連携して社会保障制度に関する相談に力を入れている。金融機関、社労士会、患者会等での相談会やセミナー経験多数あり。

著書：『実務に役立つ被用者年金一元化法の詳解――改正の要点と準拠法令――』『病気やケガで働けなくなったときに知っておきたい「制度」と「お金」』（以上、ビジネス教育出版社）、『医療・福祉担当者、利用者の素朴な疑問にこたえる年金・社会保障ガイド』（中央経済社）

夫が、妻が、自分が、親が
「まさかのときに備える」知っておきたい遺族年金

2023年2月7日　初版第1刷発行
2023年4月12日　初版第2刷発行

著者　脇　美由紀
発行者　中野進介
発行所　株式会社ビジネス教育出版社
〒102-0074　東京都千代田区九段南4-7-13
TEL 03(3221)5361(代表)／FAX 03(3222)7878
E-mail▶info@bks.co.jp　URL▶https://www.bks.co.jp

装丁・本文デザイン・DTP／田中真琴　　印刷・製本／シナノ印刷㈱

落丁・乱丁はお取り替えします。

ISBN978-4-8283-0986-6